레지덴셜 칼리지에서 길을 찾다

Daniel F. Chambliss · Christopher G. Takacs 공저

이병식 · 박상욱 공역

How College Works

학지사

우리나라에서는 특별한 경우를 제외하고 대학에 관한 책이 별로 인기가 없다. 나도 대학에 다니고 있는 아들과 딸이 있지만, 자녀의 대학생활에는 초·중·고등학교 때만큼 많은 관심을 두지 않게 된다. 솔직히 어떠한 도움을 어떻게 주어야 할지 막연하다. 이런 자신을 돌아보면서 부모가 손쉽게 접할 수 없는 난해한 책을 선뜻 번역하기로 다짐하기까지 참 쉽지 않았다. 그럼에도 이 책에 몰입해서 힘든 번역 작업을 할 수 있었던 이유는, 이 책을 통해 지난 20년 동안 대학교육과 관련된 공부와 일을 경험하면서 항상 가까이 있던 학생의 '목소리'를 더욱 구체적으로 파악할 수 있었고, 성공적인 대학생활에 필요 조건이 무엇인지 인지할 수 있었으며, 무엇보다 그 길을 모색할 필요성을 절실히 느꼈기 때문이다. 처음에는 책 내용의 접근성과 활용성에 확신이 서지 않아, 첫 장만 번역해서 가족과 읽어 보았다. 우려했던 것과는 다르게 쉽게 이해할 수 있는 내용임을 확인할 수 있었으며, 같이 읽은 가족은 이전에는 생각하지 못했던 대학생활의 흥미와 성공적인 대학생활에의 자신감 형성에 도움을 줄 수 있겠다고 언급하면서, 이후 내용에 관한 호기심을 적극적으로 표출해 주었다. 이러한 영향으로 번역을 본격적으로 시작해야겠다는 마음을 가지게 되었다. 그러나 개인적으로는 정교수 승진을 앞두고 논문에 매진해야 하는 상황이었고, 손쉽게 끝낼 수 있을 것 같았던 번역 작업이 생각처럼 순탄하게 진행되지 못하였다. 그래서 도움을 요청한 사람이 두 번째 역자다. 독자의 가독성에 약간이라도 부담될 수 있는 표현은 전문가의 도움을 받아 수정·보완하였으며, 무엇보다 독자가 쉽게 접근하고 이해할 수 있도록 함께 번역의 표현을 열심히 다듬고 고쳐 나갔다.

이 책의 제목이 조금 생소할 것 같다. 원서의 제목은 'How College Works(대학이 어떻게 움직이는가)'인데, 책을 쓴 다니엘 챔블리스(Daniel F. Chambliss) 교수에게 '이렇게 제목을 정하게 된 배경'을 물었더니 원래는 'A Gathering of Thinkers'로 하려고 했다가 어찌하다 보니 'How College Works'로 제목을 정하게 되었다고 말했다. 하버드나 예일대학교 등 미국 명문 대학과 마찬가지로, 마침 우리나라에서도 연세대학교를 비롯한 여러 주요 대학에서 레지덴셜 칼리지(Residential College, 기숙제 대학) 교육을 도입하려던 시기임을 감안해서, 이 책의 배경이 된 레지덴셜 칼리지를 책 제목으로 정하게 된 것이다.

이 책은 고등학교를 마치고 대학 진학을 앞두고 있는 학생이 읽으면 아주 유용할 것이다. 그리고 대학생 자녀를 둔 학부모가 자녀의 대학생활에 실질적인 도움을 줄 수 있는 방법을 고심하고 있다면 이 책을 권하고 싶다. 뿐만 아니라, 미국 대학으로 자녀를 유학 보내려는 학부모라면 이 책을 꼭 먼저 접해 볼 것을 권장하고 싶다. 이 책은 미국 대학생 이야기이지만, 이 책을 미리 접해 본 한국 학생은 한결같이 책 내용에 친숙함과 공감을 적극적으로 표현해 주었다. 이 책은 성공적인 대학생활을 하려면 어떻게 해야 하는지에 관한 것으로, 10년 동안 이 부분에서 연구한 내용을 일목요연하게 정리하여 담고 있다. 이 책의 핵심을 한 문장으로 요약하면, 대학에서 언제 누구를 어떻게 만나느냐가 대학생활의 성패를 좌우한다는 것이다.

이 책을 접하게 되면, 학생들은 성공적인 대학생활의 노하우를 알 수 있게 되고, 교수나 대학 행정가는 비용효과적으로 대학교육을 혁신할 수 있는 방안을 발견할 수 있게 될 것이다. 내가 학생 시절에 이러한 책을 접할 수 있는 기회가 있었다면 얼마나 좋았을까 상상도 해 보고, 대학교수로서 언젠가 행정 업무를 다시 접할 기회가 생긴다면, 많은 부분 실천해 보고 싶은 방안들도 책 속에 담겨져 있다. 시간에 쫓기는 대학의 리더는 제8장을 먼저 읽고, 다음으로 제4장을 읽어 보기를 권하고 싶다. 신입생 혹은 대학 진학을 준비하고 있는 학생은 처음부터 읽되 제4장은 건너뛰어도 무방할 것이다. 그리고 이미 대학에 다니고 있는 학생은 관심 있는 곳을 선택하여 읽어도 좋다. 이렇게 선택적으로 이 책을 접근하여도 충분히 공감할 수 있는 좋은 내용을 손쉽게 발견할 수 있을 것이다. 무엇보다 이 책의 제1장은 연구의 배경에 관한 것으로, 학술적인 내용에 관심이 있는 학자나 연구자가 아니라면 건너뛰어도 무방할 것이다. 전반적으로 이 책은 쉽고 빠르게 읽을 수 있을 것이다. 독자의 이해를 돕기 위해서 생소한 용어와 내용에는 짧은 설명을 추가하였다. 한 가지 염려스러운 것은 대학 교수인 역자 두 사람의 문체가 다소 학문적으로 비칠 수 있는 거친 부분을 접하게 되더라도 독자들의 깊은 양해를 바란다. 마지막으로, 대학을 정할 때 레지덴셜 칼리지가 있는 곳을 우선순위에 두었으면 하는 바람이다.

차례  *contents*

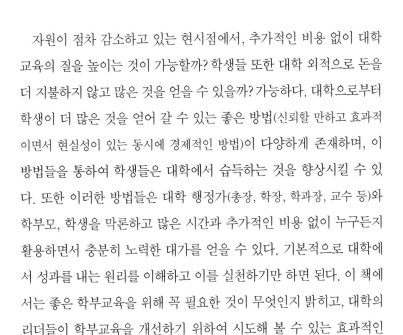

제1장　해법을 찾아서

　　자원이 점차 감소하고 있는 현시점에서, 추가적인 비용 없이 대학 교육의 질을 높이는 것이 가능할까? 학생들 또한 대학 외적으로 돈을 더 지불하지 않고 많은 것을 얻을 수 있을까? 가능하다. 대학으로부터 학생이 더 많은 것을 얻어 갈 수 있는 좋은 방법(신뢰할 만하고 효과적이면서 현실성이 있는 동시에 경제적인 방법)이 다양하게 존재하며, 이 방법들을 통하여 학생들은 대학에서 습득하는 것을 향상시킬 수 있다. 또한 이러한 방법들은 대학 행정가(총장, 학장, 학과장, 교수 등)와 학부모, 학생을 막론하고 많은 시간과 추가적인 비용 없이 누구든지 활용하면서 충분히 노력한 대가를 얻을 수 있다. 기본적으로 대학에서 성과를 내는 원리를 이해하고 이를 실천하기만 하면 된다. 이 책에서는 좋은 학부교육을 위해 꼭 필요한 것이 무엇인지 밝히고, 대학의 리더들이 학부교육을 개선하기 위하여 시도해 볼 수 있는 효과적인 방법들을 소개하려고 한다.

　이 글은 대학에서 성과를 내는 원리를 밝히기 위해서, 학생들의 대학생활을 이해하는 것부터 시작한다. 대학의 리더들에게 궁극적으로 그 부분에 영향을 미치려 한다. 이를 위해서 우리 기관(대학) 학생들 가운데 무작위로 백여 명을 선발하여, 십년 남짓 추적 조사하면서 이들의 경험에 결정적인 영향을 준 순간을 찾고자 했다(이 책에서 우리 기관을 '대학'이라 칭한다. 이 연구와 그와 관련된 기관에 대해서는 추후 자세히 설명할 것이다).

　조사를 시작하고 머지않아, 학생들의 관점이 '대학 행정가', 교수뿐만 아니라 일반 성인들과 상당 부분 다르고, 그럴 수밖에 없다는 사실을 발견할 수 있었다. 학생들은 세상을 분명 다르게 바라본다. 대학생이면 당연히 해야 할 것들에 대하여, 신입생들이 어떤 생각을 갖고 있는지 살펴보자. 신입생들에게 4학년은 멀고 먼 얘기다. 당장 눈앞에 닥친 것들조차 감당하기 어렵기 때문에, 장기적인 계획은 꿈도 꾸기 어려운 시기다. 논리적으로 생각하면 수업과 공부가 중요하다는 것을 인식하고 있지만, 그렇다고 대학생활에서 그것이 항상 중심이 되는 것은 아니다.[1] 학생들은 학문이 그럴 만한 가치가 있다고 있는 그대로 믿지 않는다. 특히 이들에게 생소한 학문 분야는 학생들이 보는 관점에 따라 결정된다. 그들은 수강할 과목을 선택할 때 공식적인 학사지도 교수보다는 친구, 기숙사 룸메이트 혹은 부모의 의견에 더욱 주목한다. 그리고 수강신청을 하려고 컴퓨터 앞에 앉은 경우에는 온라인 수강신청 시스템에서 나타난 과목별 강의 일정과 수강 현황이 주요 고려 사항이 된다. 수강신청의 의사결정 과정을 살펴보면, 학생들은 학사지도교수가 보낸 이메일이나 웹사이트에 나타난 수강편람 내용

보다는, 쉽게 얻을 수 있는 제한적 정보에 의존하는 경향이 있다. 학생들은 자신이 실제로 들은 수업에만 영향을 받고, 다른 모든 수업이 얼마나 훌륭하든, 흥미롭든, 완벽하든 간에 그 수업을 들은 학생들에게만 의미가 있을 뿐이다(물론 당연하게 들리겠지만 이것이 시사하는 바는 매우 크다). 이렇게 학기가 끝나면, 어떤 학생이든지 몇 안 되는 교과목과 교수를 접하게 되고, 수업을 들었던 교수들 가운데 기억에 남을 만한 사람은 고작 한두 명일 것이다. 대학 행정가들은 학생들이 매우 제한된 세상에 갇혀 살고 있으며, 멀리 보는 안목이 부족하고 시야가 다소 좁다고 본다.

따라서 학생들의 경험을 존중하고 이해하는 것도 중요하지만, 학생들이 대학을 보다 나은 곳으로 만들고자 제시하고 있는 방법들이 모두 옳은 것은 아니다. 이를테면, 신입생들이 별로라고 생각하는 기숙사(그 이유로는 교육적 환경을 갖춘 긴 복도, 공용샤워실, 룸메이트 등이 있다)가 캠퍼스 안에서 친구를 찾는 데 최적의 좋은 장소가 될 수 있다든가, '소규모 강의'를 개설해 달라고 요청하고 있지만 이러한 요구가 그런 강의를 들을 수 있는 기회를 줄일 수 있다든가, 복수전공을 하면 나중에 다른 기회가 제한될 수 있음은 생각하지 못한다. 하버드 교육 방식에 관하여 기술한 『Making the Most of College』의 저자인 리처드 라이트(Richard J. Light)는 학생들이 뽑은 하버드 대학의 최고 강좌는 외국어 영역에 국한되어 있음을 밝히고 있는데, 그렇다고 해서 대학들이 학생들에게 외국어 수업을 더 듣도록 강요할 수는 없다. 그 수업이 학생들에게 호응도가 높을 수 있었던 원인을 규명하는 것이 선행되어—대학에서 성과를 내는 원리를 밝혀야 한다—이러한 원리가 보편적으로 적용될 수 있는지를 살펴봐야 한다.

해답의 실마리

대학생들은 점차 예측 가능한 주요 과제들에 봉착하게 된다. 이 책에서는 이런 주요 과제들을 각 장의 제목으로 삼았다. 먼저, 대학생들은 사회적 관계의 토대가 되는 성공적인 대학생활을 경험해야 하는데, 무엇보다 친구와의 관계 형성이 중요하다. 만약 친구와의 관계 형성이 이루어지지 못한다면 거의 끝장이다. 다음으로, 학생들은 학업과 관련된 선택을 해야 한다. 수강 과목과 전공 분야를 선택해야 할 뿐만 아니라 수업과 조언을 청할 교수를 선택해야 한다. 이런 과정 속에서 시간이 점차 흐르게 되면, 대학 내 인적 네트워크는 더욱 확대되고 더 많은 것을 얻을 수 있다. 대학생활 몇 년 동안에, 학생들은 자기 전공 분야에서 학습해야 할 많은 것에 익숙해지기 위해 노력한다. 마지막으로, 학생들은 그동안 대학에서 얻은 것들을 잘 조합하여 다음 단계로 나갈 준비를 한다. 다음 장부터는 이런 일련의 주요 과제 속에서 학생들이 어떻게 대처해 나가는지와 이 과정 속에서 대학이 학생들에게 어떤 도움을 주고, 방해가 되는지를 자세히 살펴보고자 한다.

주목할 점은 학생들이 이러한 주요 과제들을 해결해 가는 방식이다. 다르게 표현하면, 대학이 학생의 성장을 도모하기 위해 실제적인 성과를 창출해 나가는 방식이다. 학생들이 이런 주요 과제를 해결하는 상황은 매우 다양했지만, 이 문제해결에 결정적인 영향을 미칠 수 있는 적합한 사람과의 만남이 주요했다는 것이 공통적이었다. 심리학을 전공하려 했던 모디는 신입생 오리엔테이션에서 우연히 친절한 중문과 교수를 만났고, 이 영향으로 2년 후에는 북경에서 공부할 수 있는 계기가 되었다. 대학에서 4인실 기숙사에 배정된 조지는 룸메이트였던 세 명과 가장 친한 친구가 되었다. 신입생 기숙사에서 댄은 친절하고 아리따운 여학생을 만났다. 이 대학 글쓰기 센터 교사였던 그녀를 통하여, 댄은 고등학교에서 배워 본 적 없는 글쓰기 요령을 배울 수 있었다. 미식축구 선수였던 존은 합창부 동아리에 들어가서 새로운 친구들을 사귈 수 있었고, 추후 뮤직홀에 설 수 있는 기회를 얻을 수 있었다. 한나는 철학 교수를 통하여 철학에 관심을 가질 수 있었고, 철학 교수의 소개로 인류학과 교수도 알게 되면서 최종적으로 인류학을 전공하게 되었음을 언급하고 있다. 클레어는 우연찮게 스완슨 교수의 예술사 수업을 신청했다가 수업에 '빠져서' 강의 계획을 바꾸고 결국에는 전공을 바꾸게 되었다. 단 한 번 교수와의 식사, 단 한 번 과제에 관한 교수와의 심층적인 논의 경험만으로도—교수에게는 매우 적은 노력일지라도—학생의 성공에는 엄청난 영향을 주는 것으로 파악되었다. 교수와 학생이 얼굴을 맞대고 이루어지는 대화는 학생들의 장래 계획, 장래 직업 및 대학생활 방향에 큰 영향을 주는 것 같다.[2]

그것에 들인 노력에 비해서 긍정적인 효과가 매우 크다. 일반적으로 말하자면, 인간관계는 대학의 핵심적인 활동인 배움의 모든 단계에서 토대가 된다. 배우는 과정에서뿐만 아니라 그 전후에도 아주 중요하다.

1. **배움에 앞서 좋은 인간관계가 선행되어야 한다** 친구관계를 형성
   해야지만 학생들은 대학생활에 몰입하게 되고 배우는 데 시간과
   노력을 들이게 된다. 친구 혹은 친구를 대체할 만한 사람을 찾지

못한 학생들은 학업을 포기할 가능성이 높고, 비록 학교생활을 지속하고 있을지라도, 마음은 공허할 가능성이 높다. 빈센트 틴토(Vincent Tinto)가 언급하고 있듯이, 대학을 다닌다는 것은 "대학의 사회적·지적 공동체의 일원이 되어 가는 것"을 의미한다.[3]

2. **인간관계는 대학 시절에서 학생들의 경험에 영향을 미치는 핵심적인 요소일 뿐만 아니라 일상생활에서 또한 활력을 제공한다** 존경받는 교수가 학생들을 자신의 집으로 초대하게 되면, 그 교수는 학술적인 삶의 측면에서 학생들에게 롤모델이 될 수 있다. 또한 열심히 공부하는 친구가 곁에 있으면 자신도 친구와 유사하게 학업에 열중하게 되고, 기숙사 친구들과 진지하게 논의하는 행동은 도덕성 계발에 더할 나위 없이 좋은 기회를 제공하기도 한다. 교환학생을 간 친구가 있다면 그 친구를 따라 하게 될 가능성이 높고, 교수가 글쓰기 지도를 위해 학생들과 일대일 만남을 가진다면 학생들은 글쓰기에 더욱 많은 노력을 기울일 것이다.[4] 교실 안팎에서 교수가 학생을 만나면 학생의 배움에 많은 영향을 준다.[5] 학생의 학업 동기는 매우 쉽게 변하는데, 심지어 한 과목을 수강하는 과정에서도 학생의 학업 동기에 변화가 일어난다.[6] 그리고 그 동기는 인간관계에 의해서 쉽게 바뀌기도 한다(물론 '동료 학생 효과'가 항상 긍정적이지만은 않다. 친구 때문에 폭음을 할 수도 있고,[7] 그리스 문자 단체(남·여학생 전용의 학생 사교 단체의 이름을 붙일 때, 알파, 파이, 카파 등 그리스 문자로 단체 이름을 정하여 그리스 문자 단체라고 일컬음–역주)에 가입해서 활동하면서 학업에 지장을 초래하기도 한다.[8] 특히 인생의 중요한 터닝 포인트 시점에서 이루어

진 직접적인 만남은 좋은 쪽이든 나쁜 쪽이든 결정적으로 영향을 미친다. 특히 동료 학생들끼리 '아주 작은 공동체(microcommunities)'를 구성할 때가 중요한 시점이 된다. 이런 공동체들은 비슷한 생각을 공유하고 있는 학생들로 구성되는데, 이들은 정기적인 모임과 서로의 인적 네트워크를 활용하여 다른 친구 혹은 지인을 만날 수 있는 주요 통로가 된다.

3. **마지막으로, 오랜 기간 지속된 교수들과의 관계 형성 혹은 동료 학생들과의 관계 형성은 대학생활에서 학생들이 획득한 주요한 성과물이다** 대학생활에서 얻을 수 있었던 가장 가치 있는 것이 친구관계라고 언급한 동문들이 많았다. 심지어 학업 성취보다 친구관계가 중요하다고 언급할 정도다. 대학은 결혼에 있어 핵심적인 역할(marriage market)을 할 수 있는 유익한 장소임이 널리 알려져 있다.[9] 다른 사람들과의 친밀한 유대감은 추후 상상할 수 없을 정도의 파급력을 가진다. 인간관계는 어려울 때 도움을 받을 수 있는 것은 물론이고, 일자리를 찾을 때도 동문들의 인적 네트워크가 큰 도움이 되는 등 평생 지속된다. 이런 모든 것은 대학 시절의 전문적인 학업 혹은 기술 습득의 경험보다 깊은 애정을 갖게 만드는 이유가 될 수 있다.

인간관계가 갖는 이러한 파급효과 때문에 대학은—적어도 그러한 혜택을 실제로 제공하는 한—프로그램들(교과목, 교육과정, 전공학과, 교육 프로그램 등 폭넓은 의미-역주)의 집합이기보다는 사람들의 모임이라고 할 수 있다. 물론, 프로그램들도 중요하다. 물리학을 배우려면 언젠가는 전기학과 자기학을 공부해야 하고, 어문학과와 수학과가 분명히 필요하다. 세인트존스 대학교나 컬럼비아와 시카고 같은 학교들은 핵심 교육과정이 잘 설계되어 있으며, 원로교수들도 동참하는 등 학부교육 운영이 훌륭하다. 훌륭한 교육과정과 창의적인 프로그램들은 우수한 학생 및 교수, 즉 좋은 인재를 끌어올 수 있는 원동력이 될 수 있다. 그리고 일부 프로그램은 특정 대학을 대표하기 때문에, 그 프로그램에 속한 교수와 분리해서 생각하기란 거의 불가능하다. 해밀턴 대학에서 정말 잘 운영되고 있는 프로그램들이 있다. 글쓰기 프로그램은 전국적인 명성이 있고, 오리엔테이션으로 운영되는 아웃도어 리더십 프로그램과 합창 프로그램 역시 전통적으로 많은 호응을 얻고 있다. 이런 프로그램들은 모두 헌신적인 리더십을 근간으로, 대학 전통과 조화를 잘 이루고 있을 뿐만 아니라, 학생들에게 적절한 시간과 장소에 모일 수 있는 기회를 제공하면서 이들의 동기를 더욱 자극하고 북돋을 수 있도록 하고 있다. 어쨌든 이런 교육과정을 개발하고 지속적으로 운영하기는 어렵고, 종종 이런 교육과정의 성과도 불확실하다. 다만, 이런 교육과정의 성공 여부는 그 일에 헌신하는 사람들의 수준에 전적으로 의존한다. 교육과정이 필요하기는 하지만 좋은 대학의 필수 요건은 아니다. 좋은 사람들이 적절하게 만나는 것이야말로 좋은 대학을 만드는 필요충분조건인 것이다.

학생들이 직접 대면하는 사람들(친구, 지인, 교수, 직원)이 프로그램보다 중요한 이유는 사람들에게 유연한 대처 능력이 있기 때문이다. 보다 명확히 말하자면, 사람들은 시시각각 변하는 학생들의 요구와 흥미에 즉각적으로 반응할 수 있기 때문이다. 대부분의 대학생은 한 가지 목표에만 몰입하지 않으며, 규격화된 한 가지 제품만을 지속적으로 생산하는 공장과 같은 대학을 기대하지 않는다. 교회 혹은 가정처럼, 대학은 끊임없이 변화하는 학생 개개인의 욕구를 충족시켜 줄 수 있는 가치 전달에 그 목적이 있다. 현명한 교수와 대학 행정가들은 이러한 중요성을 잘 파악하고 있다. 물론, 우리가 조사한 학생들은 대학에서 터득한 기술들을 가지고 있다(6장 참조). 이것은 글쓰기, 말하기, 비판적 사고, 과학 등 다양한 학문 분야에서의 특별한 지식과 기술을 의미한다. 하지만 이들은 이런 기술 이외에도 더 중요한 것을 획득했다는 사실을 인지하고 있었다. 그것은 친구 교제, 멘토 혹은 평생의 동반자를 찾고 도전정신을 키우면서, 새로운 것을 시도해 보려는 용기와 삶에 대한 긍정적인 태도를 갖게 된 것이다. 졸업 후에 얻을 수 있는 것들은 잠시 뒤로하고, 대학생활 4년은 시간적 · 경제적으로 충분한 가치가 있음을 인지하고 있는 학생들도 있었다. 이런 맥락에서, 리더들은 좋은 사람들이 적절한 시점에서 교류할 수 있도록 하는 것을 선결적으로 고심해야 한다. 이 연구에서는 기회를 잘 포착한 학생들, 즉 자신의 목적을 추구하는 과정에서 더 나은 기회(더 훌륭한 교수들, 더 열심히 노력하는 학생들, 새로운 활동)를 가지려고 노력한 학생들(다소 기회주의적이라고 볼 수 있는 학생들)이 대학생활에 대체로 더 만족해했음을 발견할 수 있었고, 적어도 이런 측면에서 파악해 보면 이들이 더 성공적인 대학생활을 영위했다고 볼 수 있다. 도움이 될 수 있는 사람들(교수, 친구)을 주변에서 쉽게 찾을 수 있다면 이 모든 것을 성취할 수 있다.

제언을 위한 판단 기준

그러면 어떻게 하면 될까? 각 계층에 있는 리더들은 학생들에게 도움을 주려 할 때 많은 어려움을 경험한다. 정치적 반대에 직면하거나, 우선순위에 밀리거나, 돈, 사람 혹은 스스로의 열정이 부족함을 경험한다. 이들에게 필요한 것은 실행 가능한 해법들이다. 이상적인 비전, 과도한 비용이 드는 새로운 정책, 처리해야 하는 많은 일 혹은 교수들과 한바탕 다투어야 하는 일들이 아니다. 이 책에서는 성공 가능성이 높고 쉽게 실행할 수 있는 여러 방법을 제안할 것이다. 그 방법들은 제8장에 자세히 기술되어 있다. 먼저 읽기를 권장한다. 이에 앞서, 현실적인 학부교육 개선 방안 마련을 위한 네 가지 준거는 다음과 같다.

1. **연구에 의해 효과가 입증된 것이어야 한다** 사람들의 노력이 헛되지 않도록 입증 가능하면서 신뢰성이 담보된 큰 효과가 있어야 한다.

2. **투입에 비해 얻는 가치가 매우 커야 한다** 조금만 노력해도 큰 성과가 있으며, 효과가 금방 나타나야 한다. 그렇게 되면 관련된 사람들이 더욱 몰입할 수 있게 되며, 이상적으로는 외부 간섭 없이도 사람들이 스스로 노력하게 된다.

3. **자원에 많은 영향을 받지 않아야 한다** 돈, 시간, 사람을 새로 많이 투입할 필요가 없어야 한다. 요즈음 여유 자원을 충분히 갖고

있는 대학은 별로 없다.

4. **누구나 원하면 쉽게 시도할 수 있는 것이어야 한다** 필요로 하는
　 것을 시작하기 위해서 총장이 승인하거나, 교수가 투표하거나 혹
　 은 새 건물이 들어서길 기다릴 필요가 없어야 한다.

　이러한 준거들이 엄격하게 적용되면, 지금까지 널리 통용된 여러
방법이 유명무실해진다. 이를테면, 학생주도 연구 혹은 시니어 프로
젝트는 큰 효과를 가지지만, 교수의 많은 시간과 비용이 투입되기 때
문에 앞의 준거에 부합되지 않는다. 신입생 세미나도 얻는 것에 비해
서 알게 모르게 많은 비용이 들어간다(4장 참조). 모든 교수에게 "학생
들에게 좀 더 친절해라." "새로운 교수법을 시도해라." "학습에 관한
신경과학 분야의 최신 연구를 도입해라."라고 하는 건 좋은 조언일
수 있지만, 그 결실은 쉽게 맺을 수 없을 것이다. 이에 대한 성과를 내
기 위해서는 교수들이 일하는 습관을 획기적으로 변화시켜야 하기 때
문이다. 교육과정 개혁과 전략적 계획 수립은 예전과 동일하게 현재
에도 교수들이 많은 노력을 경주하고 있지만, 많은 시간을 할애해야
하고 그 성과를 보장받지 못하는 경우도 많다. 온라인 수업 역시 대학
이 할 수 있는 프로그램인 건 분명하지만, 직접적인 대면 없이 교육이
이루어지기 때문에 학생들은 수업 흥미나 동기를 쉽게 잃어버릴 수
있다. 마지막으로, 국가적 차원에서 대학교육 개혁을 위해 지난 10년
동안 정부와 평가인증 기관들이 학생 평가 개혁을 추진하였지만, 엄
청난 인적·물적 비용만 발생했을 뿐, 학부교육 개선 효과는 미미했
다. 물론, 이런 일련의 과정들을 적극적으로 지지하는 사람들도 있지

만, 결과적으로는 이러한 노력들이 실제적으로 학생들에게 얼마나 제대로 혜택을 주었는지는 의문이 든다.

일반적으로 개혁이 거창하고 파장이 클 때 박수를 받고, 규모가 작고 효과적일 때는 많은 관심을 이끌지 못한다. 하지만 우리는 그런 유혹을 뿌리치고, 최소한의 투자로 최대의 효과를 창출할 수 있는 해법들을 찾고 싶었다. 그리고 우리는 사람과 사람 간의 만남이 가져오는 파급력이 이러한 해법들 안에서 결정적인 요소라고 생각한다.

대학에 관하여

우리는 뉴욕 주의 클린턴 시에 위치한 해밀턴 대학만을 연구 대상으로 하여, 이 대학 학생들을 면밀히 관찰했다. 또한 이런 '사례 연구'에는 장단점이 있음을 충분히 인지하고 있다. 해밀턴 대학은 우리가 근무하고 있는 학교이기 때문에 익숙하다는 장점이 있다. 이 책의 저자 중 한 명인 다니엘 챔블리스(Daniel F. Chambliss, 이하 댄 챔블리스)는 1981년부터 현재까지 이 대학에서 학생들을 가르치고 있고, 또 다른 한 명인 크리스토퍼 테이컥스(Chirstopher G. Takacs, 이하 크리스 테이컥스)는 2001년부터 2005년까지 이 대학의 학생이었다. 뉴욕 주 한가운데 위치한 클린턴 시는 전원적인 외딴 시골 도시로서, 뉴욕 주의 '스노우 벨트(매년 평균적으로 100인치의 눈이 쌓이는 지역)'의 중심에 자리 잡고 있다. 1812년에 설립된 이 학교는 전형적인 뉴잉글랜드의 학부 중심 대학(liberal arts college)이다. 이 대학의 재학생은 약 1,800명으로서, 여학생 비율이 53%, 남학생 비율은 47%다. 숲으로 둘러싸인 언덕에 위치한 1,350에이커(5.4 km²) 규모로 아름다운 캠퍼스와 화려한 건물들을 보유하고 있으며, 학비는 아주 비싼 편이다(2011학년도 기준으로 연간 학비가 5만 3,000불임). 비교적 높은 보수를 받는 180명의 전임 교수와 시간강사, 비전임교원 수를 감안하면, 교수 1인당 학생 수는 9명 정도다. 기부금은 2000년대 초, 7억 5천만 불 정도 모금되었으며, 약 2만 명의 동문 가운데 기부금을 낸 비율은 미국 대학 전체 상위 1% 수준이다. 본 연구가 진행되는 동안, 이 대학의 신입생 합격률은 약 30%였으며, 이 가운데 50% 정도는 장학금 혹은 학자금 같은 재정적 지원을 받았다. SAT 성적은 입학 요건은 아니지만 신입생의 1/3은 650점과 740점 사이다(이 점수는 최상위권은 아니지만 매우 우수한 편임). 그리고 재학생의 1/5 정도는 소수인종이다.

전반적으로 살펴보면, 이 대학은 소규모이지만 재정 자원이 많으며, 입학이 상대적으로 힘든 우수 대학이다. 뿐만 아니라 편향된 종교관을 갖고 있지 않으며, 학부생들만 있는 교육중심 대학이지만, 주목할 점은 일반적인 소규모 학부대학에서 갖추고 있는 필수 교양교육 요건(인문, 사회, 자연 등 영역별로 나눈 교양과목들에서 대학이 정한 학점 기준을 반드시 이수하도록 하는 제도-역주)이 존재하지 않는다. 이 대학의 학생들은 대다수가 생각하는 전형적인 미국 대학생의 특성을 갖고 있지 않다. 이 대학은 고소득 가정의 자녀들이 많이 다니고 있으며, 이들은 학교 급(유치원·초·중등교육)의 각 교육 단계에서 많은 다양한 혜택을 받으면서 교육을 받아 왔다. 이들은 좋은 고등학교(보통 엘리트 대학 입학생을 많이 배출하는 학교로 알려진 곳)를 나왔는데, 이런 학교에 다니는 학생들은 공인시험 성적(예: SAT 성적-역주)이 높고, 비교과 활동에 투자를 많이 하며, '재능'이 상대적으로 많을 뿐만 아니라 또래에 비해 운동도 잘한다. 더불어 이들은 일반 학생들에 비해서 값비싼 카운슬링과 튜터링을 받을 기회가 많았고, AP 과목(대학에서 학점이 인정되는 수준의 교과목-역주)을 들을 수 있었으며, 높은 수업 수준을 경험하고 최상의 대학 진학 지도를 경험하였다. 학부모들도 우수 대학의 졸업생으로서 대학생활이 어떤 것인지 알고 있으며, 어떻게 해야 좋은 대학에 갈 수 있는지에 대한 비법(college admission game)을 알고 있을 가능성이 상대적으로 크다.[10] 따라서 이런 학생들은 경제적으로 부유하지 못한 학생들에 비해서 학업 혹은 대학생활에 비교적 잘 적응하는 경향이 있다.

이런 대학을 선택하여 연구하는 것에 대한 단점은 너무나 분명하다. 이 대학의 경우, 전형적인 미국 대학들과는 다른 점이 많다. 이 대학은 대규모 공립 연구중심 대학도 아니고, 지역을 대표하는 대학이거나, 도심에 있는 커뮤니티칼리지(우리나라 전문대학에 해당함-역주)도 아니고, 전통적인 종교계통 학교도 아니다. 하지만 이런 대학들에게도 우리 연구 결과가 도움이 되었으면 하는 바람이다. 또한 이 연구 결과가 영리대학(일반적인 비영리 대학과 달리 기업체처럼 수익을 추구하는 대학-역주)이나 온라인 대학, 무크(Massive Open Online Courses: MOOCs: 대규모 온라인 개방 강좌의 줄임말-역주)와 같이, 최근에 확장된 고등교육 영역까지 적용되길 바라지는 않는다. 이러한 새로운 고등교육 모형들은 '캠퍼스' '수업' '칼리지'뿐만 아니라 심지어는 '대학'의 의미조차도 바꾸고 있다. 이러한 새로운 모형들은 분명 프로그램을 제공하고는 있지만, 전통적인 대학이라고 보기 어려우며, 여기에서 살펴보고자 하는 대학의 범위에도 벗어난다. 여기에서 언급하는 대학은 젊은 사람들이 물리적으로 모여 있는 곳으로서, 지적 발달과 개인적 성장이 일어나는 장소를 의미한다. 해밀턴 대학의 경우, 전통적 개념의 미국 대학의 전형이라 할 수 있지만, 분명한 것은 일반적인 대학 형태는 아니다.

하지만 한 대학의 학생들을 깊이 있게 고찰해 보면, 학생들의 일상생활 속에서 대학이 실제적인 성과를 내는 원리를 수월하게 발견해 낼 수 있을 것이라는 기대를 갖고 있었다. 학생들이 성장하는 정도는 대학마다 다르고 대학 안에서도 차이가 큰데,[11] 해밀턴 대학에서도 그런 차이를 발견할 수 있었다. 기대를 가졌던 학생들이 형편없는 성과를 보여 주기도 하였으며, '걱정이 많이 되던' 학생들을 좋은 성과를 내기도 하였다. 또한 후자에 속한 학생들은 상대적으로 입학 조건이 쉬운 타 대학의 학생들과 비교해 볼 때, 높은 졸업률을 보여 주고 있다. 잘하지도 못하지도 않는 중간 그룹에 속한 학생들은 매우 많이 배우기도 하고 망가지기도 한다. 주목할 점은 첫째로 학생들을 어떤 특정한 경로(pathways)에서 벗어나게끔 만드는 메커니즘, 즉 사회화 과정을 밝히고,[12] 둘째는 어떻게 이러한 과정들이 대학교육을 향상시키는 데 영향을 미칠 것인지에 관한 연구다. 우리는 대학 내에서 왜 학생들 간에 이런 차이가 생기는 것인지 알고 싶었다. 그 이유를 파악해 보면, 모든 대학, 모든 학생에게 도움을 줄 수 있는 원리를 밝힐 수 있다고 보았기 때문이다.[13]

한 대학에 속해 있는 학생들만을 대상으로 사례 연구를 수행하면서, 대학에서 추진하는 정책들이 학생들에게 실제로 어떤 영향을 주는지 파악할 수 있었다. 연구진은 상당히 많은 학생을 수년 동안 추적 조사하였고, 주요 사항이 발생할 때마다 추가 자료를 수집하였고, 정책 변화나 새로 도입된 제도(예를 들어, 2학년 세미나 시행 혹은 폐지, 교양교육 필수요건 폐지 등)가 학생들에게 어떤 영향을 미치는지를 근거리에서 관찰할 수 있었다. 또한 이전에 사용했던 연구 방법이 적절치 못했다고 판단되었을 때는 새로운 방법을 시도해 볼 수 있었다. 마침내, 상황에 따라 효과성이 쉽게 달라지는 인공적인 '우수 사례'가 아니라, 구체적인 정책들과 프로그램들이 조화를 이루는 방식(혹은 경쟁 관계를 보여 주는 이유)을 명확히 제시해 주는 연구 결과를 도출하는 데 성공했다. 단지, 단순한 통계적 상관관계를 넘어서 이를테면, 학생들이 수강 과목 혹은 전공을 선택하는 의존적인 경로 메커니즘을 발견할 수 있었다. 또한 학생들의 동기를 지속시키는 데 동료 학생과 교수의 중요성도 파악할 수 있었고, 비교과 활동들 중 어떤 것들은 동료 학생들에게 폭넓은 접근 기회를 제공해 주지만, 또 어떤 것들은 그런 기회를 근본적으로 제약한다는 사실을 발견할 수 있었다.

이 책을 쓰는 목적을 고려해서, 고등교육에서 중요하게 다루어지는 몇몇 주요 주제를 제외시키고자 한다. 사회계층은 교육 면에서 학생 성공을 예측하는 데 주요한 요인이 되면서, 사회학 논쟁의 핵심이다. 즉, 고등교육이 사회이동(사회계층의 상향이동)을 촉진하는지 아니면 불평등을 재생산하는 역할을 하는지에 대해서 사회학자들 간에 논쟁이 뜨겁다. 이는 학문적·정책적으로 아주 중요한 문제이지만, 이 책에서는 다루지는 않을 것이다. 물론 사회계층을 중요하게 고려해야 하지만, 현실적으로 대학의 리더들이 그것에 대해 뭘 해야 하는지는 불분명하다. 미국의 모든 아이가 가난에서 벗어날 수 있다면, 이 나라의 교육 성과가 획기적으로 나아질 것은 분명하다. 그러나 특별한 역량을 가진 대학 총장이나 학장도 학생들의 과거나 사회적 배경을 바꿀 수는 없다. 이러한 논의는 한 주지사가 고등교육학회에서 성공적인 대학생활을 위해서, 고등학교 단계에서의 준비가 얼마나 중요한지를 역설하며 했던 주장을 떠올리게 한다. 그곳에서 그는 이렇게 말했다. "우리는 먼저 고등학교를 혁신해야 합니다. 기준을 더 높이고 졸업 요건을 강화해야 합니다." 그러자 그 학회에 참가한 각 대학 총장들은 '왜 그가 그러한 이야기를 하는지' 의아해했다. 사실, 우리가 궁금했던 것은 그러한 것이 아니라 대학에 있는 사람들이 실제로 할 수 있는 일들에 대한 것이었다.

연구에 관하여

1999년 초부터 2010년 6월 말까지 지속적으로 앤드류 멜론 재단(Andrew W. Mellon Foundation)으로부터 많은 연구비를 지원받은 덕분에, 우리는 해밀턴 대학에서 다양한 연구 방법을 활용하여 '레지덴셜 칼리지의 교양교육과 교육성과 평가'에 관한 대규모 종단 연구를 수행할 수 있었다. 우리는 대학생이 성취할 수 있는 가능한 많은 종류의 교육성과들, 예를 들어 직업 능력, 개개인의 성장을 이끌어 주는 전공 지식, 도덕 발달, 친구관계 형성에 이르기까지 다양한 성과를 연구에 포함시켰다. 하지만 단일 대학의 사례 연구를 통하여, 이와 비슷한 다른 소규모 대학뿐만 아니라 보편적인 다양한 고등교육 기관들에게 역시 도움이 될 수 있게 하는 작업은 결코 쉽지 않았다.

이 연구는 사회과학 응용 연구의 성격이 강하기 때문에, 이론적 지식이 아닌 실제적 지식을 추구하는 원칙에 부합하는 모든 방법을 활용했다. 댄 챔블리스는 조직사회심리학 분야의 연구 경험이 30년 정도 있는 사회학자로서 멜론 재단의 평가 프로젝트를 시작부터 책임져 왔다. 크리스 테이컥스는 챔블리스 교수의 연구조교로 2004년부터 프로젝트에 참여했고, 2007년부터 시카고 대학 사회학 박사과정을 이수하였다. 패컬티 워킹 그룹(Faculty Working Group), 행정조교들을 포함하여, 수를 헤아리기 어려울 정도로 많은 학부생으로 구성된 연구조교들과 여러 전문 연구 컨설턴트들이 오랜 기간 동안 이 연구에 도움을 주었다.

프로젝트를 시작하던 해(1999~2000)에 패컬티 워킹 그룹은 연구 방향에 관한 세 가지 원칙을 정립했다. 첫째, 연구의 출발점을 대학의 노력(제도, 강의, 전공, 활동)이 아닌 학생의 경험으로 한다는 것이었다. 우리는 학생이 대학을 통해 무엇을 얻을 수 있는가에 관심이 있었다. 관련 문헌들을 살펴보면, 학생이 꼭 수업이나 교수 또는 교육과정을 통해서만 성장할 수 있는 것이 아니라는 생각을 하게 되었다.[14] 평가는 당연히 수업, 교수, 교수법, 학과가 잘 운영되는지를 살펴보는 것이라고 잘못 판단하고 있는 사람들이 많다. 평가에 대한 이러한 접근 방법이 잘못되었다고 보는 이유는 다음과 같다. 특정 교수를 좋아하는 학생들로 구성된 세미나 수업에서 교수의 강의 평가는 당연히 좋을 수밖에 없다. 또한 학과들이 전반적으로 좋은 평가를 받을 수 있으나, 대다수 학생에게는 의미 없는 이야기일 수 있다. 한 대학의 40개 학과 중 35개 학과가 탁월하다는 평가를 받은 경우(일반적인 학과 평가에서)일지라도, 만약 대부분의 학생이 나머지 5개 학과에 몰려 있다면 그 대학의 교육 성과는 전체적으로 미흡할 수 있다. 대학이 추구해야 할 바람직한 목표는 우수한 수많은 학과 혹은 좋은 프로그램을 갖추는 것이 아니라 잘 교육받은 학생을 많이 길러 내는 것이다. 그래서 본 연구진은 학생들을 조사해서 그들이 대학을 통해서 얼마나 성장했는지 파악하려 했다. 학문적인 의미로 살펴보면, 학생의 경험이 우리 연구의 '분석 단위'인 것이다.

둘째, 학생들이 이 대학에서 수행하는 다양한 경험을 가능한 한 정확하게 파악하기 위해서 과학적 방식을 통하여 학생들을 표집했다. 그들이 어떤 경험을 하는지 살펴보기 위해서 모든 학생을 다 조사할 필요는 없지만, 대표성을 갖추기 위해서 표본은 신중하게 선택해야만 했다. 이 연구의 가장 핵심적인 '패널 조사'에 참여할 학생 100명은 무선표집 방식으로 선정하였다. 성적표 확인과 시니어 학생조사 및 강의평가 조사를 위해 필요한 기본적인 인적사항은 모든 학생의 동의를 얻어서 활용했다. 그리고 여러 번의 포커스 그룹 조사에 참여할 학생들은 특별히 더 선발해서 활용했다. 이를테면, 장학생, 교환학생 그리고 과학 분야 전공자들이 대표적인 예다.

마지막으로, 본 연구는 사회과학에서 활용할 수 있는 연구 방법을 최대한 많이 다양한 방식으로 적용하면서, 특정한 연구 방법으로 인한 단점을 보완하였다. 특히 학생들과의 심층면담에 주의를 기울였고, 강의 규모나 수강 가능 여부 등에 대해 학생들이 언급한 내용은 수강 등록이나 학적부 자료들을 통해서 재차 확인하였다. 흥미로운 내용일지라도 학생들의 일화가 초점에 맞지 않는 내용일 수도 있기 때문에, 내용의 타당성을 위해 표준화된 대규모 조사를 활용했다. 이 조사들은 신중하게 표집이 이루어졌고, 통계적으로 유의미하게 검증된 것들이었다. 학생의 글쓰기 능력 향상 정도는 다음과 같은 여러 가지 방법을 활용하여 평가했다. (1) 평가자들이 학생 보고서를 알아볼 수 없게 블라인드 방식으로 이루어졌고, (2) 학생면담을 통해 자신의 글쓰기 실력이 어느 정도 향상되었는지 자체 평가를 시행하기도 했으며, (3) 가장 중요한 영향요인을 파악하기 위해서, 마지막 학기 학생들 모두를 대상으로 설문조사를 실시한 결과를 다른 연구 결과들과 비교하기도 했다. 포커스 그룹 조사에서는 우수 학생들이 대학의 학자금 지원 정책에 대한 불만이 많음을 파악할 수 있었고, 정기적으로 시행되는 강의 평가를 통해서는 필수적으로 수강해야 하는 세미나 프로그램의 문제점을 발견하게 되었다. 마지막으로, 재학 중인 학부생들을 연구조교로 채용했을 때, 우리가 미처 생각하지 못했던 부분, 학생들의 답변 혹은 맥락을 잘못 이해한 부분 등을 수정 및 보완할 수 있었다. 연구 전반에 있어서 사회과학자들의 학술적 기준을 준수하면서, 이를테면 연구 결과에 대한 우리의 믿음과 연구 윤리에서의 균형을 찾으려고 노력하면서 연구를 진행했다.[15]

앞서 언급한 이러한 세 가지 원칙(학생을 분석 단위로 하고, 신중하게 표집하며, 다양한 연구 방법을 활용하는 원칙)은 여러 조사에 적용되었다.[16]

1. **동문 대상 면담조사**   먼저, 큰 그림을 그리는 것부터 시작했다. 1999년에 앤드류 멜론 재단으로부터 연구를 기획하는 단계에 필요한 1년짜리 연구비를 지원받아 동문들을 대상으로 간단한 전화 면담조사를 실시하였다. 연구 대상은 졸업한 지 5년에서 10년 사이의 졸업생 100여 명 중 무작위로 선택된 사람들이었다. 그 이유는 졸업 후 이 정도 기간이면, 교육의 실제 효과를 파악하기에 충분하면서도, 그들이 대학을 다닐 때와 비교해 볼 때 대학이 많이 달라졌을 만큼 긴 시간이 아니라고 파악했기 때문이다. 이들 중 78명과의 면담에 성공했는데, 이들에게 십여 개의 개방형 질문을

실시하였다. 이를테면, "대학생활이 전반적으로 어땠나요?"라든가 "가장 좋았던 경험과 가장 좋지 않았던 경험이 있었다면 어떤 것들인가요?" 등에 대해 자유롭게 대답하도록 하였다.

우리가 지난 11년 동안 수행한 여러 연구 중에, 이 조사가 가장 효과적이었다고 생각된다. 대학생의 교육 성과를 평가하는 데 이런 방법을 적극적으로 활용해 볼 것을 권장하고 싶다. 비용이 많이 소요되지 않고, 짧은 기간에 쉽고 광범위하게 적용할 수 있는 유용한 정보를 꽤 많이 얻을 수 있었다. 이를테면, (1) 적은 수의 교수들이 많은 영향을 주는 측면이라든가, (2) 가장 가치 있는 교육 성과들 중 일부는 학업이 아닌 사회적 측면과 관련되어 있는 점, (3) 교수가 학생의 삶에 대해 영향을 주고 싶어 한다는 것이 다소 과장되었다는 점을 발견할 수 있었다. 대학에서 파생된 주요한 삶의 변화와 '중요한' 경험에 대해 질문을 받았을 때 당황한 동문들도 여럿 있었다. 그들은 이런 삶을 바꾼 엄청난 변화에 대해서 별로 관심이 없는 것 같았다. 그리고 면담을 한 우리 측 교수진에게는 그 사실이 매우 실망스러웠을 것이다(하지만 이와 동시에 해외로 교환학생을 다녀온 학생들은 이 경험이 삶의 많은 부분에 변화를 주었다고 응답했다). 즉각적으로 보다 유용하게 활용될 수 있는 연구 결과, 이를테면 입문과목 수업이 중요하다는 연구 결과들은 정기 교수회의에 보고하기도 했다.

2. **패널조사** 동문을 대상으로 하는 면담조사는 과거의 기억을 되살려서 하는 방법인데, 기억은 시간이 지나면 희미해지고 때로는 좋은 것들만 남는 경우가 있다. 이런 점을 감안하여, '학생들이 어

떻게 성과를 얻을까?'에 대한 답을 구하기 위해 우리는 재학생들에게 10년 동안 반복적으로 면담조사를 수행하였다. 이 조사가 우리 연구의 핵심이다. 면담조사를 위해 2001년 가을에 신입생 100명을 무선 표집해서 '그룹(패널)'을 구성하였다. 그리고 이 학생들을 재학기간 동안과 졸업 후 최소 5년 동안 추적 조사했다. 대학에 재학 중일 때는 매년, 졸업 후에는 2년에 한 번씩 연구조교 학생들이 그룹(패널)에 속한 학생들과 개별적으로 만나서 정밀하게 면담을 실시하였고, 면담 시간은 30분에서 1시간 반 정도 할애하였다.

졸업 후 6년이 지난 시점인 2011년 현재 100명 가운데 84명이 표본인데, 사회과학 기준으로 살펴보면 참여율이 아주 훌륭한 수준이다. 연구 시작 시점에, 최초에 선발된 학생들 중 5명이 연구에 참여하지 않겠다는 의사를 보여 제외했고, 다른 11명은 연구가 진행되고 있는 중 중도 탈락했거나 연락이 되지 않았다. 매년 약 60명에서 70명 정도의 학생들을 면담했고, 그 중 25명은 2001년부터 2009년 사이에 수행된 여섯 번의 면담에 모두 참여하였다. 이렇게 해서 연구 기간 동안 총 394번의 면담이 이루어 졌다. 이 면담을 통한 학생들의 의견과 이야기들이 본 연구의 핵심적인 부분으로, 이 책 곳곳에서 연구 결과의 예시로 소개해 두었다. 사생활 보호를 위해서 학생 이름은 가명으로 하였다(같은 이유로, 모든 기숙사와 캠퍼스 단체의 이름 역시 가명으로 하였다). 학생들의 표현 가운데 명확하지 않은 부분은 신중하게 수정하였다. 요즈음 대학생들이 사적으로 하는 말을 있는 그대로 옮긴 글을 읽어 본 독자는 거의 없을 것이다. 그들이 사용하는 언어가 항상 표준영어를 보여 주는 것은 아니다. 이를테면, 말하는 동안 틈틈이 나오는 '처럼

(like)'이라는 단어는 필요 이상으로 자주 사용되어서 상당 부분을 삭제했다. 하지만 우리가 고친 부분 때문에 학생들이 전달하려고 했던 말의 의미가 왜곡되었다고 보지 않는다. 인류학을 하는 사람들은 문화적 특징이 다소 사라졌다고 비판하겠지만, 불필요할 정도로 산만하게 하는 것들은 제거하는 것이 바람직하다. 또한 그룹(패널)에 속한 학생들이 대학교에서 쓴 에세이와 보고서를 수집하였고, 고등학생 때 대학입학 원서와 함께 제출한 보고서도 입학처로부터 수집하였다. 학적관리부로부터는 학생들의 성적표를 받아서, 어떤 교수에게 무슨 과목을 어떤 순서로 수강했는지, 학점이 어땠는지 살펴보았다.

정리하면, 그룹(패널)에 속한 학생(이하 '패널 학생')들의 파일에는 자기보고식 자료와 객관적 자료들이 함께 있었는데, 이 자료들은 대학에 다닌 동안이나 그 후의 일정 기간 동안 학생들이 수행한 일과 경험한 것을 다양한 관점에서 살펴볼 수 있도록 해 준다. 이러한 양적 · 질적 종단 자료를 자세하게 수집하는 데는 시간, 행정 업무, 연구 지원 인력 등 엄청난 비용이 수반된다. 하지만 이런 자료들은 회고적 관찰에서 나타날 수 있는 약점을 극복할 수 있고, 학생들의 경험에 대한 정보를 사실적으로 제공해 준다. 패널 학생들 개개인의 면담 기록들을 시간의 흐름에 따라 살펴봄으로써, 여러 가지 사실을 확인할 수 있었다. 대학생활의 중요한 전환점이었지만, 당시에는 대수롭지 않게 보인 선택의 중요성을 어떤 시점에서 파악할 수 있었고, 대학에서 이른 시기에 열정을 쏟은 일이 추후 어떤 제한점을 수반하게 되었는지도 파악할 수 있었다. 그리고 시간이 흐르면서 옛날 기억이 어떻게 미묘하게 달라지는지도 알게 되었다. 이렇게 수년을 걸쳐 수집한 종단 자료 덕분에, 학생들이 다른 목적지로 이동하는 통로가 있다는 사실을 발견할 수 있었다.

3. **시니어 학생조사 데이터베이스** 그룹(패널) 조사로부터 얻은 면담 결과는 풍부하고 생생한 내용을 담고 있지만, 이것만으로는 자칫 명확한 이해를 하지 못할 수도 있다. 극적인 일화들이 보편적으로 이해될 수 없으며, 상대적으로 적은 표본 수는 일반화에 있어 저해요인으로 작용할 수도 있다. 이를 극복하기 위해 표준화와 계량화가 수반된 조사를 수행하면 연구 결과의 신뢰성을 확보할 수 있다. 해밀턴 대학에서는 수년 동안 매년 졸업식 전주에 전체 졸업 예정자를 대상으로 시니어 학생조사를 실시했다. 이 조사는 고등교육 데이터 셰어링 컨소시엄(Higher Education Data Sharing Consortium: HEDSC)의 회원 대학들이 개발하여 사용하고 있는 것으로, 이 컨소시엄은 미국 전역의 백 개 이상 사립대학들이 연합체로 구성되어 있다. 이 조사는 80여 개 문항으로 구성되어 있으며, 전반적인 대학생활, 즉 학생의 대학 경험과 관련되어 있는 학업, 생활, 개인적인 영역에 관한 다양한 중요 사항이 포함되어 있다. 이 대학 학생들의 참여율은 때로 100%가 될 정도로 매우 높다.

이 연구 팀의 일원인 쇼나 스윗(Shauna Sweet)이 2007년에 7년(2000~2006)치 자료를 조합하여 데이터베이스를 만들었고, 이 자료를 활용해서 다양한 주제에 대하여 시계열 경향과 다변량 분석을 실시했다. 구체적으로 살펴보면, 해당 기간 동안에 학생들의 전반적인 만족도 상승 정도, 수리 · 글쓰기 · 말하기 역량의 '향상 정도(learnability)'에 대한 평가 비교, 그리고 교수 집에 초대받은 경험이 전반적인 대학생활 만족도에 어느 정도 영향을 미치는지를 통계적으로 면밀히 살펴볼 수 있었다. 뿐만 아니라 여러 주제를 통계적으로 정량화하여 정밀한 연구 결과들을 확인할 수 있었다.

4. **글쓰기 조사** 앞서 언급한 설문조사들은 기본적으로 학생들의 자기기입 방식을 활용했기 때문에, 이들의 변화 정도에 대하여 보다 객관적인 자료가 필요했다. 이를 보완하기 위하여, 새런 윌리엄스 (Sharon Williams)가 5년 동안 수집한 1,068개의 학생 에세이를 활용하게 되었다. 에세이를 쓴 대부분의 학생은 이미 우리 패널조사에 참여한 학생이었다. 패널에 포함되지 않은 학생들이 쓴 보고서는 다소 보수적인 표집 방식을 통해 다양한 교과목을 활용하여 수집하였다. 이러한 표집 방식을 선택한 이유는 학생들의 글쓰기 실력 상승 정도를 명확히 규명하기 위함이다. 이의 달성을 위하여, 특별히 훈련받은 외부 검토자들이 '블라인드' 방식(누가 어떤 목적으로 썼는지 알 수 없게 하고 평가하는 방식-역주)을 활용하여 학생들의 보고서를 평가하도록 하였다. 그 후에 학생들의 (객관적) 글쓰기 점수는 자기기입 방식(자신의 글쓰기 능력 향상 정도에 대한 주관적인 평가)에 의한 결과와 자체적으로 비교·분석할 수 있다. 글쓰기 조사와 연구 결과에 대해서는 5장에서 보다 자세히 설명한다.

5. **기타 연구 프로젝트** 마지막으로, 이 연구가 진행된 십여 년 동안 패컬티 워킹 그룹에 참여한 교수들과 함께 소소한 연구 과제를 수행했다. 이에는 우수 학생[학장 장학생과 입학처와 교수가 추천한

'최우수(best & brightest)' 학생]을 대상으로 한 포커스 그룹 조사, 교환학생을 다녀온 학생들에 대한 연구, 캠퍼스 생활 연구 등이 포함된다. 이 밖에도 2, 4학년 학생들이 수업 중 발표한 영상 자료 288개를 수집 및 분석하고, 학생들의 강의 평가와 패널 학생과 전체 학생의 성적표를 계량적으로 분석하였다. 이를 통해 학생들의 수강신청, 교과목 선택의 폭, 재학 기간 중 학점의 변화 추세, 수업 규모별 수강신청 패턴 등에 관한 주제들을 살펴볼 수 있었다.

우리가 내린 결론들 비록 단일 대학 연구에 기초한 것이지만, 방대한 데이터를 활용한 고등교육 분야의 독창적인 연구로부터 나온 것이다. 우리 대학은 HEDS 컨소시엄(시니어 학생조사 주관 기관)이면서, 2006년에서 2010년까지 워배시 대학(Wabash College)의 찰스 블레이크(Charles Blaich) 교수가 주도하고 있는 워배시 연구(Wabash National Study of Liberal Arts Education)에 참가한 49개 대학 중 한 곳이다. 워배시 연구는 교양교육 프로그램의 성과에 영향을 미치는 주요 요인들을 밝혀내기 위한 대규모 종단 연구다. 연구 결과를 구성하는 방식은 상이하지만, 내용 면에서는 우리 연구와 워바시 연구의 결론이 일맥상통한다. 또한 대학생 학습성과 평가 연구인 뉴잉글랜드 컨소시엄(New England Consortium on Assessment and Student Learning: NECASL)은 신입생들의 경험에 관한 영역에서 많은 도움이 되었다. NECASL 프로젝트 책임자 중 한 명인 웰즐리 대학(Wellesley College)의 리 쿠바(Lee Cuba)는 수차례 전문적인 조언을 해 주었다. 고등교육 분야의 많은 훌륭한 연구가 이 책 여러 곳에 인용되어 있다. 마지막으로, 2002년부터 2008년까지 댄 챔블리스는 중부지역 고등교육 위원회(Middle

States Commission on Higher Education)의 임원으로 활동했다. 그는 중부 애틀랜틱 지역(뉴욕, 뉴저지, 펜실베이니아 그리고 다른 주)에 속해 있는 500개 이상 대학들의 평가 인증을 담당했다. 이러한 개인적인 경험과 여러 지인의 도움 덕분에 전반적인 고등교육의 성과와 접근 방법, 대학생 참여조사(National Survey of Student Engagement: NSSE), 대학생 학습평가(Collegiate Learning Assessment: CLA) 등과 같이 최근에 많은 관심을 받고 있는 평가 프로그램들의 조사도구와 연구 결과에 대하여 폭넓게 살펴볼 수 있었다.

이 책의 목적은 실용적인 데 있다. 즉, 이 책의 집필 목적은 대학이 현재보다 더 나은 성과를 창출하는 데 도움을 주기 위함이다. 따라서 마이클 모팻(Michael Moffatt), 캐시 스몰(Cathy Small)과 메리 그리스비(Mary Grigsby)가 제시했던 전반적인 대학생활에 관한 문화인류학적 기록(ethnography)은 포함하지 않았다.[17] 그들의 연구에서는 대학생활 상당 부분이 학업적인 교육과는 동떨어져 있음을 잘 나타내 주고 있다. 심지어 최근에는 대학교육에 대한 실망감을 토로하고 있는 여러 책도 출간되고 있다.[18] 조직을 학습한 사람이라면 아마 "당연하지!"라고 외칠 것이다. 어떤 조직 혹은 집단의 구성원들은 공식적인 업무와 상반된 개인적인 일과 흥미를 갖고 있다. 따라서 회사는 이들이 지속적으로 업무에 집중할 수 있도록 지속적으로 관리·감독해야만 한다. 교회는 독실한 신자들이 부족하고, 군대는 진정한 군인을 갈망하고, 심지어 가족 간에도 친밀감과 사랑이 부족한 경우도 있다. 이런 상황을 고려해 보면, 대학생들이 학업에만 전념하리라고 생각하는 것은 지나친 기대가 아닐까? 분명한 것은 대학이 항상 훌륭한 사람들로만 채워지지 않음을 비판하기보다는 그런 사람들로 더 많이 채워지도록 도움을 주는 것이 이 책이 지향하는 바다.

다음 장부터는 학생들이 대학에서 직면하게 되는 주요 과제들을 순차적으로 살펴볼 것이다. 대학 입학, 진로 선택(학업적인 부분과 사회적인 부분), 캠퍼스 내 다양한 단체에 소속되기(동아리, 학생회 등), 전공 및 교양 지식 습득, 사회에 진입하기 위한 단계(대학 졸업) 등이 대표적인 예다. 이 모든 과제는 기본적으로 대학 안에서 이루어지는 인간관계로 인해 발생하는 것이며, 그 관계는 대학에 의해 만들어진다는 사실을 알게 될 것이다. 우리는 학생들의 대학생활을 추적 조사하면서, 이들의 어떤 경험이 성공과 실패를 가져오는지, 장애물이 무엇인지, 어떤 선택을 하는지 등을 살펴보고자 한다. 이 책은 학생들의 진로와 삶의 방향에 영향을 미치는 숨어 있는 요인들을 면밀히 고찰하여 기술하려 한다. 마지막에는 학생들이 대학에서 더 많은 것을 얻어 갈 수 있도록 대학 리더들의 역할에 대하여 구체적으로 기술하면서 책을 마무리하고자 한다.

이 책의 핵심을 한마디로 요약하면, 대학에서 정말 중요한 것은 누가 누구를, 언제 만나느냐다.

1학년 때 첫 2주 동안은 학생들 모두 서로를 알아 가느라고 정신이 없어요. 얼마 지나지 않아 그 열기는 금세 사라지고, 학생들은 더 이상 처음처럼 많은 교류를 하지 않아요.

(조, 2학년)

'대학에 간다'는 것은 수강신청을 통해 강의를 듣고, 학위과정을 이수하는 것 이상을 의미한다. 특히 고등학교를 막 졸업하고 레지덴셜 칼리지에 입학한 학생들에게는 새로운 공동체 생활에서의 흥분과 겁을 동반한 성인 세계로의 진입이라는 의미도 더해진다.[1] 학생들은 성공적으로 이러한 공동체 일원이 되었을 때, 공동체를 통해 잠재적인 힘과 동기부여를 얻는다. 즉, 학생들은 배우려는 의욕과 힘이 생기고, 열심히 운동도 하게 되고, 친구도 적극적으로 사귀게 되고(주로 파티 모임, 술자리, 이성교제를 통해서), 대학에 대한 소속감도 커지고, 다양한 진로 탐색에 적극성을 가지며, 다소 진부한 표현이지만 '평생학습자'가 되고 싶다는 생각을 하기도 한다. 하지만 학업 혹은 교제 측면에서 성공적으로 공동체 일원이 되지 못한다면, 외로움과 의기소침, 나아가 우울증을 경험하기도 한다. 특히 이들은 학교는 다니고 있지만, 마음은 이미 학교를 떠나 있을 수도 있다.

특히 이러한 점들이 대학에서 학업을 지속하는 데 많은 영향을 주기 때문에, 주요 연구들에서 지속적으로 강조되고 있는 것이다.[2] 학생들이 대학 공동체에 소속감이 있어야지만, 대학에서 신체적·정신적으로 학업에 몰입할 수 있다. 하지만 좋은 학업 여건을 갖추는 것이 필수적으로 친구가 있어야 하며 즐거운 심리 상태이어야만 함을 의미하는 것은 아니다. 매우 불행함을 느끼고 홀로 지내는 학생들 중에서도 공부를 아주 잘하는 학생들을 간간이 볼 수 있기 때문이다. 하지만 대부분의 경우, 친구관계는 학생들에게 성공적인 대학생활을 위한 선행 조건이다.

만약 그렇다면, 이러한 점은 학생생활 전문가뿐만 아니라 대학의 리더들에게 시사하는 바가 매우 크다. 우리식 표현인 들어가기(entering)는 단지 중요한 첫걸음 정도가 아니라 대학교육(그리고 대부분의 학생)에 꼭 필요한 선행 요건이 되는 것이다. 들어가기가 선행되지 않고서는 교과목, 전공 프로그램 및 비교과 교육과정들의 효과를 기대하지 못할 것이다. 즉, 친구가 없어서 좋은 강의를 수강할 수 있는 하나의 통로(3장 참조)를 가지지 못한 학생에게는 대학의 이러한 노력이 유명무실하게 된다는 것이다. 이미 강의실에서 몸과 마음이 떠난 학생들에게 학문적 수월성이 도대체 무슨 의미가 있을까.

그럼에도 불구하고 학기 초에 적어도 몇 주 동안이라도, 친구를 대면하고자 하는 상황은 동기부여 측면에서 매우 고무적이다.[3] 대학들은 그 기회를 활용하여, 학생들이 손쉽게 친구를 사귀고 대학 공동체로 진입하는 통로를 열어 줄 수 있다. 물론, 학생들의 노력도 필수적이겠지만, 이러한 통합 과정을 대학이 쉽게 제공해 줄 수 있다. 특히 대인관계 형성이 서툴고 내향적인 학생들에게 도움을 주기 위해서라도 이러한 과정은 필요하다. 다소 이해하기 힘들겠지만, 학생들이 처음에는 별로 매력적이지 않다고 느끼는 환경, 이를테면 긴 복도가 있는 낡은 옛날 기숙사와 같은 환경에 학생들을 몰아넣는 것도 방법이될 수 있다.

첫걸음

이 대학에 갓 입학한 신입생들은 낯선 곳에서 종종 불안해한다.

무서웠어요. 모두 다요. 처음에는 고등학교 같기도 했어요. 왜냐하면 모두들 순식간에 자기들끼리 패거리를 만들려고 노력하고, 정확히는 잘 모르겠지만, 서로에게서 뭔가 얻으려고 끙끙대는 것처럼 보였기 때문이에요.

(리애나, 1학년)[4]

진짜 정말 무서웠어요. 아무 생각도 없었죠. 나는 덴버 출신인데, (미국) 동부에 있는 대학으로 왔어요… 학교에 가기 위해 비행기를 타려던 그 날… 아침 일찍 일어난 걸로 기억하는데, '빠져나갈 구멍이 있으면 빠져

나가고 싶다.' 라고 생각했던 것 같아요. 난 그저… 정말 두려웠거든요….

(앤, 4학년)

첫날은 그야말로 난장판이었죠. 나는 하루 종일 울었던 것 같아요. 난,
난 집을 떠난 적이 없었거든요.

(리디아, 1학년)

다소 과장된 표현도 있었지만, 이들의 걱정을 이해 못 할 정도는 아
니다. 친구는 사귈 수 있을까? 나한테 말을 걸어오는 사람이 있을까?
점심을 함께 할 수 있는 사람이 있을까? 내가 이런 것들을 감당할 수
있을까?

하지만 주변에 있는 사람도 나와 비슷한 처지에 있음을 공감하게
되면, 이러한 혼란이 기회로 바뀌게 된다. 학생들은 사람들을 만나려
고 활발히 움직이고, 기숙사 방을 꾸미고, 일정을 짜고, 먹을 만한 곳
도 찾아보고, 캠퍼스 투어도 한다. 이런 과정에서 수많은 다른 신입생
들과 뒤엉키게 되는 등 입학 초기에는 누구라도 만나 보려는 학생들
로 말 그대로 인산인해를 이룬다. 사샤는 사교생활에 익숙해지려고
노력했고, 러셀은 조금 더 쉬운 방법을 모색했지만, 이 두 명은 이런
과정들이 매우 역동적임을 알고 있었다.

1학년 초반에는 신입생 모두가 서로에게 정말로 친절해요. 모두 좋은
친구 또는 '지금 당장에 필요한 친구'가 되어 줄 것 같은사람들을 찾
으려고 노력해요. 사실 뭐가 됐든 밥이라도 같이 먹어 줄 사람 말이
죠…. 외롭게 지내기는 싫은 거죠.

(사샤, 2학년)

이런 상황에서 친구를 못 만들면 힘들어지겠지요. 특히 처음 2주 동안에요. 그때는 아직 누가 누군지 서로 모르잖아요. 아무한테나 가서 "안녕, 난 러셀이야."라고 말해도 이상하지 않잖아요. 모두 같은 상황이니까요….

(러셀, 1학년)

신입생들은 친구를 만들기 위해 노력하면서도, 한편으로는 독립적인 생활을 할 방안도 동시에 강구한다. 많은 학생은 처음으로 집을 떠나 생활하면서, 부모와 떨어져(혹은 기숙사가 있는 사립학교에 다닐 때) 지내는 즐거움과 어려움을 모두 경험한다.

말 그대로 자유죠…. 저는 사립학교를 다녔는데, 그곳에서는 통제가 심했어요. 등하교 시간을 비롯하여, 하루에 얼만큼 공부를 해야 하는지 등 모든 것이 엄격히 정해져 있었어요. 여기서는 자유예요. 원하는 건 뭐든지 할 수 있어요. 기숙사에서는 언제든지 편하게 생활할 수 있고요. 내키지 않으면 수업에 빠져도 돼요!

(제임스, 4학년)

자유예요. 아무런 제한도 없고요. 자고 싶을 때 자도 되고 수업도 원하는 걸 들을 수 있어요.

(존, 1학년)

하루 일과는 그들이 알아서 한다. 학기 초에 있는 오리엔테이션만 일정이 정해져 있고, 졸업 요건을 맞추기 위한 몇몇 필수이수 교과목이 있긴 하지만, 고등학교 때처럼 수업 시간표가 엄격히 정해져 있는 것은 아니다.

> 교실에 하루 종일 있지는 않아요. 2시간 수업을 듣고 나머지는 내가
> 하고 싶은 것을 해요. 항상 감시하는 선생이 있는 것도 아니고, 내 일
> 은 내가 책임져요. 부모님도 신경 안 써요⋯. 그러므로 시간을 어떻게
> 활용할지는 내가 알아서 정해야 해요.
>
> (해리, 1학년)

이들은 언제든지 누구의 간섭도 받지 않고 일어나고 싶을 때 일어
나고, 자고 싶을 때 자며, 만나고 싶은 사람을 만나고, 가고 싶은 곳에
간다. 빨래를 해야 하지만 엄마가 대신 해 주지는 않는다. 이제 더 이
상 저녁을 '집'에서만 먹지 않고, 학교 안에 위치해 있는 식당, 피자
가게 혹은 패스트푸드 음식점에서 먹는다.

다소 여유 있는 중산층 이상의 가정에서 자란 학생들에게는 소소
한 불편을 감수해야 하는 일들도 생긴다.

> 고등학교 시절, 집에서 학교를 다닐 때는 규칙적인 생활을 했어요. 아
> 침에 일어나서 오전 8시부터 오후 3시까지 수업을 듣고, 운동 등 뭐
> 좀 하고 나서 집에 오면, 숙제하고 저녁 먹고 전화로 수다 좀 떨고 했
> 죠. 판에 박힌 것처럼요. 저녁 식사는 항상 준비되어 있어요. 좋고 편
> 해요⋯. 내 방도 있고, 크기도 충분해서 좀 어질러 놓아도 불편함 없이
> 침대로 갈 수 있었죠.
>
> (수지, 1학년)

대학에서 경험하는 첫 번째 주요 과제는 새로운 세상에 들어가서

그곳을 이해하고, 친구를 사귀고, 일정을 짜는 것이다. 자기 자신이 공부와 교제 사이의 균형을 맞춰야 한다. 대학생활에 관한 질적 연구를 수행한 마이클 모팻(Michael Moffatt)은 "대학생활이란 학생들이 무엇보다 대학에서 학업과 교제 활동의 균형 그리고 교실 안에서의 교육과 비교과 활동에서 얻는 재미의 상대적 가치를 이해하는 것과 관련됨"을 밝히고 있다.[5]

물론, 유혹을 많이 느끼는 학생들도 있다.[6]

> 대학에 왔을 때 이런 느낌이었어요. "세상에, 대학이 이렇게 좋은 거였구나." 맥주가 온 사방에 널려 있어요. 아마 거의 매일 파티에 참석했던 것 같아요. 자유가 뭔지 제대로 느껴 보려고요. 첫 학기 학점은 당연히 좋지 않았죠. 개인적으로 엄청 실망했어요….
>
> (조지, 2학년)

어떤 학생들은 학교가 촌스럽고, 비슷한 모습의 학생들로 가득 차 있다는 데 놀라기도 했다.

> 나는 도심의 유대인 지역에서 자랐는데, 여기 와서 노랑머리와 까만머리 비율을 보고 깜짝 놀랐어요. 걸어오면서 왼쪽을 보면 온통 옥수수 밭이고, 오른쪽을 보면 노랑머리 사람들로 넘쳐나요!
>
> (사샤, 2학년)

(이 장의 첫 부분에서 인용한 것처럼) 친구를 찾으려는 '정신이 없는 상황'에서도 모두에게 공평한 기회가 주어지는 것은 아니다. 남들보다 친구를 쉽게 사귀고 별 어려움 없이 학생 공동체에 가입하는 학생

들도 있다. 우수한 대학에 다니는 학생들은 당장의 혜택이 있을 수 있다. 대학의 우수성 자체가 비슷한 수준의 또래를 만날 수 있는 가능성을 높여 주기 때문이다. 이를테면, 엘리트 대학들은 비교적 부유하고 학업 수준이 높은 학생들이 더 많을 테니까, 서로 비슷한 또래를 찾기 쉬울 것이다. 레지덴셜 칼리지들은 고등학교와 비교해서 학업에 몰입할 수 있는 학생들이 훨씬 많다.

> 여기 있는 사람들은 어떤 목적을 갖고 있다는 얘기로 돌아가네요. 대학이 여기 있고 싶지 않은 사람들을 가려낸 것 같아요. 내가 다닌 고등학교에는 학생이 1,500명 정도 있었는데, 거긴 늘 책가방만 들고 왔다 갔다 하는 애들이 있었어요. 그런데 여긴 그런 애들이 별로 없네요.
>
> (프랭크, 1학년)

비록 완벽하지는 않지만, 레지덴셜 칼리지들 대부분은 수업에 열중할 수 있는, 책임감이 있는, 자기관리를 철저히 할 수 있는, 등록을 안정적으로 할 수 있는, 비행을 저지르지 않을 학생을 선발하려고 노력하고 있다.

그럼에도 불구하고, 대학 입학 기준은 단지 사람들을 서로 연결하는 데 있어서 첫 단추에 불과하다. 일단 대학에 입학하면, 학생들은 어느 정도 예측할 수 있는 과정을 거치면서 다른 학생들[7]과 얼마 후에는 교수들을 만나게 된다(3장 참조). 대학 입학 후 처음 몇 주 동안은 혼란스러울 수도 있겠지만, 이 기간 동안에 평생을 함께할 수 있는 동료 학우들을 많이 만날 수 있는 절호의 기회가 생기고, 대학도 이 과정에서 중요한 역할을 한다.

친구 찾기

신입생들에게는 친구관계가 중요하지만, 친구가 꼭 많아야 하는 것은 아니다. 대학생활을 알차게 보내기 위해서는 단지 **두 명 정도의 좋은 친구와 한두 명 정도의 훌륭한 교수**만 있으면 된다. 그러면 어디서 이런 관계를 맺을 수 있을까? 일반적으로, 레지덴셜 칼리지는 동료 학우들과 함께 보낼 수 있는 시간이 많기 때문에 친구를 찾기가 어렵지 않다. 사실, 얼핏 보기에는 그럴듯해 보이는 것들[오리엔테이션 활동, 그리스 문자 단체(Greek-letter societies)]은 분명 한계가 존재한다. 반면, 그다지 매력적인 곳으로 보이지 않는 것들(공용샤워실이 있는 오래된 기숙사)은 상대적으로 효과가 엄청나다.

오리엔테이션 활동: 우선권

오리엔테이션 활동들은 학생들이 대학생활을 시작하는 데 도움을 주기 위해서 계획된다. 따라서 우선권을 갖는다. 학생들은 학기 시작 후, 일주일간의 오리엔테이션 기간에 공식적인 활동 혹은 여유 시간을 통하여 만남의 기회를 가진다.

어떤 학생들은 공식적인 활동을 좋아한다.

그리고 오리엔테이션은 학생들이 모여서 편하게 지낼 수 있고, 며칠 사이에 좋은 친구들을 만들게 해 주었던 기회였던 것 같아요. 우린 그냥 즐기면 됐죠. 이러한 기회가 모든 걸 너무 쉽게 해 줬어요.

(앤, 4학년)[8]

하지만 게임, 기숙사별 토론, 의무적으로 참석하는 성희롱, 음주, 다양성에 관한 워크숍과 같은 보편적인 오리엔테이션 활동들은 유치하고 시간 낭비라고 생각하는 학생들도 있었다.

난 오리엔테이션이 싫었어요…. 그건 마치 강압적으로 사람들을 만나게 하는 것 같았어요…. 관계가 깊지 않은 경우가 많았고, 지속되지도 않았죠. 참석해서 편안하게 사람을 만날 수 있는 여유 시간이 좀 더 많았으면 좋았겠다는 생각이 드네요.

(케이티, 1학년)

오리엔테이션 활동들이 보다 효과적이 되기 위해서는 학생을 선별해서(범위가 광범위해도 상관없다) 진행하면 좋을 것 같다. 이 대학 신입생의 약 절반은 소위 '아웃도어 어드벤처'라고 불리는, 국립공원에서 일주일간 진행되는 캠프에 참가하게 된다.[9] 아웃도어 어드벤처에는 사람들을 '단합시키는' 요소가 풍부하다. 학생들은 하루 종일 같이 생활하고, 텐트에서 같이 잠을 자며, 서로 도움이 필요한 활동을 함께 수행한다. 육체적·정신적으로 강도가 세고 위험스러운 상황(캠프에 종종 큰 곰이 나타난다)을 경험하면서 서로 간의 결속력을 다진다. 캠프 행사가 끝난 후에 공식적인 오리엔테이션이 시작되기 때문에 캠프에 참가한 학생들은 이미 친구를 사귄 상태에서 학기를 시작하는 이점이 있다.

난 새 학기가 시작될 때 경험한 아웃도어 어드벤처가 너무 좋았어요.
그때 바로 친구가 생겼던 것 같아요.

(세라, 2학년)

하지만 캠프에 참가하지 못한 학생들은 이런 혜택을 얻지 못하기 때문에 그 효과는 상대적일 뿐이다.

학기 시작 후, 처음 2주 동안은 모두가 아웃도어 어드벤처에 다녀온 사람들을 알아보는 거예요. 그게 힘들었어요. 거기에 참여하지 않은 많은 학생은 동질감이 형성되지 않잖아요. 제 생각에 많은 학생이… 그게 그렇게 중요한지 몰랐을 거예요. 나도 거기 갔으면 좋았을 텐데 라는 생각을 이제서야 하게 되네요.

(킴, 1학년)

특히 일반적으로 여름에 진행되는 이러한 학기 전 프로그램들은 시간과 비용이 소요된다. 아무래도 시간이나 경제적으로 여유가 있는 학생들이 주로 이러한 프로그램에 참여하게 되는 것이다.

그러나 많은 대학은 또한 상대적으로 취약한 계층인 학생들을 위한 사전 프로그램들을 운영한다. 사회적 취약계층 학생들을 대상으로 한 '고등교육 기회균등 프로그램(Higher Education Opportunity Program: HEOP)'은 이들에게 보다 이른 시기에 인적 네트워크를 제공한다. HEOP 수혜 학생들은 6주 동안 무료로 진행되는 다양한 활동에 의무적으로 참여해야 한다. 이 프로그램에 참여한 학생들은 하루 종일 함께 생활한다. 이 프로그램을 통해서, 학생들은 다른 학생들보다 이른 시기에 끈끈하지는 않지만 한동안 지속될 수 있는 인적 네트워크, 말하자면 캠퍼스에서 "안녕!" 하면서 인사할 수 있는 사람이 생기게 된다.

> 내가 많은 사람을 만날 수 있었던 한 가지 이유는 미식축구를 했고, HEOP 프로그램에 참여했기 때문이에요…. 특히 다른 수업에서 그 프로그램에 참여한 학생들을 만나게 되었는데, 이제 그들이 내 친구 같아요.
>
> (존, 2학년)

> 나는 여름에 HEOP에 참여해서 28명의 아이들을 이미 만났어요. 학교에 입학하기 전에 그만큼의 친구를 사귀게 된 거죠…. 난 정말 수줍음이 많아요. 친구를 사귀기가 쉽지 않은 성향이 있죠. 그런데… HEOP에서는 그럴 수 없어요. 몇 주 동안 서로 같이 지내기 때문에 친구가 되죠.
>
> (빅토리아, 1학년)

장기적인 관점에서 살펴보면, HEOP와 같은 프로그램들이 오히려 참여한 학생들을 고립(HEOP에 참여한 학생들은 상대적으로 사회적 취약계층임-역주)시킬 여지도 있지만, 이런 프로그램이 없다면 장기적인 관점이라는 것이 무의미할 것이다(상대적으로 사회적 취약계층인 학생들이 대학생활에서 인간관계를 형성시켜 줄 수 있는 기회조차 주어지지 않을 것이다-역주).

오리엔테이션 프로그램들은 어느 정도 경쟁적인 성격을 지니고 있다. 이 프로그램에 참여한 학생들은 그렇지 않은 학생들에 비해 얻는 것이 상대적으로 많다. 캠퍼스 활동을 보다 일찍 시작한 학생들은 첫 학기가 끝나갈 때까지 많은 친한 친구를 찾을 가능성이 높다. 이때쯤 이면 주기적으로 만나는 자기만의 무리(exclusive clique)가 형성된다. 이런 프로그램들이 학생 개개인에게는 혜택이 있는 것은 분명하지만, 신입생 전체를 고려해 보면 이런 혜택이 있다고 할 수 있는지는 잘 모르겠다.

오리엔테이션 프로그램의 분명한 장점은 프로그램에 참여한 사람들이 참여하지 않은 사람들보다 친구를 먼저 사귈 수 있는 가능성을 높여 준다는 것이다. 오리엔테이션이 학생들에게 도움이 된다는 것은 고등교육 연구를 통해서도 밝혀졌다. 오리엔테이션 프로그램은 대학에 보다 잘 융합되도록 해 주고, 결과적으로는 대학에서 학업을 지속할 수 있는 가능성을 높여 준다는 것이다.[10] 반면, 오리엔테이션 은 학기가 시작되기 전에 끝나기 때문에, 지속적인 만남이 이루어지지 않을 경향이 크고, 이 기간에 만들어진 '친구관계' 역시 지속되지 않는 경우가 있다.

기숙사: 가까움

이 대학에는 범죄가 거의 없고 안전하기 때문에, 기숙사는 사람들을 만나기에 적합한 장소다.[11] 특히 많은 사람이 근거리에서 하루 종일 함께 생활한다는 점에서, 기숙사는 사람을 만나기에 더할 나위 없이 좋은 곳이다.

가장 기본적으로, 그곳에서 룸메이트를 만나게 된다.

면담자: 친구를 어떻게 만났나요?

학생: 기숙사에서요…. 전 맥기니스 기숙사에 사는데, 이곳은 친구 사
귀기에 아주 좋아요. 저는 4인실에서 생활했는데, 제 룸메이트였던
세 명의 친구는 현재까지 저와 제일 친해요.

(조지, 2학년)

샤워실을 공동으로 사용하다 보면, 학생들은 그곳을 이용하는 다른 학생들과 주기적으로 만나게 된다. 긴 복도를 지나다니면서 문이 열려 있는 방이 있으면 인사를 건네는 학생들도 있고, 2, 4인실 방들이 있는 복도에서는 하루에 수십 명의 학생들을 마주하게 된다. 이런 환경을 갖춘 기숙사에 사는 친구를 부러워한 학생도 있었다. "복도식으로 된 기숙사에서 생활하는 내 친구는 방문을 열어 놓을 수 있었죠. 그 복도에는 십여 개의 방이 더 있는데, 남학생과 여학생이 두 명씩 생활하는 방이었어요. 거긴 방문이 항상 열려 있었고, 학생들은 공동체 의식을 갖고 있는 것 같아 흥미로웠어요."(허브, 2학년). 그런 환경에서는 사교성이 부족한 신입생도 사람들을 아주 빨리 사귈 수 있다.

새로운 친구들을 사귀지 못한다는 것은 충분히 힘든 일이라 생각해요.
하지만, 특히 내가 생활하는 기숙사에는 믿기 어려울 정도로 학생들
끼리 많이 친해요…. 큰 기숙사가 아니라서 이곳 신입생은 거의 모
두 서로 잘 아는 거 같아요….

(제임스, 1학년)

기숙사와 같은 '만들어진 환경'은 결정적인 역할을 한다.[12]

아시겠지만, 기숙사는 배치가 정말 중요해요. '2인실'(룸메이트를 한 명 고르는 방) 혹은 호텔 슈트형 다인실이 좋아요. 친구가 많이 생기잖아요. 4인실 배치는 1학년 때 좋아요. 엄청나게 많은 교류를 할 수 있고, 친구 세 명이 저절로 생기게 되니까요…. 거기다가 내 친구들과 그들 친구들과도 교류할 수 있고요.

(마크, 3학년)

일주일 내내 파티를 하는 것 같아요. 친구랑 함께 사는 느낌이죠. 하지만 이곳에는 방마다 샤워실이 구비되어 있어 방문을 항상 닫아 놔요. 거기서 생활하는 학생들은 홀에 나와서 사람들과 얘기하는 경우가 드물어요.

(앤, 1학년)

다른 유형의 기숙사를 선호하는 학생들도 있는데, 각 기숙사마다 고유한 장점이 있다.

굴드를 선택하면 모든 게 근처에 있어요. 하지만 큰 건물과 큰 방, 그리고 좋은 카펫이 깔린 바닥은 포기해야 해요. 매스터스에 살면 지리적 이점을 포기해야 하고요. 어디를 가려면 반 마일(800미터)쯤은 걸어야 하고, 거의 혼자 지내야 해요. 주변에 돌아다니는 사람도 없고, 인사하려고 방문을 두드리는 사람도 없죠.

(짐, 4학년)

워튼에서는 정말 좋은 방을 얻을 수 있어요. 하지만 4인실이죠. 아니면 터너에서 방을 구할 수도 있어요. 방 상태는 형편없지만… 1인실이에요. 그리고 친구들도 가까이에 있고 심지어 부엌도 있어요.

(앤, 4학년)

앞서 살펴본 것처럼, 어떤 기숙사는 신입생들이 선호하지는 않지만, 실제로는 깊이 있고 오래가는 친구관계를 형성하는 데는 더할 나위 없이 좋은 곳이다. 오리엔테이션 첫날에는 기숙사가 '틀에 박히고' 북적거리고 난장판인 곳이었지만, 그런 기숙사에서 1년 동안 만난 동료 학우들이 추후에 가장 친한 친구들이 되었다고 언급하는 졸업생들이 많았다.[13] 십여 개가 넘는 방들이 있는 긴 복도들, 서로 마주칠 수밖에 없는 공용샤워실, 그리고 학생 공용실들은 많은 학생이 서로 만날 수 있도록 건축학적으로 설계된 것들이다.

이와 더불어 예비 대학생들이 선호하는 구조를 가진 기숙사(개인 침실 및 욕조, 복도 없이 야외로 바로 통하는 문과 같은 아파트식 거주 공간)는 사실 심각하게 학생들의 사교생활과 행복감을 제한할 수 있다. 그런 곳에 살면 고립되고 다른 사람을 만날 기회도 줄어든다.

> 글쎄요. 우린 아파트형에 가까운 기숙사에서 살고 있어요. 그런데 이곳에서 생활하는 사람들은 서로 잘 몰라요. 나와 룸메이트가 교내식당에서 저녁을 먹는다는 걸 최근에 서로 알게 되었어요. 어떻게 이런 일이 가능한지 놀라워요! 학생이 1,800명이나 되는 학교에 다니고 있고, 엄청 큰 교내식당에 있는데 아는 사람이 없다니요…!
>
> (사샤, 2학년)

> 학교 밖에 있는 아파트에 사는데, 우리 아파트에 학생은 우리 둘이 전부예요. 그래서 전 대부분의 시간을 학교에서 보내려고 해요. 거기에서 공부도 하고 밥도 먹고요. 그냥 여기저기 다니는 것이 아니라 마치 데이트하듯 말이죠. 사람들을 보려고요.
>
> (매들린, 2학년)

결과적으로, 기숙사는 친구관계를 형성시키는 엄청난 힘을 갖고 있다. 계속해서(자발적이지는 않더라도) 학생들을 물리적으로 가깝게 만들어 준다(close proximity).[14] 하지만 그냥 가까워질 수 있도록 만드는 게 항상 좋다고 할 수는 없다(이에 대해 5장에서 구체적으로 살펴보겠다). 이를테면, 대학 기숙사에서 룸메이트와의 갈등은 비일비재하고, 때로는 매우 심각한 지경에 이르게 한다.

학생 단체거주 생활: 배타성

프래터너티(Fraternities, 남학생 사교 클럽)와 소로러티(Sororities, 여학생 사교 클럽)들은 주로 대규모 주립대학에 많으며, 다른 학생들을 만나려고 할 때 이런 단체들이 많이 활용된다. 이 대학에는 '그리스 문자 단체(Greek-letter societies)' (학생 단체의 이름을 붙일 때 카이, 알파, 오메가와 같은 그리스 문자를 사용하기 때문에 프래터너티와 소로러티를 이렇게 부르기도 함-역주)들이 비록 캠퍼스 사교 활동에서 중요한 부분을 차지하고 있긴 하지만, 활용되는 공간이 별도로 마련되어 있지 않는 등 큰 대학들에서처럼 주축이 되지 않고 있다. 하지만 이 단체에 가입하면 '자동적으로 인적 네트워크'가 생기게 될 뿐만 아니라 일상적인 사교생활을 할 수 있다. 더구나 이 단체의 회원 가입은 약간 배타적이기 때문에 이런 경향이 더욱 강하게 나타나게 된다(회원들만의 유대를 가지면서 인간관계에 있어 배타성을 가짐-역주). 대부분의 예비 회원은 사교가 필수인 이 공동체의 일원이 되는 데 많은 노력이 필요하지는 않다.

프래터너티들이 나서서 같이 어울릴 학생들을 찾는 과정이 무척 인상적이었어요. 그리고… 특히 낯선 학교에 들어온 신입생으로서는 더욱 그랬죠. 이러한 활동 때문인지, 저 역시도 사람들하고 어울리고 싶은 생각이 들게 됐던 것 같아요….

(제이, 3학년)

규모가 큰 대학들에서처럼, 회원들은 주택(house)에서 함께 생활하면서 거주하는 많은 동료와 친한 친구가 될 수 있는 기회를 수월하게 가진다. 그리고 수십 명의 학생들과 하루 종일 함께 지내고, 단체생활을 강요받게 되면서, 회원들은 자연스럽게 끈끈한 공동체를 이루게 된다.

이 대학에서는 이런 '학생 단체(society)'에 가입할 기회가 다소 빠른 1학년 2학기 초에 공식적으로 열리지만, 그것은 이미 형성된 친구들의 네트워크를 공식화하는 데 불과하다. 이는 이른 시기의 만남이 향후의 만남을 결정한다는 걸 보여 주는 좋은 예다.

저는 미식축구를 하면서 지금의 친한 친구를 만나게 되었어요. 그 친구는 제가 속한 프래터너티로 왔죠. 또 다른 친구는 나의 고등학교 친구를 통해서 알게 되었는데, 그 친구 역시 이 사교 클럽에 가입했어요. 여기서 만나기 전부터 이미 친구관계였죠.

(제이, 3학년)

저는 작년에 소로러티에 가입했어요…. 여기 회원들은 전부터 알고 지냈던 친구들이었어요. 그러니 굳이 '공식적인' 회원이 되지 않을 이유가 없었지요. 지금 전 당연히 아주 행복해요.

(로라, 2학년)

이 사례들에서 알 수 있듯이, 그리스 문자 단체들은 친구를 사귈 수 있는 새로운 기회를 제공하기보다 이미 만들어진 동성 친구관계와의 네트워크를 더욱 공고히 하게 한다. 더욱이 다른 형제, 자매 단체들과 결연을 확대하면서 더 많은 기회가 생기기도 한다. 이런 혜택은 회원들에게만 국한된다.

스포츠 팀: 시간과 성과

여러 가지 이유에서 동료 학우를 만나고 지속적인 친구관계를 만들려면 스포츠 팀에 들어가는 게 매우 효과적이다. 이 대학에서는 적어도 한 시즌당 40% 정도의 재학생들이 대학 대표팀(varsity team)에 참여하고 있을 정도로, 스포츠는 친구를 만드는 데 가장 보편적인 방법이다.

처음에는… 기숙사에서 알게 된 몇 명의 친구만 있었어요. 하지만 소프트볼과 같은 운동을 시작하고부터 여러 곳에서 사람들을 만나야 됐어요…. 이제는 소프트볼 팀의 많은 여학생과 좋은 친구가 되었어요.

(메리, 2학년)

내 생각에 난 친구들을… 말하자면… 첫 학기에 럭비를 하면서 만났어요. 그래서 내가 여러 럭비선수하고 친구가 됐지요.

(세라, 2학년)

난 수영을 했어요. 연습을 마치면 팀원들과 함께 밥을 먹었지요. 아침

혹은 저녁을 함께요…. 자연스럽게 팀원들은 친구가 됐어요. 시즌 때
는 함께 먹고, 자고, 수영하고, 공부하니까요.

(랜들, 2학년)

선수들은 서로서로를 금방 찾는다. 대학 차원의 스포츠 프로그램
들은 널리 홍보되어 있고, 실력이 있는 학생들이 쉽게 참가할 수 있도
록 조직이 잘 구비되어 있다. 일부 훈련이 새 학기(가을학기)가 시작되
기 한참 전인 한여름에 시작하기 때문에, 이들은 사교적인 면에서 이
른 시기부터 혜택을 얻는다. 이들은 시작하는 날부터 사귈 수 있는 친
구를 만나게 되는 것이다. 이들은 많은 시간을 함께 보낸다는 점이 중
요하다. 보통 적어도 일주일에 5일, 하루에 3, 4시간, 때로는 하루에
2번 연습하기 때문에, 그 시간을 다 더하면 수업 시간을 모두 합친 것
보다 더 많다. 여행도 함께 가고, 같이 먹고, 심지어는 잠자리와 샤워
도 같이하고, 옷도 함께 갈아입는다.

다른 사람보다 이 친구들과 말이 잘 통해요. 항상 가까이 있기 때문이
겠죠. 생활방식도 비슷하고요. 일반적인 학생들에 비해 시간을 정말
잘 관리해야 해요. 저희는 아침에 일찍 일어나서 운동을 해야 하고, 심
지어 밤에도 연습을 해야 하는 경우가 많거든요. 시즌이 오면 생활방
식이 통째로 바뀌게 돼요…. 이들도 나랑 같은 생각일 거예요.

(프랭크, 2학년)

특히 운동의 특성상 함께하는 시간 대부분을 성과 중심의 치열한
상황에서 보내기 때문에, 팀원들은 그 안에서 보다 서로 돕고 의지하
게 된다.

대학 내 다른 어떤 활동보다도, 대학은 스포츠 팀에 보다 적극적인 지원을 한다. 운동시설, 장비 그리고 코칭 스태프를 지원해 줄 뿐만 아니라 입학 시 특혜도 준다. 선수들은 보통 대학신문을 장식하기도 하고 캠퍼스에서 유명인사가 되기도 한다. 대표 팀에 들어갈 만큼 실력이 좋은 학생들에게는 비슷한 관심사를 가진 학생들뿐만 아니라 많은 팬(이 대학에서는 드문 일이지만)과 자연스럽게 교제할 수 있는 기회가 보장된다.[15]

선수들이 갖는 이런 이점은 장기간 지속되지는 못하는 것 같다. 사실 나중에 보게 되겠지만, 어떤 팀들은 자기들끼리만 어울리면서 다른 인간관계를 형성하는 데 어려움이 있을 수 있다. 하지만 학기 초 처음 몇 주 동안과 그 이후에 친구를 만나고 사귀는 데는 선수들이 분명 유리하다.

음악 모임들: 숫자

학기 시작과 함께 학생들이 참여할 수 있는 대규모 음악 앙상블(합주단이나 합창단-역주)은 그 규모가 40명에서 80명으로 적당하여 친구를 찾는 데 아주 효율적이다. 또한 기숙사와 같이 이 모임을 활용하여 또 다른 친구들을 만날 수도 있다. 추후, 소규모 앙상블이나 록밴드를 해도 재미있지만, 합창단 혹은 오케스트라와 같이 이른 시기에 상대적으로 규모가 큰 모임에 참가함으로써, 학생들은 보다 많은 친구를 사귈 수 있는 기회를 가질 수 있다. 이 대학에서는….

1학년 때 합창단에 들어오면, 이곳에 70명 정도 있어요. 모두 처음 보는 사람들이죠. 시간이 조금 지나면 연극 혹은 뮤지컬을 함께하고, 1월이나 봄방학을 마치고 돌아올 때쯤이면 모두가 친해져 있어요. 1학년 때부터 가족이 되는 거죠. 투어를 할 때면 70명이 함께 가잖아요. 엄청 많은 숫자죠. 학기 말쯤 캠퍼스를 거닐다 보면, 그중 10명에서 20명 정도는 항상 마주치는 것 같아요. 같은 수업을 듣기도 하고요. 하나의 공동체가 된 거죠.

(주디, 4학년)

스포츠 팀과 같이 음악 그룹도 자주 모임을 갖는다. 이 그룹은 매일 혹은 일주일에 한 번 정도는 모임을 가진다. 그룹에 소속되려면 공통된 관심사가 있어야 하고, 활동도 열심히 해야 한다.

전 합창단에서 노래해요…. 함께 투어와 뮤지컬을 해요. 재미있어요. 애디론댁(adirondack: 뉴욕 주 애디론댁 산맥 지역에서 불리던 미국 전통음악-역주) 가수와 아카펠라도 하고 합창단에 속해 있죠. 이 두 모임이 저의 음악 실력 향상에 도움이 돼요. 무척 재밌어요. 이 모임에 할애해야 하는 시간은 보통 일주일에 6시간, 사실 그보다 많은 시간이 필요한 것 같아요. 두 여학생은 이제 내 친구가 되었어요. 저와 함께 활동하는 모두가 이곳에 만족해요. 이런 점이 정말 중요한 거죠. 제가 리허설 하러 가면 11명 모두 참여하고 싶어 해요. 지쳤든지 그렇지 않든지 모두 최선을 다해서 무언가를 만들려고 해요.

(제인, 2학년)

금관악기 혹은 현악기 모임에서도 마찬가지로 서로의 의지와 협력이 잘 이루어져야 한다. 이로 인해 어느 정도의 감정적인 보상감(emotional rewards)이 형성된다. 음악 모임은 어느 정도 강압적인 측면이 있다. 어떤 경우에는 정규과목으로 편성하여 학점을 부여하기도 하고, 어떤 경우에는 이 모임의 지도교수가 학생들에게 강압적인 참여를 유도하기도 한다. 일부 음악 모임은 학생들이 주도하지만, 많은 경우 대학 차원에서 운영하면서 충분한 지원을 하고 있다(관리감독, 시설 제공, 수업 시간 우선권 부여-오로지 음악과 공연 수업은 야간 수업이 가능하다). 음악 모임은 스포츠 팀과 같이, 성과를 내야 하기 때문에 이 모임에 참여하는 학생들은 대중 앞에서 연주력이나 합창 능력을 보여 주어야 한다. 이 대학의 음악 모임은 가끔 이탈리아 혹은 스코틀랜드와 같은 이국적인 지역으로 투어를 다니며 다른 대학에서 연주하기도 하고, 다른 앙상블과 협연하기도 한다.

비교과 활동: 공통의 관심사

마지막으로, 학생들은 많은 비교과 활동에서도 친구를 찾을 수 있다.

많은 대학의 학생들은 대학 내 여러 활동(동호회, 언론 모임, 출판 모임)을 통하여 전문적인 경험, 경력, 인적 네트워크를 형성하고 있다. 또한 이러한 활동들(전문 스포츠, 언론계, 기업체, 비영리 단체 등)이 일자리를 얻는 통로가 될 수 있음을 기대한다. 하지만 이 대학의 비교과 활동 목적은 사람들 간의 관계를 돈독히 할 수 있는 공유된 시간을 부여하는 데 있다. 이와 더불어 비교과 활동은 인적 네트워크에 속할 수 있도록 해 주는 것이다.

[사람들을 어디서 만나나요?] 단체나 모임에서요. 그 곳은 아주 큰 곳이죠. 단체나 모임에서는 사람들과의 주기적인 만남과 많은 이야기를 공유하죠…. 파티요? 음… 그곳에서는 사람들과 사귀기는 하지만 이미 아는 사람들하고 사귀는 거잖아요. 모르는 사람들하고 사귀지는 않죠. 하지만 단체나 모임에서는 모르는 사람들하고도 사귈 수 있죠.

(빅토리아, 1학년)

이 대학에서 가장 잘 운영되는 비교과 활동 조직은 정기적인 모임, 강압적인 체계, 상호의존적인 업무 분장, 공개적인 성과 등이 내재되어 있음을 알 수 있다. 이를테면, 매주 금요일에 발간되는 대학신문에는 이를 주관한 기자나 편집인들의 이름이 기재되어 있고, 이들은 매주 발간 전날 밤새 작업하면서 약 2,000명의 독자가 구독할 수 있도록 하고 있다. 이러한 강도 높은 일을 반복하면서, 사람들은 새로운 관계를 형성하고 더욱 돈독한 관계를 형성한다. 다른 모임이나 동아리들은 이런 일정을 갖추고 있지 못하기 때문에 돌아오는 혜택도 적다.

비록 대학마다 차이는 있겠지만, 면담에 참여했던 학생들 중에 강의실과 같이 공부하는 곳에서 친구를 찾았다고 한 경우는 매우 드물었는데, 이 점이 매우 흥미롭다.[16] 분명 교실도 사람 만나기에 좋은 장소가 될 수 있는 조건을 갖추고 있기는 하다. 특히 주기적으로 사람들을 만나고, 의무적으로 출석해야 하며, 토론할 수 있는 공통 주제가 있다는 점에서 그렇다. 하지만 교실에서는 일반적으로 교수자에게 관심이 집중된다. 세미나 수업조차도 교수가 중심이 된다. 이처럼 교실은 선생이나 성숙한 멘토를 만나기는 좋지만, 동료 학생들과의 교류에는 바람직하지 않다. 뿐만 아니라 교실에서의 관계는 수업이 보통 한 학기 단위로 되어 있기 때문에 오래 지속되지 못한다. 과학실험 수업에서 그룹 스터디 혹은 팀 프로젝트를 수행하거나, 현장학습과 함께 여행을 하는 동안에 친구를 찾는 학생들이 전혀 없는 건 아니다. 하지만 이런 경우는 일반적으로 고학년이 되어야 경험할 수 있는데, 이 시기가 되면 인적 네트워크가 이미 만들어진 상태이고, 이런 경험을 하는 학생들도 아주 적은 편이다. 우리 연구에서는 단지 소수 학생만이 이러한 학업적인 환경에서 절친한 친구를 찾을 수 있음을 발견할 수 있었다.

대학에서 학업을 지속하고 성공적인 대학생활이 되기 위해서는 이른 시기에 친구를 만들어야 한다. 이에 도움이 될 수 있는 몇 가지 중요한 요소 중 가장 기본적인 것은 물리적 가까움이다. 이 밖에 이른 시기에 사람을 만나기, 어느 정도의 친분이 있으면서 규모가 꽤 큰 모임(수십 명 정도)에 들어가서 사람들과 함께 시간 보내기, 약간의 배타적인 모임, 공통된 관심사가 있는 모임 등이 이러한 요소들이다. 또한 서로 협력하면서 공개적인 성과를 창출해 낼 수 있는 요소(팀 스포츠, 음악, 신문) 역시 중요하다.[17] 이 대학에서는 기숙사, 스포츠 팀, 이른바 '대형 음악 모임'(오케스트라나 합창)처럼 '만남의 빈도가 높은' 활동들이 친구 만들기에 적합한 것들이었다. 오리엔테이션 활동들처럼 단순하게 많은 사람을 만나는 것만으로는 충분하지 않다. '의무적으로' 계속해서 만날 수 있는 사람들이 어느 정도 많아야지만 그중에서 몇 명의 친구라도 사귈 수 있게 된다. 이런 환경에서는 굳이 다른 학생들을 만나려고 노력할 필요는 없다. 대학들이 학생들에게 아무리 "나가서 사람들을 만나라!"라고 조언을 해 봤자 소용없다. 잘 계획된 기회를 제공하는 게 중요하다.

　하지만 이런 기회가 많은 환경 중에서도 기숙사는 특별하다. 기숙사는 대학생활을 시작하는 시점부터 누구에게나 열려 있기 때문이다. 일부 대학에서는 기숙사가 위험할 수도 있는데, 만약 외부인이 기숙사에 들어와서 도둑질을 하거나 심지어 폭력을 휘두를 수 있기 때문이다.[18] 만약 학생들이 서로에게 좋지 않은 감정을 갖고 있다면, 기숙사 생활은 힘든 경험이 될 수 있을 것이다. 하지만 안전이 보장되고 예절을 잘 지킨다면, 기숙사에서 더할 나위 없이 좋은 공동체 생활을 경험할 수 있다. 기숙사는 누구에게나 공평하다. 좋은 기숙사에서 생활하면서 혜택을 누리기 위해서는 운동 실력과 특별한 재능이 있어야 하는 것은 아니다. 그리고 (보다 중요한 것은) 개인이 무언가를 주도해서 수행할 필요도 없다. 수줍어하는 성격, 매력적이지 않은 외모와 대인관계에 서툰 학생일지라도, 어쩔 수 없이 섞여서 기숙사 생활을 하다 보면 이를 통해 많은 혜택을 가질 수 있을 것이다. 기숙사의 구조적 형태(공용 복도, 샤워실 등)를 살펴볼 때, 이곳에서 혜택을 받는 학생이 있으면 그만큼 손해를 보는 학생이 생기는 제로섬 상황이 존재하지 않는다. 음악 모임에 참여하려면 음악적 재능이 있어야 하고, 스포츠 팀에 가입하려면 운동을 잘해야 하고, 파티에 참석하려면 외향적 성격을 가져야 하지만, 대학 기숙사는 모든 사람에게 열려 있다. 기숙사는 다양한 유형의 학생들이 존재하기 때문에, 학생들에게 새로운 집단과 심지어 익숙지 않은 집단들 간의 인적 네트워크를 확대시켜 줄 수 있다.

　따라서 대학에서 성공의 첫 단추인 다른 학생을 만나고 알아 간다는 것은 우연히 발생하는 것도 아니고, 외향적 성격으로 인해 결정되는 것도 아니다. 가능한 한 이른 시기에, 적당히 큰 규모(30명에서 100명)의 학생들과 일상적으로 가까이 지내는 것이 핵심이다. 이보다 인원이 적으면 친구 사귀기에 충분하지 않고, 아파트식 기숙사는 학생들을 고립시키며, 수업은 상당한 정도의 협동학습이 이뤄지지 않으면 효과가 없다. 신입생에게 세미나 과목은 미력의 도움은 되겠지만, 학생 수와 학생들이 공유할 수 있는 시간이 부족하기 때문에 충분한 기회를 갖기 어렵다.

모든 대학이 기숙형이거나 광범위한 비교과 활동 시스템을 갖추고 있지는 않겠지만, 사이버 대학을 제외하고는 사람들이 만날 수 있는 물리적인 공간들과 학생들이 정기적인 모임을 가질 수 있는 활동들을 갖고 있다. 이러한 공간들과 활동들이 중요하다. 이러한 것들은 학생들에게 대학생활에 필요한 많은 부분을 제공해 주기 때문이다. 추후 다시 언급하겠지만, 특히 대학생활의 지속성, 만족감 그리고 학업을 지속하게 만드는 대표적 동기는 친구관계 형성임을 간과하면 안 된다.

학문과의 만남

대학에서는 친구를 사귀는 일과 더불어, 이와 상관없이 누구나 학문의 세계로 들어가야 한다.[19] 학문적 활동은 대학의 일반적 토대가 될 뿐만 아니라, 대학의 존재 이유이면서 학부모, 일반 대중과 기부자들이 대학에 많은 비용(시간과 돈)을 투자하는 것을 정당화시켜 주는 것이다. 대학 간 운동경기나 프래터너티 또는 기숙사가 없어도 우수한 대학이 될 수 있지만, 학문적 프로그램이 없는 대학은 없다. 학생들이 최소한의 학업 기준을 충족하지 못한다면 대학을 떠날 수밖에 없다. 3장에서는 학생들이 어떤 과정으로 수강할 교과목이나 교수와 전공을 찾아가는지 기술하겠다. 그렇다면 학생들은 대학에서 요구하는 일을 할 준비가 되어 있는 걸까?

처음에 학생들이 학문(academics)에 어떻게 접근하는지는 현재 다니고 있는 대학이 자신이 가장 가고 싶었던 대학이었는지에 따라 달라질 수 있다. 우리가 조사한 상당수의 학생은 이 대학이 가장 오고 싶었던 곳은 아니라고 했다. 이는 다수의 우수 대학에 지원하는 학생들에게 흔히 있는 일이다.[20]

그다음으로는 자신의 고등학교 경험에 영향을 받는다. 대부분의 대학과는 달리 이 대학에는 엘리트 사립학교를 다닌 학생들이 많고, 이들은 이미 대학교육을 받을 준비가 잘된 상태다. 이미 제대로 된 에세이를 쓸 수 있으며, 대학에서 배우는 기초 대수(calculus) 정도의 수학을 익혔으며, 글을 잘 읽을 수 있으며, 학습 요령도 어느 정도 터득했으며, 중요한 부분과 그렇지 않은 부분을 구별할 수 있으며, 필요하면 나머지 부분은 대충 넘어갈 줄도 안다.

> 지금까지의 공부는 도전적으로 느껴지긴 했지만, 그렇게 힘들지 않았어요. 집에서 떨어져 생활하는 것에 적응할 필요도 없었어요. 보딩스쿨(기숙사가 있는 학비가 비싼 사립학교–역주)에서 이미 다 준비된 것들이에요. 고등학교에서 미리 이러한 대학교육을 받을 준비를 시켜 줬어요.
>
> (세라, 1학년)

'우수 고등학교의 이점'은 분명히 있다. 학비가 비싼 사립 고등학교를 다닌 세라와 같은 학생들은 가난한 지역의 공립학교를 나온 학생들에 비해서 학습할 준비가 더 잘되어 있다. 우수 사립 고등학교 출신 학생들은 (이를테면 스포츠 리그를 통해서) 상당히 많은 학생의 얼굴을 알거나, 이미 서로 잘 알고 있으며, 집에서 떨어져서 생활한 경험도 있기 때문에 자신감이 충만하다. (대규모 대학에서도 이와 비슷한 상황을 엿볼 수 있다. 가령 중산층 혹은 중상층 가정의 학생들은 도시 외곽 지역의 꽤 큰 규모의 고등학교를 다니면서 이미 알고 있는 친구들과 함께 대학에 온다.) 이 학생들은 학업 준비도 잘되어 있고, 이미 인적 네트워크도 형성되어 있기에 대학에 쉽게 적응한다.

대학 교육과정에서 일반적으로 요구되는 것 이외에도, 학생들은 교수나 전공에 따라 특별히 요구되는 것들에서도 잘 적응해 간다.

철학 수업에서는 글쓰기 방식이 달랐어요. 이를테면 '그들이 말하는 바의 의미를 분석하시오.'와 같이 의견을 쓰라는 식이었지요. 반면, 역사 수업에서는 무언가로부터 스스로 벗어나야 했어요. 말하자면, 어떤 것에서 완전히 벗어나는 글을 써야 해요. 하나는 분석적인 능력에 초점을 두고, 다른 하나는 정보에 기초한 창의적인 글쓰기에 초점을 두는 식이죠.

(러티거, 1학년)

하버 교수는 우리한테 역사가처럼 글 쓰는 방법을 가르치려고 했어요. 형용사나 보기 좋은 단어들을 많이 사용하지 않고요. 퀸테라 교수는 우리에게 단순한 문장과 복잡한 문장을 조합해서 기품 있는 글쓰기를 하는 방법을 가르치려고 했어요.

(케이티, 1학년)

교수에 따라 어떤 주장을 해도 되는지, 어떤 논리와 논거를 기대하는지, 어떤 글쓰기 타입을 선호하는지가 다르다. 학생들은 이러한 요구사항들을 '교수가 원하는 것 배우기'로 여기고 새로운 것들에 적응해 간다.[21]

> 제가 기억하기로는 고등학교 시절 대부분의 글쓰기 영역에서 좋은 평가를 받았어요. 그리고 이것은 제가 대학 시절 처음으로 쓴 페이퍼예요. 보시는 바와 같이, 많은 기초적인 부분들의 향상이 요구된다고 적혀 있죠. 제 생각에는 대학에 와서 이러한 페이퍼들을 계속해서 다시 써 봤던 게 좋았던 것 같아요. 그래야만 교수님들이 무엇을 원하시는지 명확하게 알 수 있으니까요. 사실, 각각의 교수님들이 원하는 걸 정확하게 해낸다는 것이 어떻게 보면 큰 시련이었지만요.
>
> (세라, 1학년)

고등학교 때 뛰어났던 학생들, 심지어 최우등생들조차 대학에 와서는 기대에 부응하지 못하는 경우도 있었다. 이들은 자그마한 변두리 지역의 소규모 공립학교를 졸업하고, 상도 많이 타고, 대학에 들어갔다고 칭찬을 받았지만, 대학에 적응을 잘하지 못했다.[22]

> 나는 충격을 받았어요. 한때는 내가… 내가 정말로 감당할 수 있을지 확신이 없었어요. 침몰하고 있다는 느낌이 들었어요.
>
> (릭, 3학년)

숫자상으로 어쩔 수 없이 모든 신입생의 반은 하위 50%가 된다. 그들 대부분은 생각했던 것보다 훨씬 낮은 위치에 있는 자신을 발견하게 된다. (대부분은 고등학교에서 상위 10% 안에 들었던 학생들이다.) 예상하지 못했던 높은 경쟁과 수준, 공부 양에 적응하려고 힘써 보지만, 돌려받은 첫 시험지들에는 A가 아닌 C라고 적혀 있다.[23]

크리스티는 별로 좋지 않은 고등학교에서 아주 뛰어난 학생이었는데, 면담 중 자신의 1학년 생활을 설명하다가 울컥해서 그만 울고 말았다.

> 면담자: 1학년 과정 때, 대학이 그 시기에 맞춰 어떻게 달라지면 좋겠어요?
>
> 학생: "학업 수준을 조금 낮춰 줘요!"라고 말하고 싶지만 그렇게 해 줄 리 만무하고… 학업 수준이 너무 높다고 말하고 싶네요…. (주저하며)
>
> 면담자: (위로하며) 그렇군요. 알겠어요.
>
> 학생: 정말 한심한 대답이네요. 정말 모르겠어요…. 전… 한때 정말 훌륭한 학생이었고 자신감도 충만했지요. 그러고는 여기 와서… 뭔지… 설명할 수 없네요. (울어서 녹음을 멈춘다.)
>
> (크리스티, 2학년)

크리스티는 2학년을 마치고 학교를 떠났다.

이런 실패를 피할 수 없는 건 아니다. 나중에 알게 되겠지만, 입문 과목 교수들이 이런 학생들에게 큰 변화를 불러일으킬 수 있다.

외톨이들

대학에 진학한 대부분의 학생은 친구를 찾고, 적응하고, 해야 할 일들을 꽤 잘해 낸다. U.S. 뉴스 앤 월드 리포트(U.S. News and World Report)에 따르면, 해밀턴 대학의 신입생 재등록률은 95%이고, 4년 이내 졸업률은 84%로 전국적으로 볼 때 매우 높은 수준이다. 대부분의 4학년 학생은 다시 기회가 주어져도 이 대학에 오겠다고 응답했다.

하지만 대학에 잘 적응하지 못한 학생들도 있었다. 리애나는 처음에 정말로 이 학교에 오고 싶지 않았다.

> 대학 찾는 일은 아빠가 대부분 했어요. 아빠가 이곳을 찾아서 제가 지원했어요. 실은 제가 먼저 지원을 했고, 나중에 아빠가 이 대학이 좋겠다고 얘기해 줬죠. 저는 캘리포니아로 가고 싶었어요. 그런데 아빠는 별로라고 생각했죠. 그래서 아빠는 동부에 있는 학부중심 대학들을 살펴봤고, 저는 캘리포니아에 있는 학교들을 살펴봤죠.
>
> (리애나, 1학년)

리애나는 아버지의 바람대로 이 대학에 진학했지만 행복하지 않았다.

고향에 있는 사랑하는 이성 친구와의 관계 때문에 머뭇거리는 학생들도 여전히 있었다. 사랑을 지키려다 보니, 캠퍼스에서 다른 학생들과의 낭만적이고 순수한 관계를 만들기 어려웠다.[24] 대학에서 지도를 해 줄 수 있는 어른들의 조언(adult advisor)을 무시한 채, 부모와 지속적인 연락을 하며 지내는 학생도 있었다. (부모의 개입이 학생들에게 피해를 준다는 말은 아니다. 최근 연구에 따르면, 이것이 도움이 될 수도 있다.)[25] 캠퍼스 밖에 있는 사람들과 너무 가깝게 지내는 학생들은 새로운 만남의 기회를 스스로 얻지 못할 수도 있다.

다른 고등교육 연구[26] 결과와 같이, 우리는 소수인종 혹은 경제적으로 여유롭지 못한 학생들이 백인 혹은 부유한 가정의 학생들에 비해서 캠퍼스 밖에 있는 사람들과 더 많은 사회적 관계를 유지하려고 노력하는 사실을 발견할 수 있었다. 인종차이에 관한 '사회적 불일치' 이론은 대학에서 이러한 현상이 생겨난 이유를 다음과 같이 설명하고 있다. 소수인종 학생들은 대학에 와서 처음 얼마 동안 사회적 고립을 다소 경험하는데, 이들은 일종의 안전망으로서 캠퍼스 밖에 있는 사람들과 강한 유대를 유지하려 한다.[27] 물론, 그런 선택이 끝까지 갈 수도 있다. 이러한 유형의 학생들은 캠퍼스 밖의 친구들과 시간을 더 보내면서, 캠퍼스 안에서 사람들을 만날 기회를 줄이게 되고 결국에는 외톨이가 되는 과정을 겪는다.

또한 학생의 사회계층은 대학 진학의 중요한 장애요소가 될 수 있는데, 이는 엘리자베스 암스트롱(Elizabeth A. Armstrong)과 로라 해밀턴(Laura T. Hamilton)이 최근에 저술한 『Paying for the Party』[28]에 잘 기술되어 있다. 해밀턴 대학에는 차를 타고 나가 밖에서 식사하는 학생들도 많지만, 비싼 레스토랑에서 식사하고 학교 근처 바에서 술을 사기에 경제적으로 여유가 없는 학생들도 상당수 있다. 이들에게 있어 방학을 유럽에서 보낸다는 것은 사실상 불가능하다. 그들은 기숙사에 TV 혹은 컴퓨터도 없으며, 스마트폰이나 고가의 옷도 가지고 있지 않다. 부유한 학생들은 누구든 만나서 교제를 할 수 있지만, 중산층이나 가난한 아이들은 돈을 쓸 때 자신의 금전적 상황을 체크해야만 하고, 돈이 많이 드는 일(봄방학 여행, 외식)은 가급적 피한다.

마지막으로, 부유하고 사교적인 학생들조차 신입생 초반에 개방해 두었던 문(사교의 개방성-역주)을 오래지 않아 닫아 버린다. 이렇게 되면, 어떤 관계든지 친하게 지냈던 학생들은 끼리끼리 어울리게 되고, 점차 외톨이들과는 거리가 멀어지게 된다.

> 대학 초창기 때는 주말에 캠퍼스를 돌아다니면 "우리 지금 놀러 가는 중이야.""우리 지금 파티하는 중이야."라고 말하는 학생들을 볼 수 있었어요. 하지만 가을학기가 되면 모든 행사는 마치 몰래 이뤄지는 것 같아요. 아는 사람이 없으면 그 모임에 초대받지 못하죠.
>
> (신시아, 2학년)

> 친구를 사귀기 시작하면, 그 순간부터 바로 다른 모든 관계는 단절되는 것 같아요…. 마치… "오, 내가 널 미처 못 봤나? 그럼 아마도 넌 내 친구가 될 가능성이 없을 거야…. 난 이미 친구가 있거든."이라고 말하는 것 같아요.
>
> (사샤, 2학년)

심지어 작은 대학에서조차 학생들이 외톨이라고 심하게 느끼고 있다는 사실은 아이러니하다. 캠퍼스를 거닐면서 서로 알 만한 사람과 마주쳤는데 그 사람이 인사를 하지 않거나, 내가 인사를 했는데 대꾸도 않고 심지어 고개도 끄떡하지 않고 지나쳐 버린다. 해밀턴 대학에서는 이러한 현상을 전형적인 백인스러운 냉담함(WASPy reserve)이라고 일컫는다. 특히 흑인 학생들은 '캠퍼스의 썰렁이(campus cool)'라고 부르는 학생들에게 충격을 받는다. 그 썰렁이들에게는 간단한 인사말조차 너무 과한 요구가 되곤 한다. 좋게 생각하면 만나는 사람마다 인사하면 지루해지기 때문일 수도 있다. 어찌 되었든 이방인(outsiderhood)이라는 느낌은 일상의 많은 사소한 행동들로 인해 커질수 있으며, 심지어 다른 사람들의 아주 활기찬 모습(서로 껴안거나 인사하는 것)을 보고 있을 때조차도 이런 느낌을 받는다. 여러 곳에서 볼수 있는 친절함 때문에, 일부 학생은 '난 이곳에 속해 있지 않구나. 여긴 내가 있을 곳이 아니야.'라는 생각을 더욱 공고히 하게 된다.

대부분의 학생은 그럼에도 불구하고 대학에 잘 적응해 간다. 그들은 누군가를 만나며 그를 통해 친구를 사귄다. 또한 누군가와 점심을 같이 먹고 휴게실에 앉아 수다를 떨기도 한다. 캠퍼스 안을 거닐면서 인사를 주고받기도 한다. 대학생활에 적응하기 시작하는 것이다. 긴장이 풀리고, 자신감이 생기고, 수업 시간에 자신의 생각을 표현하기도 한다. 즉, 서로 간의 인사, 우정, 소속감 등 사람 간의 교류가 다른 좋은 일들을 동반하게 만드는 것이다. 이러한 일종의 기본적인 우정관계나 혹은 그것이 아니더라도 어느 정도의 소속감만 느끼게 되면 학생들은 지속적인 대학생활을 할 수 있다.

우리의 패널리스트인 댄은 여러 곳에서 친구를 이른 시기에 찾았다. 그는 야외 어드벤처 수업을 들었고, 거기에서 세 명의 여학생을 만났고, 이들은 현재 가장 친한 친구관계가 되었다. 댄은 왓킨스 기숙사에 살았는데, 그곳은 가장 사교적인 장소 중 하나였다. 그는 이곳에 사는 주변 학생들, 즉 '룸메이트' '옆방 남학생' '위층 여학생' 모두 좋은 친구들이라고 했다. 댄은 수영 팀에 들어갔으며, 나중에는 몇 명의 팀원들이 그에게 한 프래터니티를 소개해 줘서 그곳의 회원이 되었다. 2학년 때는 복도 건너편에 있는 친구 2명이 다른 기숙사로 옮겨 갔고, 다른 프래터니티에 가입하게 되었다. "그들은 다른 곳에 가게 되었고, 우리는 그들을 통해 사람들을 더 많이 만날 수 있게 되었다." 수영 팀을 통해서 댄은 그의 전공도 '찾게' 되었다. 하나의 인적 네트워크가 또 다른 인적 네트워크로 연결시켜 준 것이다.

덕분에 댄은 안정적인 대학생활을 유지할 수 있었다. 분명, 이러한 관계는 대학생활에 많은 부분 도움이 되었다. 그는 글쓰기 센터 튜터였던 그의 룸메이트를 통하여 글쓰기에 대해 '많이 배웠다.' "그녀는 글쓰기에 많은 도움을 줬어요…. 고등학교 때는 잘 알지 못했던 것들을 가르쳐 줬어요. 결국, 이 두 명의 친구가 저의 글쓰기 능력을 향상시켜 주었죠."

반면, 댄은 수영에 몰입하는 바람에 교환학생으로 해외에 나갈 수 있었던 기회를 가지지 못했고, 나중에 많은 후회를 했다. 또한 그의 팀 동료들의 추천으로 어떤 분야를 전공하게 되었지만, 결국에는 그의 적성과는 맞지 않음을 경험해야 했다. 말하자면, 댄의 경우처럼 이른 시기에 맺은 관계는 이후의 선택에 많은 영향을 준다. 마음에 맞는 룸메이트가 어떤 교과목을 수강하면 따라 하는 경향을 쉽게 발견할 수 있다. 오리엔테이션 때 학사지도교수(student-orientation advisor)를 만나면 추후 그 사람에게 도움을 청하기도 한다. 이를테면 "이걸 하는 게 좋을까요?" "존스 교수에 대해서 아세요?" 등과 같은 질문들이 그 예다. 친구가 비교과 활동 모임에 참여하면 함께하고, 팀 동료와의 관계에 따라 스포츠 팀에 남거나 떠나기도 한다. 나중에는 친구 따라 해외로 교환학생을 가기도 하고, 댄처럼 가지 못하기도 한다. 친구의 기대에 부응하기 위하여 그 일(공동체)에 우선순위를 두고 학업 시간을 조정하기도 한다.[29] 그렇다고 모두가 학업을 소홀히 한다는 뜻은 아니다. 일부 그런 학생도 있기는 하지만, 더 열심히 하는 학생들도 있고, 남모르게 뒤에서 열심히 공부하는 학생들도 있다. 특히 레지덴셜 칼리지에서는 좋은 쪽이든 그렇지 않은 쪽이든 동료 학우들이 받아들이는 수준에서 일을 시작하는 것 같다. 대학에서 넓은 의미의 사교생활은 정말 중요하다. 마이클 모팻은 "적어도 대학생활의 절반은 강의실 밖에서 어른들 없이 학생들끼리 이루어진다."라고 언급하고 있다.[30]

댄과 달리 줄리아는 학생들 무리에 낄 수가 없었다. 캠퍼스가 아름답고 사람들은 친절했지만, 줄리아에게 입학 후 처음 몇 주는 너무나 힘들었다. 향수병으로 힘든 시기에 설상가상으로 부모님의 결혼 생활 역시 순탄하지 않았다. 남자 친구마저 뉴저지에 있는 집으로 돌아가서 자주 만날 수도 없었다. "학기 시작 후 처음 몇 주는 고향에 있는 친한 친구 두 명과 전화 통화를 하면서 울기만 했어요." 대학에 있는 사람들과 불편한 감정이 생기기 시작했고, 시간이 지나면서 그 사람들이 자신과 다르다는 느낌이 들었다. 줄리아는 다양한 인종이 섞여 있는 큰 공립학교를 다녔는데, 지금은 외딴곳에 있는 작은 대학을 다니고 있다. 특히 그녀는 이 대학에서 행해졌던 파티장의 추태들, 음주와 문란함을 좋아하지 않았다. 그녀는 항상 마음이 고향에 있었고, 결국 1학년을 마치고 집에서 가까운 대학으로 옮기게 되었다.

줄리아는 학교를 그만두거나 편입하는 데 미치는 영향요인들의 '종합판'을 잘 나타내어 주는 대표적인 사례다. 고향에는 강한 유대관계가 있었고, 대학에는 그런 유대관계가 없거나 약하며, 소외감이나 서로 다름을 느꼈고, 가정 문제와 사랑하는 사람과의 떨어짐 등이 동시에 발생한 것이 이러한 영향요인들의 대표적 예다.

몇몇 고등교육 전문가는 사교생활과 우정을 대학생활의 중심에 두는 것을 비난하고 있지만, 그것들의 명백한 필요성을 간과하고 있는 것이다. U.S. 뉴스 랭킹에서 상위 10위 안에 속해 있는 학부중심 대학 중 한 곳을 방문했을 때, 교수 한 명이 자기네 학생들이 '좋은 친구 사귀기'를 대학의 가장 중요한 성과라고 언급하고 있는 것에 불만을 토로하였다. 어느 정도의 미팅 시간이 지나고, 그 교수가 이 대학에 온 이유는 자기 학과에 '재미있는' 교수들이 있었기 때문이라고 했다 (그 회의에 있던 다른 교수들을 웃게 만든 아이러니한 언급이었다). 또 다른 작은 대학에서 어떤 교수는 이런 주장을 하였다. "알겠어요. 우리가 괜찮은 컨트리 클럽을 운영하고 있군요." 하지만 "우리가 어머니같이 따듯하고 부드럽게 모든 응석을 다 받아 줄 필요는 없지요." 아마도 '우리'를 뜻하는 교수들은 그렇게 할 필요는 없겠지만, 다른 누군가는 그 역할을 대신해야 함을 의미하는 것이다. 동료관계가 견고하지 못해서 소외된 학생은 학교를 떠나거나 더 심한 경우에는 마음이 떠나서 대학에서 학업 성취를 전혀 이룰 수 없다. 외톨이인 학생이 학업에 더 열중할 수 있다는 고정관념과는 상반되게, 우리 연구에서 발견된 사실은 사교적인 학생들이 학업에 더 열중하는 경우가 많았다는 것이다. 견고한 인간관계가 형성되면, 안정감이 생기면서 계속해서 친구를 찾는 데 보내는 시간을 절약할 수 있다. 친구관계, 즉 우정은 학생들에게 일상생활의 활력과 동기부여, 그리고 학업에 필요한 여러 가지 활동을 가능하게 해 준다. 즉, 어떤 것이라도 할 수 있는 에너지를 주는 것이다.

대학사회의 일원이 되는 데 성공하면, 사실상 나머지는 무엇이든 할 수 있다.

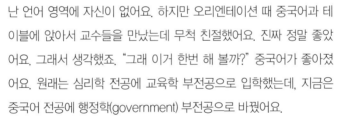

난 언어 영역에 자신이 없어요. 하지만 오리엔테이션 때 중국어과 테이블에 앉아서 교수들을 만났는데 무척 친절했어요. 진짜 정말 좋았어요. 그래서 생각했죠. "그래 이거 한번 해 볼까?" 중국어가 좋아졌어요. 원래는 심리학 전공에 교육학 부전공으로 입학했는데, 지금은 중국어 전공에 행정학(government) 부전공으로 바꿨어요.

(모디, 4학년)

정말 아이러니하지만, 뭘 해야 할지 잘 모르는 대학 시작 시점에 대학 신입생들은 전반적인 대학생활을 결정짓는 가장 중요한 의사결정을 하게 된다. 우리는 앞서 신입생들은 성공적인 대학사회의 일원이 되어야 하는 것이 주요한 과제임을 살필 수 있었다. 입학 후, 몇 주 안에 먹을 곳을 찾고, 동료 학우들을 만나고, 룸메이트와 같은 방을 사용하고, 수강할 교과목들을 선택하고, 한두 개 단체(프래터너티, 소로러티)에 가입하고, 처음으로 옷도 빨아 보는 등 스스로의 삶을 개척해 나간다. 이런 결정들은 모두 대학생활에 장기적인 영향을 미치는 것들이다. 주목할 점은 이런 의사결정은 학생들이 전공교수에 대한 구체적인 정보도 고려하지 않고, 이에 관한 정보를 줄 수 있는 아는 친구도 없이, 심지어 자신의 선택들이 어떤 영향을 가져올지 제대로 파악하지 못한 상황에서 이루어진다는 것이다.

이러한 행위는 마치 은은한 달빛이 비치는 늦은 저녁 시간에 사람들이 북적이는 숲의 여러 갈래 길 속에서 오로지 탐험심만으로 그 주변을 돌아다니는 것과 같다. 이런 상황에서는 멀리 보기도 어렵고, 숲은 말할 것도 없이 그 너머를 본다는 것은 불가능하다. 대신, 그들은 숲으로 난 길과 그 길을 따라 무리 지어 가는 사람들을 관찰한다. 그곳의 몇몇 사람은 친절해 보이고, 심지어 남들보다 자신을 반겨 주는 사람도 있다. 또한 어떤 길은 충분히 넓고 빛도 잘 들어 밝고 환하다. 숲으로 진입한 신입생들은 다양한 집단의 사람들을 만난다. 환영하는 동아리(소로러티) 사람들과 냉담한 행정직원들, 학생들로 둘러싸인 유명한 교수, 자기들끼리 웃고 떠들면서 점심을 먹고 있는 사람들이 그 예다. 그 과정에서 신입생들은 평평한 길도 찾고 같은 길을 돌아다니는 친절한 동료들도 만나면서 여행을 시작한다. 그러면서 그들은 전부는 아니더라도, 중요한 부분에서 어쩔 수 없이 자신의 주변환경에 상당한 영향을 받게 된다.

학생들은 스스로 선택하기는 하지만, 선택 가능한 것들은 상대적으로 편리하거나 더 끌리는 것들이다. 특히 신입생들은 항상 올바른 선택을 할 수 있을 만큼 대학에 관하여 잘 알지 못한다. 즉, 대학은 학생들에게 좋은 과목, 전공교수, 학사지도교수를 찾는 데 어려움이 없도록 도와줘야 한다.

과목 고르기

학사(academic program: 졸업과 학위 수여에 필요한 요건-역주)와 관련된 학생들의 결정은 정말 중요하다. 지속적으로 대학에서 여러 공동체의 일원이 되기 위해서는 학교에 등록을 해야만 하고, 학업 성적 역시 대학에서 요구하는 최소한의 조건을 충족시켜야만 한다. 그래서 학업 이외에 무엇을 하든지 간에, 학생들은 최소한의 수업에 참여해야만 하고, 강의 시간표에 따라 자신들의 하루와 주중 일정을 계획한다. 특히 학생들은 어떤 수업을 수강하느냐에 따라 그 수업에서 느낄 수 있는 즐거움의 정도가 다를 것이고, 그 밖의 다른 일을 할 수 있는 여유를 가질 수 있을지가 결정되기 때문이다. 수강신청은 대학의 가장 기본적인 과정으로, 이를 통해 학생들이 대학에서 어떤 경험을 할 수 있을지가 결정된다. 즉, 수업에서 얻는 즐거움의 크기뿐만 아니라 수업 이외의 다른 활동을 계획하는 데도 영향을 준다. 수업은 학생들을 정해진 시간에 같은 장소에 모이게 하고, 수업 시간에는 어느 정도 집중이 필요하다. 그래서 강의가 별로 좋지 않으면 학생들의 불만족이 쌓이고, 수업이 형편없이 운영되면 학생들은 바로 눈치챈다. 이런 점에서 수업은 학생들에게 교육의 질(academic credibility)을 판단하는 척도가 된다. 따라서 수강할 과목을 선택한다는 것은 학생의 학업적인 선택뿐만 아니라 학업 외적 선택에도 많은 영향을 준다.

대학 입장에서는 학생들이 과목을 선택하는 방법을 이해하면 이들의 수강과목의 선택과 더 나아가서 대학생활 전체에 영향을 줄 수 있다. 학생들이 수강할 과목을 어떻게 선택하는지 살펴보자. 두 가지가 중요하다. 처음에는 많은 강좌(학기당 500개 남짓)가 개설되더라도, 학생은 그중 10개 정도의 강좌를 놓고 고민한다. 대부분의 교과목들은 선택과정 초반에 수강 대상에서 제외된다. 두 번째로 학생들의 이러한 결정은 매우 부분적이고 우발적이다. 이러한 결정은 교육적인 측면보다는 사소해 보이는 요인들에 의해 내려진다. 이를테면, 수업 시간이 어떤지, 아직 신청할 수 있는지, 강의실이 식당에서 멀지 않은지 등이 수업 시간표를 짤 때 고려되는 요소들이다. 우리는 학생들이 전공과목을 선택할 때 전략적인 고민보다는 단지 텅 빈 시간표를 채우려는 마음('네 번째 과목 찾기': 이 대학에서는 한 학기에 4과목을 수강하므로 마지막으로 선택할 과목을 의미-역주)으로 한다는 사실에 놀랐다. 즉, 학생들은 주제가 흥미롭고 과제가 많지 않으면서 학생 수가 적당한 과목, 다시 말해 너무 힘들지 않은 과목으로 시간표를 채우려 한다.[1] 수강신청이 끝날 무렵, 특정 과목들은 상당히 제멋대로 정해진다. 학생들의 수강신청이 이런 식으로 이뤄진다면 대학차원에서는 교과목 개설과 수업 시간을 잘 배분하고 조정할 경우, 학생들의 선택에 놀랄 만한 변화가 야기된다는 것에 주목할 필요가 있다.

학생들은 수강할 교과목을 선택하고자 할 때, 듣지 않을 과목을 먼저 골라낸다. 학생들은 (온라인으로 제공되는) 수강편람에 제시되어 있는 교과목들을 초기에 상당 부분 배제하고, 그중 10%만 고려 대상으로 남겨 둔다. 다시 말해, 교과목들 대부분이 수강신청 시작 시점에서 학생들의 관심 밖에 있음을 의미한다("난 절대적으로 그러한 분야에 관심없어."). 어떤 전공들은 많은 학생의 능력에서 벗어나는 것으로 보이기도 한다.[2] 대부분의 학교에서 마찬가지겠지만, 이 대학의 많은 학생도 가능한 한 과학과 수학을 멀리하려 한다.[3] 이러한 그들의 행위는 단지 그 교과목들을 싫어하는 감정 혹은 두려움을 표현하는 것이 아니라, 이런 교과목들이 기본적으로 자신의 성향과 맞지 않다는 개인적 소신의 결과일 수도 있다. "난 이과 체질이 아니야."라는 언급은 이러한 것을 잘 나타내어 주는 대표적인 예다.

> 면담자: 특별히 멀리하는 학과가 있나요?
> 학생: 과학 분야에 관한 모든 것이요. 그래요, 난 정말 진짜 이과(과학/수학) 체질이 아니에요. 그래서 인문학들을 듣지요.
>
> (세라, 3학년)

> 난 별로 이과 체질이 아니에요…. 이과 교과목들은 정말 많은 수학적 지식을 요구하잖아요. 그래서 전 이과 교과목들을 듣지 않아요. 그걸 공부할 수도 없어요.
>
> (제임스, 3학년)

> 솔직히 저는 이과 분야가 적성에 맞다고 생각해 본 적이 없어요.
>
> (한나, 3학년)

적어도 우리 연구에서는 과학을 기피하는 학생들이 더 많았다. "난 인문학 체질이 아니에요." "난 사회과학 체질이 아니에요."라고 언급한 학생을 발견하기 쉽지 않았다. 과학, 수학, 외국어 과목을 좋아하는 학생들은 학문 분야를 가리지 않고 수업을 듣는다고 언급하였는데, 실

제로 학생들의 성적표를 통해서도 그 사실을 확인할 수 있었다.[4]

이러한 방식이 적절한지를 떠나서, 학생들은 이미 많은 교육과정을 배제한다. 자신들의 관심과 흥미 위주로 듣고 싶은 과목만을 찾기 시작한다. 그런 다음, 이들은 룸메이트, 친구, 선배, 기숙사에 살고 있는 다른 학생들에게 인기 있는 교과목이나 교수에 대하여 조언을 구한다. 간간이, 교수나 학사지도 담당직원에게 조언을 구하기도 한다. 교과목 탐색 범위가 넓거나 좁은 학생들이 있는 이유는 어떤 분야든 호기심을 가지는 학생들이 있는 반면, 어떤 학생들은 몇 가지 특정한 분야에만 관심을 갖는 학생도 있으며, 또한 사는 것이 지루하고 딱히 관심과 흥미가 없는 소수 학생들도 더러 있기 때문이다.

일단 자신이 선호하는 전공 영역을 결정하고 나면, 그에 따른 선수 과목 이수 등과 같은 다양한 구조적인 장벽과 마주치게 된다. 대학 교육과정은 일반적으로 단계적으로 구성되어 있기 때문에, 수강편람에 있는 과목들 중 상당수는 학년을 제한하고 있다. 이를테면, 중급과 고급 과정은 고학년들만 수강할 수 있다. 마찬가지로, 3학년과 4학년들은 초급과정을 들을 수 없는데, 고학년이 수강하기에는 그 과목의 수업 내용이 너무 평이하고, 이들 때문에 저학년이 위축되면 원활한 수업을 진행할 수 없기 때문이다.

결국, 작은 대학에서 초반에 개설된 500개 정도의 강좌들은 순식간에 10개 정도로 줄어들게 된다. 학생 개개인은 10개 정도의 교과목만을 두고 고민한다. 이처럼 비교적 적은 수의 교과목들을 두고, 학생들은 그럴듯하게 보이는 시간표를 짜는 것이다.

학생들이 지도교수를 만나는 시기는 대체로 이미 중요한 결정이 이루어지고 난 후, 즉 수강신청이 끝날 무렵이 된다. (물론, 지도교수가 있다는 사실조차 잘 모르는 대부분의 미국 대학생들에게는 이런 과정이 사치로 보일 수 있다.) 지도교수가 학생 등록을 거부할 수 있는 권한을 가진 경우, 수강신청 초기에 학생을 만났거나, 신뢰할 만한 멘토가 된 경우에는 상대적으로 수강신청에 있어 지도교수의 영향력이 크게 작용할 수도 있다. 몇몇 지도교수는 학생들에게 사소한 문제를 해결해 주거나, 수강 계획에 대한 주의사항을 알려 주거나, 네 번째 과목(fourth course)을 찾아 줌으로써 많은 도움을 준다. (실제로는 학생들에게 의미 없는 한 과목일 뿐인데, 학생들이 지도교수에게 이 한 과목에서조차 엄청난 열정이 있는 것처럼 보임으로써 열의에 찬 지도교수들을 부적절하게 이용하는 학생들도 일부 있었다.) 대부분의 학생은 지도교수를 만나기 전에 이미 자신들의 흥미 혹은 두려움 때문에 많은 수강과목을 배제한 상태이고, 또한 교수의 명성, 필수 선수과목, 선호하는 수업 시간 등을 고려해서 선택의 폭을 상당히 줄여 놓은 상태다.

지도교수들은(진짜 멘토—이에 대해서는 나중에 다시 언급한다—와는 달리) 학생들이 수강신청 교과목을 선택하는 과정에서 정말 소소한 역할밖에 하지 못한다. 그래서 사전 수강신청을 위한 면담은 대체로 형식적으로 이루어지는 경우가 많다. 지도교수들은 이런 면담 자체를 따분하게 여기는 것 같다.

> 기본적으로 모든 교과목은 내가 선택해요. 나 스스로 해결하죠. 지도교수에게 세 번 찾아갔는데요…. 첫 번째, 두 번째, 세 번째 사전 수강신청 기간 모두 지도교수가 신청확인서에 서명하는 게 전부였어요. 매번 갈 때마다 "응, 좋은데."라고 하고는 서명해 주죠. 그러면 나는 바로 나와요.
>
> (댄, 2학년)

난 실제로 과목을 다 정한 다음에 지도교수에게 가요.

(리즈, 2학년)

면담자: 지도교수가 이런저런 거 해 보라고 한 적 있나요?
학생: 아니요. 전부 다 매번 내가 스스로 수강과목들을 선택했어요. 지
　　도교수는 "내가 거기다 서명해 줄게."라고 하는 게 전부였어요.

(앤, 4학년)

　물론, 매우 진지하게 자기 역할에 대하여 최선을 다하는 지도교수
들도 있다. 일부 '개방형 교육과정(open-curriculum)'(학부생들에게 졸
업 요건으로 반드시 이수해야 하는 교양과목들과 이수학점을 정해 놓지 않
은 학사 운영 방식-역주)을 운영하는 대학(예: 햄프셔 칼리지, 플로리다
뉴칼리지)에서는 지도교수와 학생들이 장기적인 교육 계획을 함께 세
우고, 목적 달성을 위한 구체적인 방안에 대해서도 함께 논의하면서
지도교수들에게 실질적인 결정 권한을 부여하기도 한다. 학생들이
수강하고 싶은 교과목을 모두 수강할 수 있다면, 이런 학사지도 방식
은 성공할 수 있다. 하지만 일반적인 대학의 교육과정이 이렇게 잘 계
획되고 운영되고 있는지는 모르겠다.

　수강과목을 선택하는 과정에서 가장 마지막에 하는 일은 수강신청
이다. 요즈음 대부분의 대학에서는 이를 온라인으로 하고 있다. 교육
철학이 얼마나 행정적 편의에 쉽게 희생되고 있는지 알 수 있는 대목
이다. (전국 단위 조사 결과를 살펴보면, 이 대학의 4학년 학생들은 경쟁 대
학의 학생들에 비해서 '들을 수 있는 강좌가 얼마나 많은지'에 대한 만족도
가 더 높았다는 점을 밝혀 둔다.) 많은 대학에서 공감하고 있듯이, 수강

신청은 '자기 맘대로 추는 춤'과 같이 학생들이 이전에 세워 두었던 계획에 따라 듣고 싶은 과목들을 자유자재로 선택하는 것이다.

> 선택할 만한 것들이 정말 금방 사라져요. 정말 허둥거리게 돼요. 선수과목 요건과 시간표에 따라 그에 맞는 과목을 아무거나 찾는 거죠.
>
> (마크, 1학년)

어떤 학생들은 다른 학생들보다 수강과목을 먼저 선택할 수 있는 권한을 갖기도 한다. 이 대학에서의 수강신청은 4학년 학생이 우선권을 갖는데, 4학년 학생도 매 학기 알파벳 순서에 따라 순번을 정하고 (알파벳 순서 역시 매 학기 바뀜), 그중에서도 등록한 순서로 신청할 수 있도록 하고 있다. 이런 제도로 인해 불가피하게 수강신청을 늦게 할 수밖에 없는 학생들은 수강 인원 제한 때문에 인기과목을 수강하지 못하면서, 더욱 수강신청의 선택의 폭이 줄어들게 된다.

> 4학년 학생들은 400단위 전부와 300단위 교과목을 대부분 이수해요. 전 3학년 경제 전공인데도 경제과목은 하나밖에 이수하지 못했어요. 내가 수강할 수 있는 것이 하나밖에 없었어요.
>
> (첸지스, 3학년)

> 이런 경우는 최악이죠…. 행정학을 전공하려는데, 수강 정원이 차서 행정학 분야 선수과목을 수강신청하지 못한 사람을 봤어요. 그러면 이 전공을 공부하고 싶어도 할 수가 없게 되죠. 최악은 전공이 아닌 교과목 역시 인원이 차서 수강을 못한다는 거예요.
>
> (제이, 1학년)

3, 4학년 학생들은 새로운 분야의 교과목들을 수강할 수 없다.

> 난 오럴 커뮤니케이션(말하기) 수업을 듣고 싶었는데요. 입문 과정이
> 에요. 제 학년이 수강하기에는 너무 늦었어요…. 이해는 가요. 이 수업
> 은 1, 2학년 과목이거든요. 하지만 돌이켜 보면 '아… 이 수업을 수강
> 했어야만 했는데.' 라고… 생각하게 되죠. 이러한 제도는 상당히 좋지
> 않은 것 같아요.
>
> (제임스, 3학년)

수강신청을 하는 날 오전 6시부터 컴퓨터 모니터 앞에 앉아 있는
많은 학생은 자신이 수강하고 싶고, 수강할 수 있는 교과목을 신청하
지 못하는 경우가 많다. 분명, 온라인 수강신청은 행정적인 측면에서
장점이 있지만, 이러한 온라인 방식은 학생들이 수강신청을 위해 이
처럼 노력하며 좌절감을 겪고 있다는 점을 행정하는 사람들이 알 수
없게 만든다. 수강신청에 실패한 학생들은 그 순간 다시 온라인 시스
템상에서 그들이 수강할 수 있는 또 다른 교과목을 찾아 나서기에 바
쁘다. 지금까지 얼마나 정교하게 수강 계획을 세워 놓았는지와 상관
없이, 이 순간 필요한 것은 빈 시간표에 채워 넣을 '한 과목'이다.

알파벳 순서에 따라 수강신청을 마지막에 해야 하는 학생들에게는
상황이 좋지 않다.

> 글쎄요, 처음에 제가 첫 번째 수강신청 기간에 포함되어 있었을 때는
> 괜찮았어요. 하지만 이번에는 수강신청 마지막 그룹에 포함되어 있는
> 데, 오전 8시 30분에 세 과목을 신청했어요…. 제가 세 번째로 선택
> 한 과목들이에요. 한 곳에 신청한 첫 번째, 두 번째, 세 번째는 모두 안

되었고, 나머지 세 군데서는 첫 번째와 두 번째 선택이 안 됐어요. 그래서 이제 마지막 세 번째 선택만 남게 된 거죠.

(잭, 1학년)

어느 곳이든 예외 없이 수강신청은 우연한 일, 한심한 실수, 때로 찾아오는 운 등이 혼합되어 이뤄진다. 학생들이 이상적인 '훌륭한 대학교육'을 조합해 만들어서 아무런 문제없이 이러한 것들을 성취하기란 거의 불가능하다.

'학사지도'는 많은 부분 지도교수가 아닌 수업 시간표에 의해서 이루어진다. 엄격하게 표현하면, 특히 수강과목의 선택 과정에서 '시간표를 채우기 위한' 세 번째와 네 번째 과목 선택의 결정은 순식간에 지엽적이고 우발적인 형태로 나타난다. 즉, 학생들은 기숙사 옆방 친구나 수업을 마치고 짧은 시간 동안 교수한테서 수강과목에 대한 조언을 얻는 것과 여러 가지 부수적인 것들을 고려해서 수강 교과목을 선택한다. 이를테면, 다른 수업은 어떤 것들을 수강했는지, 강의실이 기숙사에서 얼마나 떨어져 있는지, 수업 시간이 아침 일찍 있는지, 점심시간 직후에 있는지, 수강신청 순서가 괜찮은지 등이다. 이런 점들을 고려해서, 학생들은 자신에게 적절해 보이는 시간표를 만든다. 수업 정원 초과, 시간표 계획 단계에서 발생하는 실수, 수강신청 기간에 발생하는 불운과 같은 장애물이 있음에도 불구하고, 운 좋은 학생들은 그들이 원하는 시간표를 얻기도 한다. 도전적이고 가치 있는 수업을 듣고자 하는 학생들의 의지도 중요하지만, 그런 교과목들을 적절하게 구성할 수 있는 행정적인 역량과 그런 교과목을 가르칠 수 있는 교수 역량 역시 중요하다.

필요한 순간에 이러한 교과목들이 부재하다면, 학생들은 당연히 수강할 수 없다.

좋은 교수 찾기

수업은 학생들에게 지식과 기술을 가르쳐 주기도 하지만, 더욱 중요하게는 다른 사람들, 특히 교수들과 함께 교류할 수 있는 기회를 제공해 준다. 운이 좋으면 수업에서 학생의 교육이나 삶에 깊은 영향을 줄 멘토(앞서 언급한 것과 마찬가지로, 나라 전체를 고려해 보면 사치스러운 표현일 수도 있겠지만)를 찾을 수도 있다. 멘토는 다양한 측면에서 학생들에게 영향을 줄 수 있다. 이를테면, 어떤 수업을 수강할지, 또 다른 교수는 누가 좋을지, 수업에서 무엇을 배울지, 수업이 얼마나 흥미롭고 몰입될 수 있는지, 과목에 대한 흥미 혹은 넓은 의미의 배움에 대해서도 영향을 미치게 된다.

우리 연구에서는 많은 학생의 일반적인 양상을 발견할 수 있었다. 학생들은 수업을 들으면서, 그곳에서 교수들을 알게 되었다. 그후, 학생들은 대부분의 교수와 '공적인 관계'를 맺는다. 예를 들어, 면담 시간에 교수를 찾아가서 도움을 청하거나, 캠퍼스에서 우연히 만나면 가벼운 인사를 나누기도 하고, 수업 전후에 예의를 갖추면서 말이다. 간간이(여러 큰 대학에서는 불가능하지만, 이 작은 대학에서는) 교수가 학생의 이름 정도는 알고 있다. 하지만 보편적으로는 교수와 학생의 관계는 학업과 관련된 것 그 이상은 아니다.

이런 관계들이 추후에는 보다 다양하고 사적인 관계로 발전되기도 하고, 멘토가 되는 교수도 있다. 우리는 멘토들이 학생들에게 오랜 기간 동안 긍정적인 깊은 영향을 줄 수 있다는 사실을 발견했다. 이 대학에서는 절반 이상의 학생들이 교수와 이런 관계로 발전한다. 멘토십이 학업 성과와 대학의 만족도를 높이는 데 긍정적인 영향을 미칠 뿐만 아니라, 졸업 후의 성공적인 취업 달성에도 유리할 수 있음이 우리 연구뿐만 아니라 전국 수준의 조사에서도 발견되었다.[5] 물론, 멘토가 있는 이런 학생들이 원래부터 성공할 가능성이 높았던 학생들이었는지는 알기 어렵지만, 분명한 것은 상관관계가 있다는 것이다.

강의실이 단지 지식을 얻거나 기술을 배우는 곳만은 아니다. 그곳은 지적인 관계를 형성할 수 있는 일상적인 기회를 제공한다. 이를테면, 학교는 학생과 교수가 정기적으로 만나 서로가 관심 있는 주제에 대하여 많은 시간을 보내는 곳이다. 이런 관계를 통해서 학생들은 배움에 대한 의욕을 신장시킨다. 이런 관계는 당장의 수업뿐만 아니라 다른 수업에서도 그리고 대학 졸업 후 몇 년 동안 학습 동기를 지속시켜 줄 수 있다. 강의실은 학생들이 아이디어를 접하고 교환할 수 있는 곳이기도 하지만 사람들을 만날 수 있는 곳이다. 전공 학문이 중요한 이유는 이에 관한 중요한 지식을 획득할 수 있을 뿐만 아니라 그것이 교수들을 만날 수 있는 주요 매개수단이 되기 때문이다. 이렇듯 큰 관계의 힘은 새로운 것을 많이 배우면서 지식을 쌓는 것보다 그 영향력이 크다.

교수가 중요하다

학생들이 수업을 듣고 싶은 '좋은 교수'의 네 가지 특징을 언급했는데, 이 특징들은 새로운 것이 아닐지라도 주의 깊이 살펴볼 필요가 있다. 학생들이 언급하고 있는 최고의 교수는 첫째로 호기심을 자극하고, 둘째는 지식이 풍부하며, 셋째는 만나기 쉽고 대화가 통하며, 넷째는 적극적으로 교류하는 사람이다. 우선 이 가운데 오직 '지식이 풍부하다'는 특성만 교수의 개인적 장점이고, 나머지는 학생들과의 관계상의 장점임에 주목할 필요가 있다. 좋은 교수가 되려면, 당연히 전문지식이 필요하다. 교수의 역량에 문제가 있는 대학들도 있지만 적어도 이 대학의 학생들에게는 교수의 전문지식이 주요 고려요소는 아니다. 이들은 '자기 전공 분야를 잘 모르고 있는' 교수가 있다고 불평하는 모습을 찾아보기 어려움을 언급했다. 당연히, 그런 교수가 있으면 안 되겠지만 말이다.

나아가 나머지 세 가지는 교수 자체에 관한 특성이 아니라 교수에 대한 학생의 반응에 관한 특성이라는 점에 주목할 필요가 있다. 좋은 교수는 학생들의 호기심을 자극하고, 학생들이 쉽게 만날 수 있고, 학생들과 교류하는 사람이다. 이런 특성들은 해당 교과목에 대한 흥미를 이끌어 낼 수 있고, 학생들과 대화하며 그들의 말에 귀 기울이려고 노력하며, 학생들이 어떤 수준이든지 맞출 수 있는 교수를 일컫고 있는 것이다.

그는 정말 참을성이 있어요. 만약 제가 시험지에 2+2=5라고 적고, 만약 "2+2는 뭐죠?"라고 그에게 물어봤다면, 아마 그는 이렇게 말했을 거예요. "계산을 할 때는 좀 더 신중해야겠다." '신중' 하라고 하지 "넌 바보 멍청이야. 당장 나가라!"라고 하진 않지요.

(마틴, 1학년)

또한 훌륭한 교수는 그 순간만큼은 동등한 입장에서 학생들을 대한다.

베이츠와 크로스 교수는 권위적으로 이끌지 않으면서도 학생들의 참여를 매우 강조해요… 대화를 잘 이끌어요. 그리고 학생들에게 억지로 끌려간다는 느낌을 주지 않고 자연스럽게 흥미를 유발시키고요. 그런 느낌 있잖아요. 억지로 수업을 이끌어 간다는 느낌. 그런 게 전혀 없어요.

교수들은 학생들이 어느 정도의 수준을 받아들일 준비가 되어 있는지 파악하는 것이 아주 중요해요. 교수들은 학생들을 미래의 동료들로 대해요. 교실에 앉아서 뺨에 손을 받치고 꾸벅꾸벅 졸고 있는 사람이 아니라요. 적어도 그 수업에서 뛰어난 학생들에게는 그렇게 대하죠… 학생들 중 누가 열정적인지를 발견해서, 그들이 그러한 열정을 쫓도록 도와줄 수 있는 것이 능력이라고 생각해요.

(한나, 2학년)

그들은 어떻게 이렇게 할 수 있었을까?[6] 머피는 자신이 수업을 들었던 교수들 중 5, 6명의 훌륭한 교수에 관해서 여러 가지 언급을 해주었는데, 그들의 공통점은 학생들이 주제에 집중할 수 있도록 다양한 방식으로 흥미를 유발시키면서 학생들의 질문에 답변을 하는 것이라고 하였다.

> 녹스 교수는 우리가 즐겁게 배우도록 해 줘요. 그가 우리한테 어떤 것을 설명할 때는 무언가의 재미있는 이야기와 함께 언급해 줘요. 하나같이 흥미롭고 놀라운 이야기들이죠. 거기에서 무언가를 배우는 게 있어요…. 클라크 교수는 정말 깐깐해요. 내가 무슨 말이든 하면 보충설명을 해야 해요. 계속해서 추가 정보와 증거를 더 말하게 몰아붙이죠…. 그리고 항상 추가 의견에 대한 반박 의견까지 준비하고 있죠…. 끝까지 밀어붙이고는 이렇게 얘기해요. "그거 정말 좋은데."
> 마틴과 세라 교수도 정말 좋아요. 그들은 경청하고 농담도 잘하고, 늘 생각하면서 문제를 현실에 적용시키려고 해요…. 내가 어떤 것에 반대하더라도 화내지 않아요.
> 넬슨 교수는 잘 웃고 수업 시간에 좋은 아이디어를 내면 쿼터 동전 몇 개를 줘요. 그리고 매우 솔직해요. "수업에 늦으면, 오늘 네가 발표해야 한다."라고 말하죠. 그리고 나의 세라믹 전공교수인 드와이트는 정말 훌륭해요. 무척 창의적이고 늘 새로운 아이디어, 학생들이 할 수 있는 새로운 것에 대해서 얘기하고 싶어 해요. 늘 세라믹과 관련된 잡지 같은 것들을 가지고 오죠.
>
> (머피, 2학년)

교수는 대학을 대표하는 사람으로서, 학생들이 학업에 몰입하게 할 수 있도록 하는 권한을 다양하게 갖고 있다. 첫째, 교수는 학생들에게 학점을 준다. 특히 학생들의 담당과목 이수 여부를 판단한다. 둘째, 학생들이 학교에서 공부를 계속하고 졸업을 하려면 교수가 정한 대로 수업에 참석해야 한다. 대학이 규정하고 있는 일정 시간 동안(일주일에 세 시간 정도)에는 교수의 이야기를 들어야 한다. 강의실에는 12명, 40명 혹은 300명 정도의 학생이 있지만, '교수'는 단 한 명뿐이다. 셋째, 교수는 학생들의 주목을 받는다. 교수는 보통 나이가 지긋하며, 보다 격식 차린 복장을 하고, 학생들이 집중할 수 있도록 설계된 강의실에서 학생들의 주목을 받으며 혼자 서서 강의를 한다. 이런 강의실은 교수가 수업을 주도할 수 있고, 학생들의 활동을 조율하기 좋은 여건을 제공한다. 넷째, 적어도 처음에는 많은 대학생이 교수들을 호의적으로 여긴다. 교수가 언급하는 것을 새겨듣는다. (웃긴 이야기일 수도 있지만, 우수 대학의 학생들은 이런 걸 잘할 수 있기 때문에 입학이 허가되었다고 한다. 이들은 수업 참석에 열정이 있으며, 수업 시간에 집중하는 일을 잘하는 소위 우등생이라고 불리는 학생들이라고 볼 수 있다.)

이런 권한들과 더불어, 교수는 가르치는 것을 직업으로 갖고 있는 헌신적인 사람들이다. 교수는 자신의 전공 분야에 대한 책임의식을 갖고 있다. 일반 사람보다 비교적 더 헌신적이며, 지적인 교수는 학생들에게 무언가를 가르칠 수 있는 것도 있고, 이를 위해 당근과 채찍을 활용할 수도 있다. 교수는 빅토리아 시대의 문학, 음악, 물리화학 등 각 분야에서 낯설고 깊은 덤불 속을 저돌적으로 헤쳐 나가는 리더와 같다. 또한 각 분야의 선구자임과 동시에 후학들을 돕는 사람이다. 교수는 그러한 덤불 속에 있는 다른 사람들이 외톨이가 되지 않도록 한다. 비록 강의실에서 가장 똑똑하지는 않더라도, 교수는 충분히 신뢰할 수 있는 존재다. "이 주제에 대해서 대화를 나누고 싶으면 언제든 저를 찾아오세요."라고 말하는 교수가 있다면, 그런 교수에게 이끌리는 학생들도 자연스레 생기기 마련이다.

학생들에게 미치는 이러한 영향들 때문에, 교수들의 역할은 굉장히 중요하다. 신입생들은 특정 학문 분야에 대해서는 잘 모른다. 특히 고등학교에서 주로 다루었던 분야(역사, 영어, 수학) 이외의 학문 분야에 대해서는 잘 모른다. 처음 학생이 특정 전공 분야에서 만난 교수는 그 학문 분야(지질학, 영상학, 인류학, 공학 등)를 대표하게 된다. 우리가 학생들에게 교과목에 대하여 질문을 했을 때, 학생들 대부분은 이 교과목에 대한 직접적인 설명보다는 교수의 습관, 교수법, 성격에 대하여 설명하였다. 여러 학과가 존재하는 대규모 연구중심 대학에 다니고 있는 학생들이라면, 당연히 교수 한 사람(또는 수업조교 한 명)이 그 학문을 대표한다고 여기지는 않는다. 하지만 어느 대학에 다니든지 수강과목을 선택해야 하는 학생들은 자기가 실제로 수강한 교과목에서 얻은 정보, 즉 해당 교수의 명성, 인성, 평가 방식을 통해 해당 학문 분야에 대한 전반적인 느낌을 형성하게 된다. 학생들이 상대적으로 친숙하다고 느끼는 입문과목들이 그 분야의 전반적인 성격을 결정하는 것 같다. 어떤 점에서는 이러한 상황이 이해되기도 한다. 학생들에게는 신뢰할 만한 정보가 부족하기 때문일 것이다. 학생들은 학문 분야를 교수들이 생각하듯이 정교하게 세분화된 전문적 지식이라고 생각하지 않는다. 그보다는 압도하는 분위기 속에 학생들 앞에 서 있는 교수를 살펴보면서 특정 교수의 학문 분야 전체를 추론해 내고 있다. 바로 이러한 영향력 때문에, 훌륭한 교수는 향후 학생들의 진로를 바꿀 수 있게 되는 것이다.

> 예술사 과목을 듣고 싶지 않았어요. 하지만 어쩔 수 없었어요. 글쓰기 심화 요건을 충족해야 했거든요. 스완슨 교수의 과목을 듣고 매력에 빠져들었죠. 그때부터 제 수업 시간표는 예술사 과목들로 채워졌고,

전 향후 예술사를 전공하려고 결심했어요.

(클레어, 동문)

물론, 모든 교수가 훌륭한 것은 아니고, 형편없는 교수들도 다양하게 있었다. 재미없거나 단조롭고 지루한 교수들도 있었고, 많은 과제를 요구하고 평가도 공정하지 못한 교수도 있었다. 또한 학생들의 역량을 무시하는 교수들도 있었다.

나이가 들수록 제가 좌절감을 느끼는 순간은 교수님들이… 저를 마치 제가 한 말도 이해하지 못한다는 식으로 평가한다는 것이었어요. 하지만 저는 교수님들이 말씀하신 내용을 어쩔 수 없이 수긍해야 하죠. 왜냐하면 그분들은 교수잖아요…. 때로는 교수님들이 저를 무시하고 있다는 느낌이 들기도 했어요.

(제인, 4학년)

형편없는 교수들은 거만하다고 표현되기도 한다.

자기들이 아이비리그 대학에서 가르치고 있지 않는다는 불만을 학생들에게 쏟아 내죠. 뭐 예를 들면 늘 이런 식이에요. "난 대인관계는 꽝이야. 커 가면서 삶이 싫어졌지. 하지만 난 너희보단 똑똑하다고."

(앨프레드, 2학년)

단지 그들은 자기 교재이든 뭐든 그냥 빨리 수업을 마치고 싶어 했어요.

(마시, 2학년)

교수들이 수업 시간에 칠판만 보고 있고 돌아서지도 않아요. 학생들 이름은 모르죠. 알 필요도 없다는 거예요.

(마크, 1학년)

이런 교수들이 입문 교과목을 가르칠 경우에는 심각한 피해를 줄 수 있다. 앞서 언급했듯이, 학생들은 해당 학문을 그 교수와 동일시하는 경향이 있기 때문이다. 만약 교수가 학문적 지식이 부족해 보이거나 지루하거나 공격적이면, 그 학문도 그렇게 여겨지게 된다는 의미다. 따라서 입문 교과목을 가르치는 교수는 좋든 나쁘든 간에 학생들이 자신이 가르치는 학문에 들어가게 되는 주요 통로가 됨을 인지해야만 한다.

처음 대학에 왔을 때, 저는 두 전공에 관심이 있었어요. 그 전공에는 열정이 있었지요. 그중 한 학과의 교수들은 아주… 거만하다고 하기에는 좀 그렇고, 음… 어떻게 표현해야 할지는 잘 모르겠는데 약간 '우쭐대는' 것처럼 보였어요. 그들은 논문이나 책을 내는 것에 긍지를 가졌다고나 할까요. 우선순위에서 학생들은 그다음으로 밀려 있었죠. 그런데 물리학과에서는 교수가 저에게 많은 도움을 줬어요. 저한테 관심도 갖고요. 제 지도교수는 물리학 교수였는데, 그분과 아주 가까운 관계가 되었죠. 그리고 독일어 학과의 교수 두 분과도 아주 가까운 사이예요. 그분들은 저를 항상 동료처럼 대해 주셨어요. 그래서 저는 그분들에게 자연스럽게 다가가게 되었죠.

(제이, 4학년)

이 대학에서 한 교수와 좋지 않은 경험이 있었던 어떤 학생은 다시는 그 전공에서 더 이상 어떤 과목도 수강하지 않겠다고 단호하게 말했다.

> 어떤 교수가 있었는데… 그 교수는 자기가 좋아하는 걸 선택했죠…. 그녀의 보고서 채점은 그야말로 제멋대로였어요. 최악이었죠…. (그 전공에서는) 이제 더 이상 어떤 과목도 수강하고 싶지 않아요.
>
> (메리, 2학년)

미흡한 교수들은 학생들에게 '위험 지역'에 직면하고 있음을 말해주는 일종의 '붉은 깃발'과 같다. 교양학부 전공 분야(이 대학에는 약 50개의 학문 분야가 있는데, 학부 교육과정은 무전공으로 운영됨-역주)에서 이런 깃발을 마주하면 학생들은 회피하게 된다. 실망스러운 교수 한 명이 그 교수의 전공 분야에 대한 학생의 관심을 영영 멀어지게 할 수 있다.

> 그녀는 수업을 엄청나게 지루하게 만드는 강사였어요…. 우린 전공과 관련된 것들을 토의했는데… 그것들은 토론하기 좋은 것들이었죠. 그런데 그 강사는 그런 토의점들을 재미없게 만들었다니까요! 그녀는 가르치려는 노력을 전혀 하지 않는 것 같았어요. 그냥 의무적으로 해야 되니 어쩔 수 없이 가르치는 것 같았죠. 그런 전공은 진짜 하고 싶지 않아요.
>
> (킴, 2학년)

"왜 이 보고서를 다시 써야 하는지 모르겠어요."라고 했더니 "난 그게 좋거든…." 하고 말하는 거예요. 정말 어처구니가 없었어요. 처음에 제 방식대로 제출한 보고서는 C하고 낮은 B를 받았죠. 그래서 제가 항복하고 말했죠. "좋아요. 당신이 원하는 방향으로 다시 쓸게요." 그건 정말 유치했어요. 그건 정말… 뭐라 표현해야 할지 모르겠지만, 중학교 수준이라고나 할까요. 그리고 전 A를 받았죠. "흠, 괜찮네…." 하지만 추후에는 그 학과에서 더 이상 수업을 듣지 않았죠.

(케이티, 4학년)

물론, 눈여겨볼 만하게 예외적인 경우가 있기도 하다. 의예과 학생의 경우, 그런대로 성적이 계속해서 잘 나오면 그 어려움을 감내하려 한다. 외국인 유학생들과 비즈니스적인 성향을 가진 학생도 마찬가지인데, 이들은 다른 학생들에 비해서 진로에 많은 비중을 두고 있기 때문이다.

이 대학에는 훌륭한 교수가 많다. 많은 학생이 이러한 교수들의 수업에 흥미를 느끼고, 그들과 긍정적인 '공적(professional)' 관계를 발전시키면서 학업에 보다 집중한다. 이러한 교수들은 학생들의 이름을 알고 있고, 이름을 부르며 학생들과 인사하며, 수업 시간에 다룬 주제에 관해서는 이메일로 의견을 나누고, 과제에 대해서 함께 논의하며, 마감 기한을 연장해 주기도 한다. 교실에서 이루어지는 '공적' 관계가 더 발전하면, 교수는 학생에게 추천서를 써 주기도 하는데, 이는 학생들이 교수를 찾는 가장 중요한 이유이기도 하다. 비록 이런 추천서가 학생에 대한 자세한 내용을 담고 있지 않더라도, 이런 요청을 받는 교수들은 훌륭하고 존경받는 사람들이다. 이런 관계는 매우 친밀해 보이기도 하지만 한계도 있다.

로젠 교수는 제가 물어볼 것이 있으면, 수업 후 항상 대화를 하려고 노력했던 것 같아요…. 정말 좋은 사람이었고 흥미로운 사람이었어요. 그분을 정말 좋아했어요. 하지만… 교수 한 사람이 모든 학생과 깊은 관계(friendships)를 가질 수는 없잖아요…. 사실, 교수들과 좋은 관계를 맺으면서 수업 이외의 다른 것들에 대하여 대화를 나눌 수 있다는 것이 쉬운 일은 아니잖아요.

(손, 4학년)

많은 학생, 특히 남학생들과 외국인 유학생 그리고 소수인종 학생들은 교수와의 관계는 이 정도의 공적인 수준이 적당하다고 느낀다. 교수와의 이러한 관계가 학생들이 정말 원하는 것인지는 모르겠지만, 일부 외국인 유학생들과 소수인종 학생들은 강의실 밖에서 교수를 만나는 것을 주저한다고 했다.

따라서 입문 교과목을 가르치는 교수의 특성은 매우 중요하다. 그 이유는 학생들이 해당 전공 분야에 흥미를 가질 수 있도록 하기 위해서 뿐만 아니라 스스로의 학문적 권위를 부여받기 위해서도 중요하기 때문이다. 신입생 때 특정 분야를 싫어하게 되면 학생들은 보통 나중에 그 분야의 다른 교과목에 전혀 관심을 가지지 않는다. 특히 처음 어떤 주제를 마주할 때 그 경험이 유쾌하지 못했다면 그 학과를 싫어하게 되고, 심지어 해당 학문 분야 전체에 대한 좋지 않은 이미지를 가지게 된다. 이를테면, 과학실험 과목에서 좋지 않은 경험을 하면, 그 과목 때문에 과학 전체를 멀리하는 경우도 비일비재하다. 이러한 상호작용 과정은 학생들이 교과목을 선택할 때 매우 중요하다.

학생들이 대학에 진학할 때 이미 자신의 전공을 정해야만 하거나 핵심교양 과목을 반드시 이수해야 하는 대학에서도 입문 교과목은 여전히 중요하다. 실력이 없는 사람들, 즉 검증되지 않은 방문교수, 일이 너무 많은 겸임교수, 보수가 적은 대학원생, 보직의 부담감을 느끼며 가르치는 데 열정적이지 않은 '쓸모없는' 교수, 초보자를 잘 다루지 못하는 우수 교수들이 이런 교과목을 가르치게 된다면, 해당 학문 영역 전체의 권위가 실추될 수 있다. 신입생들에게는 이런 대학들이 투자를 잘못하는 것처럼 여겨질 것이다. 그럼에도 불구하고 학생들이 마지못해 평판이 좋지 않은 수업을 듣고 이런 전공을 유지한다면, 분명 부작용이 생긴다. 즉, 몸은 학교에 남아 있겠지만 마음은 벌써 학교를 떠나 있는 경향을 볼 수 있다. 소위 이런 학생들은 '2학년 슬럼프'에 빠지게 된다. 입학 초기에, 열정적으로 학업에 임했던 학생들이 1학년 교과목들의 현실에 기운이 빠져서 더 이상 열정적으로 학업에 임하지 않는다. 그리고 친구들과 어울려 노는 일이 주가 되어 버린다. 교수 혹은 대학 행정가들은 이렇게 변화된 학생의 모습을 보고 당황해한다. 학생처에서 일하고 있는 전문가들에게는 이와 같이 변화된 학생의 모습이 전혀 새로운 사실이 아니지만, 이러한 변화가 대학 첫 1년의 경험이 결정적으로 중요하다는 사실을 재차 보여 준다.[7]

멘토 만나기

멘토십은 학생이 교수와 맺을 수 있는 가장 가치 있는 관계다. 이는 한 과목 혹은 한 학기의 관계를 의미하는 것이 아니라, 공·사적으로 지속성을 동반한 관계를 의미한다. 멘토십은 교수나 학생들의 일방적인 노력으로 달성할 수 있는 관계가 아니고 우연히 형성되지도 않는다.

전국적으로 볼 때, 멘토십은 대학마다 큰 차이를 보이지만, 우리 연구에서 시행했던 시니어 학생조사(4학년 대상 설문조사-역주)의 연구 결과에 따르면, 이 대학에서의 멘토십이 타 대학보다 월등히 잘 이루어지고 있다는 것을 발견할 수 있었다. 그리고 멘토십은 학년이 올라갈수록 점차적으로 잘 형성되었다. 지난 일을 회상해 본 4학년 학생들이 신입생 때 지도교수와의 관계가 '친근하고 존경하는(공적인)' 관계였다고 밝힌 응답률은 약 40%였고, 약 15%는 '사적으로 가까운' 관계였다고 평가했다. 고학년(3, 4학년) 때는 '친근하고 존경하는 (공적인)' 관계였다고 응답한 비율이 40%였고, '사적으로 가까운' 관계임을 밝힌 응답률도 40% 정도로 파악되었다. 마지막으로 지도교수 뿐만 아니라 그 대상을 모든 교수로 확대했을 경우, 4학년 학생의 80% 정도가 일부 교수와 '사적으로 가까운' 관계를 유지했음을 밝히고 있다. 물론, 이런 관계가 정확히 멘토십을 의미하지 않더라도 매우 의미 있는 결과임에는 틀림없다.

멘토십을 결정짓는 가장 중요한 특징은 당장 수업과 관련된 것이 아니라 학생에게 관심을 둔다는 것이다.

> 우린 모든 것에 대해 얘기를 나눠요. 학업, 등록 기간, 다가오는 과제 마감일과 근황도요. "어떻게 지냈니? 별일 없니?" … "요즘 뭐하고 지내니?" 이러한 것들이 정말 많은 도움이 되었어요.
>
> (빅토리아, 4학년)

사소한 것일 수도 있겠지만, 이러한 교수와의 인간적인 관계는 학생들이 수업 시간에 더욱 몰입하게 만들 수 있는 것 같다. 대충 수업에 참여하려는 학생들에게도 이러한 긍정적인 영향을 미치게 된다.

> [보통 전] 자본주의적인(효율적인) 성향을 가지고 있어요. 최소한의 노력으로 최대한의 성과를 얻으려고 하죠. 나쁘진 않아요. 하지만… 이번에는 힌크스 교수의 수업을 듣는데, 수업 준비를 해야 했어요. 교수님과의 관계 때문예요. 수업 시간에 제가 무슨 말을 했는지 정확히 알고 있어야 했죠.
>
> (허브, 3학년)

멘토 중에는 학생들을 지적으로 몰입할 수 있는 상태로까지 이끄는 이들도 있다.

> 이 대학에서 녹스 교수를 제일 처음 만났어요. 아빠와 내가 면담하러 갔다가, 난 남아서 녹스 교수와 점심을 함께하면서 몇 시간 동안 역사에 대하여 여러 이야기를 나누었어요. 정말 좋은 시간이었죠. 내가 옥스퍼드에 있을 때도 녹스 교수와 지속적으로 연락했어요. 역사 전공으로 박사학위를 받으려고 생각하고 있었거든요. 그래서 녹스교수와 주기적으로 이메일을 주고받았지요. 내가 생각한 것도 보내 주고요. 이렇게 우린 서로의 생각을 지속적으로 주고받았어요. 왜 있잖아요, 마치 서로가 가진 지식의 책을 거래하는 것처럼요. 여기저기에서 쓴 20~30쪽 분량의 내용과 자세한 개요도 주기적으로 보내려고 해요. 아니면 그냥 앉아서 얘기하고 싶기도 하고요.
>
> (러티거, 4학년)

두 명의 교수는 한나에게 지적인 도전의식을 느끼고 사고력을 신장시켜 줄 수 있는 주제와 수업을 접할 수 있게 도움을 주었다.

전 철학과에 빠졌어요. 크로스 교수 수업을 수강했는데 믿기 어려울 정도로 좋았어요. 그 수업에서 제가 최고였지요. 그래서 전 봄학기에 4학년이 듣는 윤리학 세미나에 초대를 받았어요. 그런데 전 1학년이고 해서 약간 겁이 났죠…. 하지만 오히려 효과가 좋았죠. 그 일을 계기로 철학을 전공하려고 결심했거든요. 크로스 교수는 영문학과의 지도교수를 대신하여 지도교수 역할도 해 주셨어요.
크로스 교수는 제게 인류학과에서 주로 언어 쪽의 강의를 많이 하고 계신 베이츠 교수를 소개해 주셨어요. 그리고 그분은 저를 EOC(Ethnography of Communication)의 세계로 이끌어 주셨죠. 특히 그것과 관련된 자료들이 너무 좋아서 더 보기를 원했죠. 그래서 베이츠 교수가 수업 시간에 나눠 주신 자료 이외에도 자료를 더 찾아보기 시작했죠. 그리고 그분의 연구실에서 많은 시간을 보내기도 했고요. 더 많은 자료를 접할수록 저는 "그래, 이게 정말 내가 공부하고 싶었던 거야."라는 느낌이 들었죠. 제가 접했던 자료에 푹 빠졌던 것 같아요.

(한나, 3학년)

멘토는 여러 측면에서 많은 도움을 줄 수 있다.

클라크 교수는 정말 굉장했어요. 그분은 제 지도교수였는데 모든 것에 대한 제 방향을 바꾸어 주셨죠. 이를테면 전공 같은 부분이요…. 정말 도움을 많이 받았어요. 사스 전염병 때문에 여름에 있는 중국어 프로그램이 취소되었어요. 그래서 포기하고 있었죠…. 그런데 클라크 교수가 저한테 전화해서 이렇게 말씀하시는 거예요. "이보게, 내가 자네에게 선택할 수 있는 세 가지 선택사항을 말해 주겠네." 저 역시, 제 수업 중 그분의 수업을 한 강좌 수강했는데 수업 안팎으로 정말 많은 도움을 주세요. 그 과목(주제)에 대해서 많은 토론을 할 수 있도록 교수님들이 저를 지도하고 계신다는 느낌을 받을 때가 정말 좋아요.

(조지, 3학년)

그러면 멘토십은 어떻게 형성될까?

멘토가 되려면 먼저 교수는 학생들과 시간을 보내야만 한다. 이 대학에서 진정한 멘토라고 할 수 있는 사람들은 강의를 하는 교수와 운동 코치였다.

수학 교수와 많은 이야기를 나누었는데요. 그분은 오히려 제 지도교수보다 더 나은 조언을 해 주세요. 그래서 "제 지도교수가 되어 주실래요?"라고 여쭤 봤죠.

(존, 1학년)

졸업 후에도 제 수영 코치님들과 연락하며 지낼 예정이에요…. 그분들은 매일 저랑 생활을 같이했죠. 제가 일어나는 걸 제일 처음 보고, 잠자리에 들기 전까지도 항상 저와 함께였죠. 이런 사람들과 관계를 유지하는 것은 어떻게 보면 자연스러운 결과 아니겠어요? 맞아요. 저는 그분들과 지속적으로 연락할 거예요.

(이재, 4학년)

다시 한 번 언급하면, 당연해 보이지만 가끔씩 놓치는 사실을 강조하고 싶다. 교수가 교실에서 학생을 만나지 않으면 멘토십이 생길 수 없다. 공식적인 지도교수라 하더라도 지도할 학생들을 교실에서 만나지 않는다면 멘토십은 절대 형성될 수 없다. 멘토십을 위해서는 교수가 학생을 실제로 자주 만나서 교류할 필요가 있다. 더 자주 만날수록 좋다.

> 전 네바다에 있던 우리 캠프에서 솔트레이크 시까지 세라 교수와 함께 운전해 갔어요. 차로 4시간 거리였지요. 그녀에게서 마틴의 삶에 대해 많은 이야기를 들었고, 다른 교수들 이야기도 많이 들었는데, 정말 감명받았어요. 제가 어떤 사람이 되고 싶은지, 어떤 가치를 갖고 살고 싶은지에 대한 좋은 길잡이가 되었지요. 그분들이 교수라는 생각이 전혀 안 들었어요. 결국에는 제가 몇 주씩이나 마틴과 세라의 집을 봐 주기로 했죠. 그리고 지금까지 함께 살고 있고요….
>
> (머피, 4학년)

만날 수 있는 시간이 충분하지 않기 때문에, 이 대학 신입생들과 2학년에 올라가는 학생들은 대부분 멘토가 없다. 하지만 학년이 올라갈수록 멘토를 찾을 가능성이 커진다. 즉, 멘토를 찾는 데는 시간이 필요하다. 다시 말해서, 공식적인 누구의 '지도교수'라는 사실은 중요하지 않고, 대부분의 학생은 3학년 때 한 명의 멘토를 가진다.

둘째, 멘토십은 상호적인 관심이 수반되어야만 한다. 즉, 학생과 교수 쌍방이 그런 관계를 원해야 한다. 교수들에게 직접 물어보지는 않았지만, 학생들은 그런 관계를 원하는 교수들이 많다고 느끼고 있었다. (일부 교수는 학생들과 이러한 개인적인 관계를 맺고 싶지 않음을 밝히기도 했는데, 이러한 관계가 부적절하다거나 시간 낭비라고 생각하고 있었다.) 학생들 중에는 여학생이 멘토를 더 원했고, 효과도 더 컸음을 알 수 있었다. 우리가 조사한 대부분의 여학생은 멘토를 원했으며, 비록 너무 늦게 멘토를 만나면서 충분한 혜택을 얻지 못했음을 언급한 학생은 있었지만, 멘토링에 관심을 보이지 않은 여학생은 발견할 수 없었다. 반면, 일부 남학생은 멘토 유무에 크게 신경 쓰지 않음을 알 수 있었다. 이런 관계가 왠지 어색하고 이상하며, 그것의 유용성에 공감하고 있지 못하였다. 이 학생들은 대학교육을 이들의 커리어 측면에서 중요한 도구로 생각하고 있었다. 이들은 경영이나 법률 분야로 진로를 계획하고 있었으며, 교양교육 자체에는 별로 관심이 없었으며, 일반적으로 좋은 학점을 받고 졸업해서 자신이 원하는 직업을 얻고 싶어 했다. 우리와 대화를 나눈 학생들 중 남학생은 어느 정도 이러한 생각을 피력했지만, 여학생들 중에는 이와 같이 언급한 이가 없었다.

셋째, 멘토십과 성적은 높은 상관이 있다. 하지만 무엇이 선행하는 것일까? 우리 연구를 살펴보면, 성적이 낮은 학생들 중 특히 남학생은 멘토가 없는 경우가 많았다. 하지만 성적이 좋은 학생들은 성별과 상관없이 적어도 1명 이상의 교수와 친밀한 관계를 유지하고 있었다 (많은 경우, 학생 한 명이 4명의 교수와 관계를 맺고 있었다). 아마 그 이유는 멘토들이 성적이 좋은 학생들에게 끌렸기 때문일 수 있었을 것이다. 우리가 면담한 학생들은 교수와의 만남이 먼저이고, 그 만남을 통하여 학업에의 몰입과 교수에 대한 신뢰가 높아졌다고 했다. 하지만 댄 챔블리스의 수업에서 캐서린 크롤레스키(Katherine Kroleski)[8]가 졸업논문을 위한 멘토링 연구에서 밝혔듯이, 이 두 관계에서 '먼저 오는 것'은 없다는 점에 주목할 필요가 있다. 아마 작은 성취를 달성하게 되면 학생은 이를 계기로 보다 집중하게 되면서 더 큰 성취를 달성하게 된다. 즉, 언제 시작하더라도, 분명한 것은 멘토링이 도움이 된다는 것이다.

마지막으로, 많은 공·사적인 활동 분야에서 멘토링은 긍정적인 영향을 미친다. 이러한 활동들은 때로는 매우 깊은 영향을 주는 것 같다. 이를테면, 성별을 불문하고 이 대학 동문들이 교수 집에 초대받아 함께 식사한 경험이 얼마나 소중했는지를 이야기하곤 한다. 많은 학생에게는 이러한 경험이 대학생활에서 큰 사건이었다. 동문들은 이런 경험을 대학의 책무성, 적어도 학생에 대한 교수의 관심으로 여기고 있었다. 이처럼 초대받은 경험은 학생들에게 하나의 요술지팡이와 같았다.

하지만 이처럼 '교수 집에 초대받아 함께 식사한 경험'이 대학에서 보편적인 경험일까? 이러한 경험이 정말 중요한 의미를 내포하고 있는 것일까? 이 질문에 답변하기 위해서 정교한 통계 분석을 실시하였다. 이 분석은 매년 봄 4학년 학생들에게 실시한 HEDS(Higher Education Data Sharing Consortium of Colleges)의 설문지를 활용했는데, 이 설문지는 학부생들의 경험과 태도에 대하여 폭넓게 수집한 표준화된 조사 도구다. 2006년에 대학원에서 통계와 연구 방법을 가르치던 동료 교수인 쇼나 스윗(Shauna Sweet)은 7년 정도의 시니어 조사 자료를 하나로 통합하여 2,018명 규모의 데이터베이스를 확보하였다. 특히 그녀는 식사 초대와 대학 만족도라는 두 문항에 초점을 두고 상관관계를 살펴보았다. 첫 번째 문항은 "교수의 집에 초대받은 경험이 있습니까?"였고, 두 번째 문항은 "이 대학을 다시 선택하겠습니까?"였다.

학생들이 교수 집을 방문한 전체 경험 횟수가 놀라웠다. 평균적으로 졸업한 학생들의 85%가 적어도 한 번은 교수 집에 초대받은 경험이 있었다. 더욱더 주목할 점은 '자주' 또는 '매우 자주' 초대받은 학생이 20% 정도 된다는 사실이다. 전국적인 수준과 비교해 보았을 때, 이런 결과는 상당히 높은 수준이다.

하지만 우리는 다른 질문을 해 보았다. 그 질문은 "그런 사적인 만남이 중요합니까?" 였다. 우선, 단순 상관관계 결과는 명료했다. 여학생들은 남학생들에 비하여 대학 만족도가 더 높았는데, 이들 중 교수 집에 초대받은 경험이 있는 학생은 그렇지 않은 학생들에 비하여 대학을 '다시 선택'할 가능성이 9% 정도 높게 나타났다. 남학생의 경우에는 13%까지 높았다. 이 정도 차이는 2,000명 정도의 학생을 대상으로 했다는 점을 생각해 볼 때 내용적인 측면과 통계적인 측면에서 상당한 설득력이 있다. 즉, 대학 4년 동안 교수 집을 한 번만이라도 방문한 경험이 있다면, 대학생활 전체의 만족도가 상당히 높아짐을 의미한다.

하지만 이러한 결론을 내리기에는 성급한 측면도 있다. 자칫 사람들을 잘못된 방향으로 이끌 수 있기 때문이다. 그래서 스윗 교수와 독립적으로 크리스 테이커스 교수는 더욱 정밀하게 데이터를 분석했다. '(이 대학을) 다시 선택함'과 일반적 '만족도'를 측정하고, 이를 종속변수로 해서 선형 회귀분석과 순서형 로짓 회귀분석을 실시하였다. 분석 모형에서 만족도와 관련된 주요 변수, 특히 학업 성적, 성별, 인종 등 영향력이 매우 큰 변수들을 모두 통제했다. 어떤 변수를 모형에 포함하든지, 어떤 분석 방법을 사용하든지, 둘 중에 누가 분석하든지 일반화된 결과를 도출할 수 있었다. 학생이 교수 집에 한 번 방문한 경험과 학생의 만족도가 이 대학을 '다시 선택함(재선택)'의 요인에 영향을 미치는 변인임은 분명하였다. 사실, 학생이 교수 집에 방문했는지 여부가 학업 성적이 크게 향상되었을 때의 성취감(B-에서 A-로 향상되었을 때)보다 대학생활 만족도와 재선택에 더 큰 영향을 주는 것을 발견하였다. 통계적으로 보다 엄밀한 추정을 실시하였음에도 불구하고, 우리는 같은 결론을 도출할 수 있었다.

비판적 관점에서 살펴보면, 교수들이 가장 호감을 갖고 있는 학생들, 즉 가장 학업에 열심히 임하는 학생들을 자신의 집으로 초대했기 때문에 이러한 결과가 도출되었다고 반론을 펼 수도 있을 것이다. 하지만 식사 초대는 특정 학생들에게만 해당되는 사항은 아니다. 교수는 특정 학생만이 아니라 수업을 들은 대부분의 학생을 식사에 초대했기 때문이다. 교수가 학생을 선별해서 초대하는 일은 거의 없었다.

이러한 연구 결과가 모든 교수가 학생들을 자신의 집으로 초대해야 한다는 것을 의미하는 것은 아니다. 우리 연구에서 언급하고자 한 핵심사항은 교수들의 이러한 사소한 행동들이 학생에게 잠재적으로 매우 긍정적 효과를 가져올 수 있으며, 뿐만 아니라 이러한 효과가 오랫동안 지속된다는 것이다. 구체적으로 말하자면, 서너 시간 정도가 필요한 교수의 단 한 번의 노력(식사 초대 등)이 수많은 학생의 전체 대학생활 만족도에 높은 영향을 줄 수 있다는 점이다. 일반적으로 이러한 행동에는 서로 얼굴을 마주하며 대화를 나눌 수 있는 일종의 개인적인(혹은 인간적인) 만남이 수반된다(이 밖에 다른 부분들은 다음 장에서 다뤄질 것이다).

물론, 이러한 특별한 처방이 모든 곳, 모든 교수와 학생에게 다 효과적이지는 않을 수도 있다. 우리가 발견한 바로는 중서부 지역의 대규모 주립대학에 있는 한 교수(우리 연구 동료)에게 이런 이야기를 해 주자 그녀는 불만을 토로했다. 그녀도 학생들을 집으로 초대해서 식사를 하려 했는데 학생들이 기겁을 했다는 것이다. "이건 사회적 거리 규범(social distance norms)에 벗어나는 행위입니다." 하지만 이러한 만남을 원하는 학생들에게는 매우 작은 행위(4년의 학교생활 동안의 서너 시간)도 결정적인 효과를 가져올 수 있다. 아마 이러한 행위가 멘토십에 있어 새로운 가능성을 열어 줄 것이다.

한 가지는 확실하다. 멘토링을 수행할 수 있는 교수와의 개인적인 만남 혹은 공적인 만남에 경험이 없는 학생은 교수 멘토를 찾기 어렵다는 것이다. 단지 몇몇 교수만이 좋은 멘토가 되기 위한 의지와 자격을 갖추고 있으며, 그중에도 소수(멘토링에 대해 확고한 의지가 있는)만이 수많은 학생과 만난다는 것이다. 멘토링을 위해서는 이 두 가지 요소, 즉 좋은 멘토와 충분한 만남이 동시에 수반되어야 한다.

이것이 가능하다면, 엄청난 결과를 초래할 수 있다. 졸업한 지 5년, 10년 정도 된 동문들과 이들에게 영향을 준 교수들에 대하여 이야기하면서 놀란 점은 멘토를 맡은 교수의 비율이 학생에 비해 상대적으로 현저하게 적다는 사실이었다. 실제로 최근에 퇴임한 한 교수는 우리가 조사한 전체 동문들 중 상위 10%에 포함될 정도로 좋은 평가를 받았다. 이 정도이면 상당히 우수한 평가다. 한 가지 확실한 것은 그가 일부 학생에게 훌륭한 멘토였다는 것이다. 그럴 수 있었던 이유를 살펴보면, 그는 타과 학생들이 많이 수강하는 학과(경제학, 경영학 등)의 교수였고, 한동안 학생처장을 역임하며 그의 역량을 다방면으로 펼칠 수 있었기 때문이다. 파도처럼 밀려드는 수많은 학생 속에 꼭 필요한 사람이 자리를 잡고 있으면, 수백 수천 명의 학생들이 긍정적인 영향을 받을 수 있는데, 그가 바로 그런 사람이었다. 이를테면, 멘토를 찾으려면 먼저 멘토가 될 만한 사람들을 만나서 함께 시간을 보내야 한다.[9] 잠재력이 있는 훌륭한 멘토라 할지라도, 이른 시기에 많은 학생을 만날 수 없다면 많은 도움을 줄 수가 없다.

전공 정하기

앞서 언급한 것은 사소한 것(신입생 기숙사 배정, 학생이 처음 만나는 교수, 수강 가능 과목 유무, 교수 집 방문 등)이 학생들의 향후 대학생활에 얼마나 많은 영향을 미칠 수 있는지를 보여 주고 있다. 마찬가지로 전공 선택과 같은 중요한 결정도 예상치 못한 행운이나 앞서 내려진 소소한 의사결정들에 영향을 받는다는 사실을 피할 수 없다.[10]

이 대학에서는 2학년이 시작되는 봄에 전공을 결정하지만, 그 이후에 전공을 바꾸는 경우도 흔히 있다. 다양한 영역과 관점을 공부하는 데 있어서 학생들의 유연한 사고가 무엇보다 중요하기 때문에 학부중심 교육은 이를 반영하여 전공 분야를 나중에 선택하도록 하고 있다.

> 전 학부중심 대학에 가고 싶었어요. 뭘 하고 싶은지 잘 몰랐거든요. 이 곳에 가면 다양한 분야의 수업을 수강해 볼 수 있는 기회를 얻을 수 있을 거라고 생각했어요.
>
> (메리, 1학년)

학부중심 대학은 선택이 자유로운 학교예요. 수없이 많은 걸 해 볼 수
있는 기회가 있죠. 그런 선택권이 있으면 좋잖아요. 당장 어떤 결정을
내리지 않아도 되고요.

(톰, 1학년)

전공 선택을 미루면 얻을 수 있는 장점이 분명히 있다. 많은 학문
분야는 신입생들이 생각하는 것과 거리가 멀다. 이를테면, 학부 의예
과 과정에서는 의학보다는 화학이나 미생물학과 관련된 분야를 배우
며, 환자, 병, 병원, 수술, 의료 실습과는 동떨어져 있다. 심리학의 경
우에도, 일부 학생은 복잡한 가정 문제나 대인관계의 갈등 해결에 실
질적인 도움이 될 수 있는 학문을 기대하지만, 실제 교육과정에서는
신경정신물질에 관한 논문을 읽으며, 수많은 것을 암기하는 과정을
경험하게 될 것이다. 경제학에서는 주식 시장 혹은 돈을 벌 수 있게
할 수 있는 효율적인 방법을 익히는 과정을 생각하고 있겠지만, 실제
학습 과정은 복잡한 그래프 혹은 심오한 방정식을 다루는 등 이론적
분야에 집중할 것이다. 그리고 인류학, 언어학, 정치학은 대부분의
고등학교에서 다루어지고 있지 않기 때문에, 신입생들에게는 새로운
분야라고 할 수 있다.

자유교양 프로그램에서 열심히 공부하는 많은 학생조차 이러한 프
로그램을 전공선택 과정으로 인식하기보다 그 교과목의 학점 혹은
성취감에 더 많은 신경을 쓴다. 많은 학생은 전공이 취업에 어떤 영
향을 미칠지 크게 개의치 않는 것 같다.[11] 다른 우수 대학들과 마찬가
지이겠지만, 이 대학의 학생들은 대체로 고등학교 때 성적이 우수한
학생들이다. 그들은 성적을 잘 받기 위해서 학업과 관련된 부분을 조

절하는 데 능숙하다. 즉, 자기들이 자신 없는 과목에 집중하지 않고, 잘하는 과목 혹은 학점을 잘 받을 수 있는 과목에 매달린다. 또한 경험한 적은 없지만 흥미를 가지게 된 새로운 학문 분야를 모색하거나, 학생들 표현으로는 훌륭한 교수를 '전공하듯' 따른다. 어떤 과정으로 전공을 선택하든지, 학생들은 전공 선택에 있어 유연한 태도를 보이고 있다.

이 대학에서는 학생들이 전공을 선택하더라도 공식적인 결정은 나중에 이루어진다. 공식적인 전공 결정은 학생들이 여러 과목을 경험한 후, 2학년 말쯤에 이뤄진다. 전공을 정한 다음에 수업을 듣는 것이 아니라 먼저 수업을 듣고 나서 전공을 결정하게 된다. 학생들은 여러 교과목을 수강해 보고, 자신들이 좋아하는 교수 혹은 주제를 탐색하게 된다. 3, 4학기가 지나고 전공을 선택할 때가 되면, 그동안 수강했던 과목들을 살펴보고 이렇게 말하는 것 같다. "오! 난 예술사 전공이네." "난 사회학 전공이구나."

> 나는 결국에 이것으로 전공을 결정했죠. 왜냐하면… 2학년 때 전공을 결정해야 하니까요. 음… 전 대부분 행정학 수업을 들었거든요. 그래서 행정학으로 전공을 선택했어요.
>
> (앤, 3학년)

결국에는 특정 전공을 결정하는 것으로 현재까지 이루어진 일련의 과정을 마무리하게 된다.[12] 이러한 일련의 과정을 다시 한 번 살펴보면, 1, 2학기 때 처음 학문 분야를 접하게 되고, 입문 교과목에서 '붉은 깃발' 혹은 좋지 않은 경험을 하지 않으면서 적어도 한 명의 교수와 좋은 관계를 형성한다. 그 후 학과나 전공과목에 대한 많은 정보를 얻는 과정을 거친다. 이러한 조건들이 충족되면, 학생은 공식적으로 전공을 결정할 준비가 된 것이다. 얼핏 보기에는 사소해 보이는 상황들을 매 순간 하나씩 경험하다 보면 나중에 중요한 결정에 이르게 되는 식이다. 결혼은 오랜 기간 충분한 연애 경험을 가진 후 이를 결정한다. 이와 유사하게, 전공 결정 역시 사소해 보이지만 일상생활에서의 여러 경험을 토대로 이루어진다. 학생은 실질적으로 전공을 '선택하는 것'이 아니라 '결정하는 것'이다.

이러한 양상은 남학생보다 여학생에게서 보다 뚜렷하게 나타난다. 남학생들은 특정 진로(기업, 금융 등)를 염두에 두고 이에 적합한 전공을 선택하는 경향이 있다. 비록 가족의 압력이나 진로에 대한 걱정은 성별과 상관없이 누구에게나 해당되는 사항이지만, 특히 남학생들은 진로에 적합한 전공을 선택하도록 부모로부터 압력을 더 많이 받는 경향이 있다. 이에 따라 보편적으로 남학생들은 특정 전공에서 어떤 경험을 하든지 간에 이를 쉽게 바꾸려 하지 않는다. 반면, 여학생의 경우는 개인적 관계, 자신이 찾는 특정 교수들과의 관계 등에 더 많은 영향을 받는다.[13]

우리 연구에 참여했던 릭의 경우, 전공 선택 과정이 자연스럽지 못하였다. 자신의 취향뿐만 아니라 대학 시스템 역시 도움이 되지 못하였다. 그는 뉴잉글랜드의 자그마한 시골 마을에 위치한 공립학교 출신인데, 그 학교에서 릭은 그의 표현에 따르면 '배움을 위한 배움'을 중시하는 지적 호기심을 키워 왔다. 이처럼 그는 다양한 분야를 탐색하며 배우고 싶어 했다.

처음에 릭은 대학에서 공부를 하는 데 있어 엄청난 시간을 투입해야 한다는 사실에 놀라움을 금치 못했다.

> 처음 한 달 동안은 학업량에 너무나 놀랐어요. 충격을 받았죠. 가끔씩
> 내가 감당해 낼 수 있을지 의문이 들기도 했지요. 계속해서 추락하고
> 있다는 느낌만 들었어요.

몇 달이 지나면서 릭은 학업량에 점차 익숙해져 갔다. 처음에는 행
정학을 전공할까 생각했고, 입문 교과목 수업도 흥미가 있었지만 아
직 준비는 되어 있지 않았다. 이러한 과정에서 몇 명의 좋은 교수도
만났지만 매력적인 교수는 없었다.

2학년 말이 되어서야 릭은 자신이 공부하고 싶은 분야를 정하는 일
을 오래 미루어 왔다는 사실을 알게 되었다. 그의 지도교수인 영문학
(릭이 생각하고 있는 전공들 중의 하나) 교수는 별로 도움이 되지 못했는
데, 단지 영문학 전공과 관련된 조언만 해 줄 뿐이었다. 관심 있는 다
른 전공들의 경우는 전공 결정 요건을 충족할 수가 없기 때문에 당시
에는 선택하기 어려웠다. 또한 그는 남은 2년 동안에 새로운 분야의
과목들을 수강하는 것도 쉬운 일이 아니라고 생각했다.

> 전 여러 곳에서 많은 경험을 했죠. 일종의 실험 같은 거예요. 개설 과
> 목들에 대하여 돌이켜 생각해 보면 이런 생각이 들어요. "이 교과목을
> 들었어야 했구나. 그런데 시간이 없네…." 1학년 말이 되어서야 제 흥
> 미를 자극할 만한 수업을 듣지 못했다는 것을 알게 되었어요. 수업을
> 듣고 난 후, 전공으로 선택하여 지속적으로 공부를 해야겠다는 생각
> 이 들었던 과목은 없었어요.

릭은 여러 곳에서 많은 경험을 하고 싶었을 뿐, 한 분야를 결정하고 싶지 않았다고 여러 번 이야기했다. 그는 입문 교과목(3, 4학년들은 들을 수 없는 경우가 많음)들을 더 많이 수강하고 싶어 했는데, 그 이유는 그 과목들이 이수하기에 수월하기 때문이 아니라 그것을 통하여 새로운 분야의 지식을 더 많이 얻을 수 있기 때문이었다. 소규모 강의들 역시 그 규모로 인하여 수강하기가 어려워 피해를 입었다고 언급했다.

> 소규모 강의들은 그 과목을 배우고 싶은 학생들에게는 방해가 돼요. 강의 규모 때문에 관심 있는 수업을 못 듣는 경우가 있는데, 이런 점들이 가장 큰 걱정거리임을 밝히고 싶네요…. 많은 학생이 이러한 수업을 들을 수 있도록 해야 한다고 봐요.

릭은 3학년 때 수학으로 전공을 바꿨다.

> 올해 수업을 선택할 때, 마침내 전공 방향을 잡았다는 느낌이 들었어요. 작년에는 수업을 이것저것 듣는다고 느꼈는데 말이죠….

하지만 릭은 다른 분야의 학문 영역을 지속적으로 살펴볼 수 없기 때문에 여전히 만족스러워하지는 않았다.

> 다른 분야의 공부를 해 보고 싶다는 걸 알게 되었어요. 하지만 너무 늦었다는 생각이 드네요. 제 앞에 있는 많은 기회가 닫혀 버렸어요. 시스템 때문이죠…. 물리학과인 걸로 기억해요. 1학년 말까지 두 개의 입문

교과목을 필수적으로 이수해야 함을 기억해요. 1년 과정이었죠. 나중에 깨달았어요. 비록 제가 그 전공을 선택하려고 했어도 방법이 없었다는 것을요.

그는 '수백 번 이상' 전공을 바꿨다는 사실을 인정하며, 그 이유를 다음과 같이 설명하고 있다. "제 미래에 대한 생각이 바뀌었어요. 그래서 전공도 바꾸게 된 것이에요."

4학년 때까지 릭은 전공을 예전에 했던 행정학으로 한 번 더 바꿨다. 대학을 졸업하는 시점이 다가오자, 릭은 수학보다 행정학이 적성에 더 적합하다고 생각했다. 하지만 행정학도 크게 만족스럽지 않았다.

릭의 경우처럼, 많은 학생은 부족한 지적 호기심을 가지고 대학에 입학했으며, 졸업한 후에도 여전히 지적 호기심을 갖고 있었다. 릭과 함께 우리는 수업 내용(과제, 아이디어, 활용, 의미 등)에 대하여 많은 이야기를 나누었는데, 그가 면담한 학생들과 비교해 봤을 때 교수에 대한 언급을 하지 않은 점이 흥미로웠다. 그는 친분이 있는 교수가 없었다고 했다. 좋은 교수들은 있었지만 멘토는 없었다고 했다. 배움에 대한 열정이 있었던 많은 학생과는 달리, 릭은 자신에게 꼭 맞는 전공을 찾지 못했다. 4학년이 된 릭은 멘토도, 도움이 될 만한 지도교수도 그리고 몰입할 수 있는 전공도 없었으며, 더 이상 바람직한 선택을 할 수 있는 기회마저 남아 있지 않았다.

우리가 릭에게 "대학의 어떤 점이 좋지 않았나요?"라고 묻자, 그는 대학은 훌륭했다고 했다. 아무것도 바꿀 필요는 없다고 했다. 하지만 우리는 그가 의식적으로 비판하지 않으려고 노력하는 모습을 엿볼 수 있었다. 그러나 우리가 "이 대학을 다시 선택하겠습니까?"라고 묻자, 그의 대답은 단호했다. "아니요."

결정하기

엄격한 통제 시스템 아래의 미국 고등학교 생활을 경험한 후, 대학에서 주어지는 자유로운 선택들은 학생들에게 매력적으로 다가온다. 대학에는 교감 선생도 없으며, 학장들은 멀리 있는 존재이거나 누군지도 모르는 경우가 다반사다. 윗도리를 바지 안으로 넣어서 입어라, 치마 기장을 늘려라 등과 같은 제재를 가하는 사람은 어디에도 없다. 화장실을 가는데 '홀 패스(hall pass)'(수업 시간 중에 교실을 드나들기 위해서 학생이 미리 작성해서 제출해야 하는 일종의 확인증으로 이동 시 소지하고 있어야 함-역주)를 지참해야 할 필요도 없고, 하루 종일 교실에 앉아 있을 필요도 없다. 서성거려도 아무도 신경 쓰지 않는다. 선택할 수 있는 전공 프로그램도 수십 개나 된다. 또한 하루 일과를 마치면, 자고 싶을 때 잘 수 있고, 다음 날 늦잠을 자도 어느 누구도 신경 쓰지 않는다.

이런 모든 선택의 자유와 더불어, 학생들은 상당히 많은 결정을 해야 한다. 무슨 수업을 들어야 할지, 어떤 교수의 과목을 수강해야 할지, 어떤 친구를 사귈지, 어디서 누구랑 살지, 동아리에 들어야 할지, 스포츠 팀에 들어가야 할지 등 학생들이 준비도 되지 않은 상태에서 심사숙고해서 결정을 해야 하는 수많은 경우를 접하게 된다.

하지만 학생들의 선택은 생각보다 제한적이다. 이 대학의 경우,

가을학기마다 수강편람에는 수백 개의 강좌가 올라오지만, 신입생들은 이 가운데 기껏해야 십여 개 중에서 수강할 과목을 선택할 수 있는 것이 현실이다. 신입생들에게 '적합한' 교과목 목록을 대학에서 별도로 제공해서 도움을 주기도 한다. 준비가 덜 된 학생들은 비록 목록에는 제시되어 있어도, 입문 수준의 화학이나 물리를 선택하고 싶어 하지 않는다. 음악을 처음 접해서 전공하기는 어렵고, 평범한 고등학교를 졸업한 학생이 생물학을 전공하기도 힘든 것이 현실이다. 또한 선수로 선발된 학생 정도의 수준이 되어야 농구 팀에 들어갈 수 있고, 전문적인 훈련을 받아서 노래 실력이 출중해야 합창단에서 활동할 기회를 얻을 수 있다. 학생들이 할 수 있는 것에서도 구조적인 제약이 따른다. 모든 강좌에는 선수이수 교과목의 요건이 있고, 파리나 베이징에서 시행하는 프로그램에는 정원 제한이 있으며, 이러한 과정을 이수하기 위해서는 자신의 시간표에 여유 시간도 많아야 한다. 또한 수강 등록을 할 때는 운도 따라야 한다.

정보가 제한되고 제약도 많은 상황에서, 수강 교과목을 선택하는 학생들은 금세 기회주의적인 면모를 갖추게 되며, 눈앞에 닥친 문제들을 해결할 수 있는 방법을 모색하려 한다. 즉, 전공은 무엇으로 할지, 어떤 수업을 들어야 할지, 열려 있는 강좌가 있는지, 교수는 어떤 사람인지, 이 분반에 아직 여유분이 남았는지 등이다. 수강 등록 과정 후반부에는 학생들이 재빨리 수강할 교과목을 선정하느라 정신없는 하루를 보내게 된다. 도움이 필요할 때는 가장 도움을 줄 수 있는 사람을 모색하기보다는 가까이에 있는 사람을 찾는다. 이를테면 룸메이트, 식당에서 가까이 앉아 있는 친구, 수업을 마치고 대화를 나눈 교수 등이 될 수 있다. 이 때문에 일상생활에서 맺어지는 친구들과의 우정(daily friendships)이 중요하다. 친구(때론 부모)는 그들이 도움이 필요할 때 가장 먼저 달려가는 사람을 지칭한다. 그래서 안 좋은 친구는 잘못된 길로 인도할 수밖에 없다.

그들은 '현재에 만족하고 있다(satisficing)'. 경제학자인 허버트 사이먼(Herbert A. Simon)에 따르면, 이는 현재 요구되는 것에 합리적으로 맞추려고 한다는 의미다.[14] 이들은 완벽한 대답이 아니라 충분히 좋거나 그럭저럭 괜찮은 해법을 찾으려고 한다. 학생들은 학업과 관련해서 호불호가 있고, 모든 결정에 있어 학업이 큰 비중을 차지하는 것은 사실이지만 절대적인 것은 아니다. 그들의 선택은 가끔 사소한 것들이기도 하고, 예측하기 어려운 경우도 있다. 왜냐하면 그들은 당장의 조건이나 개인의 특성에 맞게 이러한 과목들을 선택하기 때문이다.

이를테면, 스페인어 전공을 '선택한다'는 것은 오랫동안 앞서 진행된 일련의 선택 과정에서의 마지막 단계에 불과하다. 한 학생이 스페인 학과의 젊고 유능한 교수가 가르친 수업을 듣고 흥미를 갖게 되면, 이와 관련된 또 다른 수업을 듣게 되고 이렇게 계속해서 관련된 수업을 듣다가는 문득 '난 스페인 전공생이야!'라고 생각하게 된다는 의미다. 나중에는 스페인어에 대한 애정이 다른 많은 결정을 촉진하게 된다. 마드리드에서 한 학기를 보낸다거나 로페즈 교수를 지도교수로 하고, 라틴아메리카에 대하여 졸업논문을 쓰게 되는 것과 같은 결정들 말이다. 신입생 가을학기 때 이루어진, 보기에는 사소한 선택(특정한 과목, 특정한 교수 등)들이 실질적으로 향후에 많은 결과를 낳는다.

우연한 선택들이 카드 놀이의 '사이드 베트(side bets)' (카드 놀이에서 판돈 이외에 개인적으로 거는 내기-역주)[15]처럼 학생이 특정한 행동 방식에서 벗어나지 못하도록 하며, 그 당시에는 깨닫지 못했던 사람들 간의 교류(social commitments)를 만들어 낸다. 스포츠 팀은 친구를 찾기에 좋은 장소라고 본다. 하지만 일단 팀에 들어가면, 선수들은 코치를 실망시키는 일을 하지 않으려고 노력한다. 이를테면, 3학년 때 해외유학을 가거나 팀이 플레이오프전에 출전하는 데 방해가 될 만한 행위들을 하지 않으려고 노력한다. 친구 모두가 하키 팀이나 라크로스 동아리(프래터너티)와 같은 단체에 속해 있으면서, 자신이 그곳에서 스타 플레이어라면 팀을 그만두는 건 절대 불가능하다. 모든 것이 자신의 참가에 의해 결정되기 때문이다. 만약 팀 동료인 친구들과 관계가 좋으면 그들은 자신의 '패거리(crowd)'가 되고, 그들과 어울려 대학생활을 영위하게 될 것이다. 왜냐하면 이들과의 우정은 다른 사람들과의 우정을 불가능하게 만들기 때문이다.

2학년 말까지, 거의 모든 학생은 다양한 상황에서 수많은 결정을 한다. 그것은 공식적으로 학교에서 인정하는 것(전공, 룸메이트, 거주할 곳, 교환학생 참여 등)으로서 이러한 것들에 대한 결정을 내려야만 한다. 전공은 서면으로 인증을 받아서 공식적인 기록으로 남겨진다. 동아리(프래터너티와 소로러티)에 가입하면 '서약서', 즉 공식적인 가입선언서를 받는다. 룸메이트도 일단 대학이 어느 정도 무작위로 배정을 하고 나면 공개적으로 선택할 수 있다. 희망하는 학생은 나와서 이렇게 분명하게 말해야 한다. "나는 너랑 같은 방을 쓰고 싶다." 이처럼 무작위로 이루어진 룸메이트 배정조차도 서서히 제도화되어 간다.

그러므로 학생이 이른 시기에 내리는 사소해 보이는 결정들(쉽게 찾을 수 있는 몇 가지 선택사항에 기초한 결정)이 향후 자신이 나아갈 방향에 상당한 영향을 줄 수밖에 없다.

이른 시기의 작은 선택들이 중요하다. 그리고 이러한 선택이 교수와의 관계를 포함해서 사람들과의 관계에서도 중요하다. 우리와 논의했던 학장 중 한 명은 강의(teaching), 멘토십, 이른 시기에 형성된 교수와 학생 간의 인간적 관계가 중요하다는 생각에 회의적인 반응을 보였다. 그는 유명한 대학의 대학원생들로부터 이와 관련된 이야기를 수없이 많이 들었다고 했다. 박사학위 과정에 들어온 대학원생들은 그들이 학부 시절 좋아했던 교수들이 자신의 학문 분야에서 20~30년은 뒤처져 있었다는 사실을 알고 놀랐다는 것이다. 학장은 이것을 분명한 실패로 간주하고, 전통적으로 교육 중심이던 자신의 대학에서 교수의 연구를 보다 강조할 필요가 있다고 제안했다.

하지만 우리는 학장이 이야기의 핵심을 놓치고 있다고 보았다. 이 학생들에게 어떤 일이 벌어졌는지 살펴보자. 학생들은 먼저 그들의 흥미를 자극한 학부 교수들과 함께 공부했다. 그 이후에 관련된 교과목을 더 수강했고, 그 분야와 전공교수를 좋아하게 되었다. 이러한 과정 이후에 대학원에 진학했다. 그 '유명한 대학'에서 이들은 배움을 계속했으며, 학부 시설 잘못 알고 있었던 정보를 수성해 나갔다. 결국에는 이 전공 분야의 공부에 인생을 바칠 계획을 하고 있었다. 학장은 자신의 보고서에서 이러한 이야기를 '수도 없이' 들었다고 했다. 우리한테는 이러한 결과들이 놀라운 성공 이야기처럼 들린다. 완벽하지는 않더라도 아주 훌륭한 성공 이야기처럼 말이다.

학생들이 처음 접했던 교수들과의 첫 경험이 좋지 않았다면 그들이 설상 연구자로서 아무리 앞서 나가고 있었다고 하더라도 다시는 그 교수가 가르치는 수업을 듣지는 않으려 할 것이다. 그래서 학장은 그들의 이야기를 들을 수 없었던 것이다.

제가 수강했던 대규모 강의 수업에서는 학생들이 느슨해질 여지가 많
았어요. 이를테면, 과제를 굳이 하지 않아도 돼요. 수업을 열심히 따라
갈 필요도 없고요. 그래서 학생들이 수업에 몰입하지 않아도 되는 환
경들이 쉽게 만들어 졌죠.

(해리, 2학년)

책의 내용을 이제 절반쯤 살펴보았는데, 잠시 되짚어 보면 **다음과
같다**. 지금까지 우리는 학생들의 경험을 관찰해 보면서 다음과 같은
상황들이 나타날 수 있다는 걸 파악할 수 있었다. 얼핏 생각하기에 사
소한 요인들 혹은 우연히 발생한 요인도 큰 성과로 이어진다는 점, 사
소한 결정처럼 여겨졌던 요인들이 추후에는 중요한 결과로 이어진다
는 점, 교수는 학생들에게 영감을 불어넣을 수 있는 존재이기도 하면

서 때로는 안타깝게도 이들을 좌절시킬 수도 있는 존재가 될 수 있다는 점이다. 뿐만 아니라 학생들이 원하는 바가 꼭 그들이 필요로 하는 것이 아닌 경우도 있었는데 특히 이들이 당장 원하는 것을 얻으려고 할 때 이러한 현상이 나타난다. 이를테면, 학생들은 기숙사를 선호하지는 않지만, 이곳에서는 자연스럽게 사람들이 서로 '자주 만나게 되기' 때문에, 성공적인 대학생활을 위해서 학생들에게 꼭 필요한 친구관계를 형성하는 데 도움을 줄 수 있다. 학생들은 이런 현상을 어느 정도의 시간이 지나서야 알게 된다.

하지만 우리는 이 장을 통하여, 독자들이 대학이라는 보다 넓은 조직 속에서 학생들이 공부하고 있다는 사실을 되새겨 볼 수 있게 되었으면 한다. 대학은 어떤 학생이 무엇인가를 얻으면, 다른 학생이 그만큼 잃을 수 있는 구조로 되어 있다. 이 장에서는 대학 행정가의 관점에서 이들이 분명하게 올바른 선택 혹은 좋은 생각이라고 여겨지는 것들이 어떤 역효과를 낳을 수 있는지 살펴보고자 한다. 대학 행정가의 업무는 조직 차원에서 위험성을 수반하고, 예측 불가능한 결과를 야기할 수 있고, 불확실하게 절충을 해야 하는 많은 일이 있다. 이런 일이 어떻게 발생하는지 구체적인 사례를 통해 살펴보자. 일단 재정적인 문제는 제쳐 두고 소규모로 이루어지는 강의가 야기할 수 있는 문제점을 생각해 보자.

학생들이 수강과목을 선택하고, 교수를 만나고, 전공을 결정할 때, 그들은 제한된 교육 기회들 중에서 우선순위를 정한다. 모든 학생이 좋은 기회를 잡을 수는 없다. 대학은 좋은 교수(다양한 스타일을 고려하더라도), 편리한 수업 시간, 좋은 강의, 괜찮은 전공 등을 무한정으로 제공하지는 않는다. 신입생들은 오직 자신들에게 허락된 기숙사에만 갈 수 있고, 첫 학기에는 4~5과목을 이수해야 하며, 약간의 비교과 활동에만 참여할 수 있을 뿐이다. 그래서 대학 행정가의 시선으로 바라보면, 학생의 선택은 확률에 의해서 제약을 받는다. 어떤 경우에는 확률이 높아지기도 하고, 낮아지기도 한다. 이 대학처럼 자원이 풍부하더라도 그 확률은 제한적이다. 열정이 가득한 대학 행정가가 있으면, 이러한 확률을 높일 수 있는 방안을 모색해 볼 수 있겠지만, 이러한 상황에서 '의자놀이(musical chairs)'의 원리를 피해 갈 방법은 없다. 특정 학생이 대학에서 학업 혹은 사교생활에 몰입하려면, 적절한 시기에 적합한 사람을 만나야 한다. 하지만 다른 학생들이 이런 기회를 먼저 얻게 된다면, 특정 학생은 그런 만남의 가능성이 부분적으로 제한되는 건 분명한 사실이다.

우리는 이와 같은 현실을 '참여의 역설(the arithmetic of engagement)'이라 부르겠다. 특정 시점에 학생들이 참여할 수 있는 수많은 기회가 있지만 그것은 제한적이다. 그나마 다행스러운 점은 학생들이 참여할 수 있는 프로그램 수가 적더라도, 열정적인 사람들과 프로그램을 적절히 잘 배치하면 학생의 교육적 활동에 긍정적인 영향을 미칠 수 있다. 우리 연구를 통하여 나온 결과는 다음과 같다.

- 학생들이 대학에 다니는 동안 알게 되는 사람들은 상당히 많지만 대부분의 학생은 2~3명의 친구만으로도 유익한 대학생활을 보내기에 충분하다.
- 학생 한 명이 대학에서 만나게 되는 교수는 25명 정도인데, 이 중 '훌륭한' 교수 1~2명이면 학생들이 교육의 수월성을 경험하

기에 충분하다.

- 작은 대학에서는 탁월한 수준의 대규모 강의 몇 개(5~10개) 정도면 많은 학생에게 긍정적인 영향을 줄 수 있다.
- 반대로, 형편없는 교수가 대규모 입문 교과목을 담당할 경우, 해당 학문에 대한 수많은 학생의 흥미를 쉽게 떨어뜨릴 수 있다.

이러한 사실들을 통하여 얻을 수 있는 시사점은 비록 가용한 교수, 개설 강좌 및 등록할 수 있는 학생이 제한적일지라도, 이러한 자원들을 전략적으로 잘 활용한다면 괄목할 만한 성과를 이루어 낼 수 있다는 것이다. 따라서 대학 행정가가 참여의 역설을 이해한다면, 숫자로 보이는 재정적 현실(교수 대비 학생의 비율을 높이라는 압박)과 숫자로 드러나지 않는 교육적 필요(그 비율을 낮추려는 압박) 사이에서 선택해야 하는 힘든 결정들을 피할 수 있을 것이다.

숫자상으로 살펴볼 때, 이 문제해결은 아주 수월해 보인다. 학생이 수익의 원천이기 때문에, 대부분의 대학은 교수 대비 학생 비율을 높이면 재정적인 이득을 취할 수 있다. 즉, 대학 행정가들은 학과의 재학생 수 혹은 과목당 학생 수를 면밀하게 살펴보고, '자기 몫'을 하도록 이들을 독려하면서, 학생 수를 많이 늘리려고 노력한다. 이렇게 해야지만 손익상의 이익을 맞출 수 있기 때문이다. 이에 따라 학생 수가 상대적으로 적은 학과는 위상이 낮아지고, 학생 수가 많은 학과는 새로운 위상을 얻으면서, 교수 수와 학과 예산을 유지할 수 있게 된다. '정원 관리' 측면에서 이러한 행정적 전략이 잘 드러난다. 이것이 바로 대학의 운영 비용을 충당하기 위해서 충분한 학생 수를 확보하려는 것이다. 최악의 경우, 학생들은 자신들의 필요 혹은 관심과 상관없이 비어 있는 강의실을 채우는 역할을 하게 된다. 마치 철로 옆에 쭉 늘어선 운반차에 실을 수 있을 만큼 최대한 실어 담는 상업용 옥수수처럼 말이다.

질적인 측면에서 볼 때 이런 대규모화된 교육은 교육의 효과를 기대하기 어렵게 만든다. 대규모 강의에서 학생들은 자기 의견을 내고 질문하는 경우가 드물고, 교수로부터 피드백을 받기도 어렵다. 또한 수업 내용을 잘 파악하지 못하면서 조용히 앉아 있는 경우가 비일비재하다. 교수들은 (비록 수업에 참석해서 졸고 있더라도) 따끈한 학생들 (those warm bodies)을 끌어모으기 위해 학점 인플레이션을 유발하는 경향도 있다. 이처럼 학생들이 이수하기에 편한 교과목을 개설하는 현상이 지속된다면, 시시한 학과라는 오명을 쓰기 쉽다.[1] 이렇듯 필요 이상으로 큰 규모의 강의나 열정적이지 못한 교수가 있는 수업을 수강한 학생들은 오히려 수업을 수강하지 않은 학생보다 더 많은 교육효과를 얻지 못할 수 있다. 또한 이처럼 대규모화된 수업 진행 방식 때문에, 학생들은 해당 전공이나 대학을 쓸모없는 시간 낭비라고 생각함으로써 결국에는 다수의 다른 학생에게 피해를 줄 수 있다.

이에 대한 해법은 아주 간단해 보인다. 소규모 강의를 더 많이 개설하는 것이다. 물론, 재정적인 부담이 따르겠지만 말이다. 소규모 강의는 대학교육의 가치를 높이는 것에는 의심의 여지가 없다. 소규모 강의를 수강한 학생들은 규모가 큰 대학의 특징이 되어 버린 대규모 강의에서는 찾을 수 없을 만큼 많은 혜택을 얻는다. 소규모 강의에서는 학생들이 자신의 생각을 소신껏 말할 수 있는 기회가 상대적으로 많이 주어지고, 교수로부터 질문에 대한 대답을 들으면서 자신의 견해를 인정받을 수도 있다.

규모가 작은 수업은 모두를 수업에 집중하도록 만드는 것 같아요. 특히 다른 사람이 말하는 것에 대하여 모두가 참여해서 피드백해 주는 점이 마음에 들어요. 이러한 과정으로 인해 새로운 아이디어들이 떠오르곤 해요. 단지 교수가 언급한 것만을 생각하지 않고 말이죠.

(해리, 2학년)

소집단 토론은 수업을 듣고 있는 학생들의 개인적 배경과 수준을 고려한 맞춤형 교육을 실시할 수 있다. 학생들의 질문에 대한 교수의 진지한 답변은 학생들의 주의집중과 몰입을 이끌게 된다.

전 고고학 분석 방법을 수강했어요. 고고학 실습 수업이었죠. 이 수업은 저와 다른 여학생 그리고 두 분의 교수만 수업에 참여했어요. 수업에서 서로에 대한 교류가 많을 수밖에 없었어요. 수업 참여 인원의 총 4명 중 2명이 교수였어요. 따라서 이 수업은 상호작용이 아주 많을 수밖에 없었죠. 이 수업 주제에 아주 적합했어요. 수업 시간에는 실습 방법과 여러 이론의 장단점들에 대하여 토론하는 시간이 많았기 때문이죠.

(머피, 3학년)

이 대학의 학생들 대부분은 소규모 강의를 더 많이 개설해 줄 것을 요청하고 있다. 학생들은 소규모 강의가 많은 장점을 내포한 적합한 수업 방식이며, 작은 대학의 가치를 가장 잘 실현시켜 줄 수 있다고 강조하면서 이러한 강의를 더 많이 개설해 줄 것을 요청하였다.

대학 차원에서 '소규모 강의'(신입생 세미나, 2학년 세미나 과목 등)를 많이 개설하는 전략은 학생들을 가능한 한 빠른 시기에 대학생활에 몰입하도록 할 수 있는 적합한 방법인 것 같다. 하지만 우리가 수년간의 연구와 실험을 통하여 살펴본 바, 놀랍게도 학생들이 주장하고 있는 것과는 상반되게 소규모 강의는 학생들의 몰입 문제를 해결하기 위한 좋은 방법이 아니라는 것이다. 소규모 강의 혹은 세미나는 실제적으로 역효과를 야기할 수 있다. 왜냐하면 학생들이 대학생활 초기에 교수를 만나거나 관심 있는 주제를 찾는 데 방해가 될 수 있기 때문이다. 이 대학처럼 교수 대비 학생의 비율이 최고 수준이면서 소규모 강의도 많이 개설되어 있는 부유한 고등교육 기관들조차도 자원을 잘못 활용하고 있는 사례가 비일비재하다. 이런 경우에는 '소규모 강의를 좋아한다'는 의미가 무엇인지 제대로 파악하지 못하면서 언급하는 학생들에게 현혹당하기 쉽다.

2001년, 이 대학에서는 교육과정 개편의 일환으로, 소규모 강의와 세미나를 확충하였다. 소규모 강의가 이 대학의 학부교육에서 핵심적인 역할을 담당할 뿐만 아니라 신입생 모집에서도 긍정적인 역할을 한다는 사실을 학생들의 설문조사와 면담(멜론 평가 프로젝트를 위한 사전 연구 포함)을 통하여 확인하였기 때문이다. (물론 '소규모'와 '대규모'는 상대적인 개념이다. 많은 대학에서는 50명 미만 혹은 수백 명 미만인 수업을 기준으로 소규모 혹은 대규모를 구분한다. 이 대학의 강의 규모는 이 기준보다는 훨씬 작지만, 규모가 큰 대학인 경우에는 앞서 살펴본 것처럼 여전히 대규모 강의가 많다.) 교수 혹은 학장들 중에는 학생들이 학업에 있어 대체로 '2학년 슬럼프'를 경험하는 것 같다고 언급하고 있으며, 대학 본부에서는 U.S. 뉴스 앤 월드 리포트(USNWR)의 대학순위에 '20명 미만의 소규모 강의 비율' 지표가 포함되어 있다는 것도 인지하고 있다. 이 대학에서는 많은 논의 과정을 거치면서, 모든 학생이 의무적으로 수강해야 하는 2학년 세미나 프로그램과 1, 2학년을 대상으로 16명 정원의 '프로세미나(proseminars)'(대학원 수준의 세미나 수업-역주)를 개설하여 운영하기로 했다. 이 중에서 '2학년 세미나(soph sems)'가 핵심이었다. 이 세미나 과목은 적어도 2명의 교수가 팀을 이루어, 다양한 분야의 주제와 의사소통을 강조하면서 수업을 진행하고 있다. 특히 교수 1인당 학생 수는 최대 12명으로 엄격하게 관리하면서, 교수와 학생 간의 상호작용이 긴밀하게 일어나도록 했다. 이처럼 수십여 개의 '2학년 세미나'와 '프로세미나' 교과목 등의 교육과정이 개편되면서, 교수 자원이 이 교과목들에 집중되었다.

이 프로그램들을 시행하고 2년 후, 우리는 면담을 통하여 이러한 소규모 강의들에 대한 학생들의 반응을 살펴보았다. 하지만 놀랍게도 많은 학생의 반응은 우리가 기대했던 것과 너무 달랐다. "무슨 소규모 강의 말인가요?" 우리는 당황스러웠다. 분명, 대학 차원에서 2학년 세미나 과목을 의무화하고 수많은 프로세미나 과목을 개설해 왔는데도 말이다. 뿐만 아니라 이 교과목들은 학생들로 가득 찼다. 우리는 학생들이 스스로를 속이고 있거나 혹은 이런 교과목들을 더 많이 듣지 못함을 불평하는 것으로 생각했다. 학생들의 수업 시간표가 대학에서 제공한 수많은 소규모 강의로도 쉽게 채워지지 않음을 믿을 수가 없었다.

그래서 우리는 대학 학적과에 조사한 학생들 모두의 성적표를 요청하였다. 성적표를 살펴보는 데는 많은 시간이 소요되지 않았다. 무작위로 선택한 학생들의 성적표를 살펴보면서, 우리는 대부분의 학생이 수강한 교과목이 소규모 세미나 교과목들이 아님을 쉽게 파악할 수 있었다. 즉, 대부분의 학생이 20~40명 정도 크기의 대규모 강의를 수강한 것으로 파악되었다. 강의 규모가 상대적으로 작은 수업 혹은 세미나(12명 정도)를 수강한 학생들도 여럿 있었지만, 이 대학이 '소규모 강의'를 지향하는 대학 이미지를 확보하기에는 다소 거리가 있는 듯 보였다.

우리의 이런 대략적인 분석이 적합한지를 파악하기 위하여, 동료 경제학자인 앤 오웬(Ann Owen) 교수를 통하여 보다 정교한 계량적 방법을 활용하여 학생 등록 패턴을 살펴보았다. 먼저, 그녀는 학적과에서 제공한 전산 자료를 활용하여 수강 교과목 현황을 살펴보았다. 그녀는 조사 대상 학생들이 4학년이 되었던 2005년 봄에 개설된 모든 교과목 목록을 만들었다. 이 교과목들의 수강 인원 규모를 살펴본 결과, 수강 인원의 중간값(median)은 13명으로 나타났다. 놀랄 정도로 적은 숫자였다. 사실, 대학 전체 교과목 중 74%는 USNWR의 '20명' 기준선 아래에 있었다. 이러한 결과는 스워스모어(Swarthmore) 대학(미국의 학부중심 대학으로 최상위권 대학임-역주)의 소규모 강의 비율과 비슷한 수준이었다. 이와 더불어, 전체 교과목의 9% 정도는 수강 인원이 35명 이상이었다. 이는 큰 대학들과 비교해 보았을 때 매우 낮은 비율이다.

그다음으로 오웬 교수는 학생들의 경험을 살펴보았다. 주요 고려 대상은 교과목이 아닌 학생이었다. 그녀는 2005년 학급 전체(약 450명)의 온라인 성적표를 확보하여, 학생들이 수강한 교과목들의 수강 규모 평균과 중간값을 학생 개개인별로 추정해 보았다. 결과는 정말 놀라웠다. 대부분의 학생이 보통 20~30명 정도 되는 규모의 수업을 수강하였다. 평균 수강 인원이 22.5명 정도 규모인 수업이었다. 대부분의 학생은 20명 이상 되는 규모의 강의를 수강하였다. 대학에서 개설한 강의의 74%가 20명 이하 규모였음에도 불구하고 이러한 결과를 보였다. 이러한 결과는 소규모 강의를 수강할 수 있는 기회가 무작위로 흩어져 있지 않은 것으로 해석할 수 있다. 즉, 교수 1인당 학생 수가 상대적으로 적은 학과들에게 소규모 강의가 집중되어 있었던 것이다.

무슨 일이 벌어지고 있는 것일까? 왜 대학 차원에서 시도한 이러한 과정들이 이처럼 실망스러운 결과를 야기한 것일까? 물론, 이 대학이 소규모 강의를 많이 개설했지만, 일반적으로는 수강 정원이 금방 차 버린다. 대학 차원에서는 기본적이고 명백해 보이는 한 가지 사실을 간과하고 있었다. 말뜻 그대로 소규모 강의는 대부분의 학생이 수강할 수 없는 것이다. 그래야만 소규모가 되니까! 수강 인원이 매우 제한적인 수업들은 다른 관점에서 살펴본다면 대부분의 학생이 그 수업에 참여하지 못함을 의미하는 것이다. 만약 한 대학에서 개설되는 강좌 수가 동일하면서 소규모 강의 수(비율)를 늘리게 되면, 이전보다 더 많은 학생이 그 수업들을 참여하지 못하게 된다.

그렇다면 U.S. 뉴스(USNWR)의 수치는 무엇이 잘못된 것일까? 그 이유는 이들의 질문에서 발견할 수 있다. 이들은 대학에게 개설되는 전체 교과목 중 20명 미만인 교과목이 전체의 몇 퍼센트(%)를 차지하는지 물어보고 있다. 전체 학생 중 몇 명이 소규모 강의를 수강하고 있는지의 비율을 묻지 않고 말이다. 이 대학의 USNWR 수치는 73~74%로 상당히 높은 편인데, 이는 '전국 학부중심 대학' 순위에서 항상 1등을 하고 있는 스워스모어 대학과 비슷한 수준이다. USNWR은 대학들에게 '20명 미만의 수업의 비율'을 요구하고 있다. 즉, 이는 소규모 강좌 수를 대학 전체 개설 강좌 수로 나눈 뒤 100을 곱한 비율을 의미하는 것이다.

USNWR의 주요 '분석 단위'는 학생이 아닌 수업에 두고 있다. 분석 단위는 사회과학자들이 주로 사용하는 용어로서 셈을 하는 대상, 즉 알고 싶은 대상을 의미한다. 하지만 잠시만 생각해 보면 왜 수업이 분석 단위가 되면 안 되는지 알 수 있다. 수업은 대학의 핵심이 아니다. 그것은 도구일 뿐이다. 즉, 학생을 교육시키는 목적을 달성하기 위해서 필요한 수단일 뿐이다. 소규모 강의(또는 양질의 높은 강의)를 상당히 많이 개설함에도 불구하고, 학생들에게 질 높은 교육을 제공하지 못하는 경우도 충분히 있을 수 있다. 일반적으로 수업과 학생은 다르다. 전혀 다른 종류다. 한쪽이 좋다고 다른 쪽이 좋다는 보장이 없다.

만약 당신이 1만 명 정도의 학생 수를 가진 대학의 교무처장으로서 '소규모 강의' 비율(USNWR의 지표)을 높이고자 한다면, 가장 바람직한 전략은 아주 작은 규모의 강의를 99개 개설하는 것이다. 즉, 개별 지도 수업을 만들어서 강좌당 1명씩 학생을 배정하는 것이다. 나머지 9,901명은 대규모 강의 하나에 모두 배정하여 축구경기장과 같은 굉장히 넓은 곳에서 수업을 하면 될 것이다. 영화 같은 것을 보여 주면서 말이다. 그리고 나서 U.S. 뉴스에다가는 이 대학에서 개설하는 강좌의 99%가 소규모(초소규모)이고, 오직 1%(경기장에서 하는 강의)만이 40명 이상(정확히는 9,901명)이라고 보고하면, 그것은 한 치의 거짓도 없는 사실이다. 이렇게 되면 전체 개설 강좌의 99%는 소규모인 반면, 전체 학생의 99%는 한 개의 초대규모 강의를 수강하게 되는 것이다. 이처럼 분석 단위를 수업과 학생 가운데 무엇으로 하느냐에 따라 결과는 전혀 달라진다. 오웬 교수는 학생들의 성적표를 살펴보면서, 수업이 아닌 학생을 분석 단위로 하여 그 차이를 살펴보았다.

이 대학이 2001년부터 시행한 '2학년 세미나'와 같은 주요 교과목들은 간단한 사칙연산 문제에 봉착하였다. 이 과목들의 경우, 교수 1명당 학생을 12명으로 제한해서 소규모로 운영되도록 하였다. 하지만 이 과목들을 2명의 교수가 '팀 티칭' 운영하는 경우, 한 교실에 많게는 26명의 학생들이 수업을 듣게 된다. 이러한 상황에서는 학생들이 적극적으로 수업에 참여하여 의견을 교환하기가 힘들다. 이 세미나 교과목들은 간학문적인 교과목이었기에 전공필수 요건을 갖추기도 어려웠고, 더욱이 교수는 해당 프로그램과 자신의 학과 요구 사이에서 갈등이 있었다. 마지막으로, 학생들이 선호하는 대부분의 수업은 정원이 금방 차 버리기 때문에, 많은 학생은 어쩔 수 없이 선호하지 않는 교수에게 관심도 없는 주제를 배우게 되며, 관심 있는 교과목과 교수를 만나지 못할 가능성이 높았다.

따라서 소규모 강의 비중이 높으면, 현실적으로 대부분의 학생에게는 부정적인 영향을 미칠 수 있다. 하지만 학생, 교수 및 학과장은 일반적으로 이러한 문제를 인지하기가 쉽지 않다. 학생들에게 소규모 강의에 대한 그들의 생각을 물어보면, 자신들이 수강했던 소규모 강의를 떠올린다. 이러한 강의들은 대부분 어느 정도 자신들의 의사가 반영되었고, 수강신청에 성공했던 교과목들이다. 하지만 아이러니하게도 참여의 역설에서 파악할 수 있듯이, 소규모 강의가 많을수록 특정 학생이 훌륭한 교수나 교과목을 선택할 수 있고, 선호하는 교과목을 수강할 수 있는 가능성이 더 낮아진다.

교수들은 소규모 강의를 더 선호한다. 이들도 다른 사람들처럼 자신이 본 것을 통해 알게 되기 때문이다. 교수들은 소규모로 운영되는 자신의 수업을 듣고 있는 학생들을 관찰하게 되는데, 이들은 실제로 수업의 만족도가 높은 학생들이다. 당연히 이들은 수강신청에 성공해서 그 수업에 들어온 학생들이고, 수강신청에 실패한 학생들은 다른 곳에 있다. A교수의 수업이 소규모 강의로 이루어지면, B교수의 수업은 이에 반해 규모가 더 커질 수밖에 없다. 하지만 B교수는 자신의 수업이 왜 이렇게 규모가 커졌는지 이유조차 모를 것이다. (어떤 교수들은 "내 교수법은 소규모 강의에 적합하다."라고 언급하고 있지만, 이들의 주장은 다람쥐 쳇바퀴 도는 것과 같다. 소규모 강의에 적합한 교수법을 사용하기 때문에, 소규모 강의를 '해야만 한다'는 것이다.) 개별 교수 혹은 수업을 듣는 학생에게는 소규모 강의가 분명히 더 좋아 보일 수 있지만 이렇게 생각하는 이유는 이들이 그 수업을 수강하지 못한 학생들을 파악하지 못하기 때문이다. 그 수업을 수강하지 못한 학생들에게는 대학이라는 곳이 적어도 그들에게는 무언가를 배우기에 적합하지 않은 곳으로 여겨지게 되는 것이다.

학과 역시, 경우에 따라서 강의 규모를 줄이면서 혜택을 볼 수 있다. 이러한 과정에서 교수 인원이 줄어들지 않으면 혜택을 볼 수 있다. 정원을 제한하거나 학점을 엄격하게 주는 방식으로 입문과목을 운영한다면, 해당 학과는 학생들을 다른 학과로 몰아내거나, 좀 더 나은 학생들을 선별해서 받을 수 있는 것이다. 소수의 우수한 학생을 얻으면서, 이 학생들을 가르치는 일이 더 즐겁게 되고, 학과의 명성도 높일 수 있는 것이다. 일례로, 교수들이 합심해서 '강의 수준을 높이고' 더 철저하게 수업을 운영하기로 했던 학과가 있었다. 이러한 점은 칭찬할 만한 일이다. 이들은 평가 기준을 높이고, 과제물도 늘리고,

수강 정원도 줄였다. 이렇게 운영하자 수업을 듣는 수강생 수가 줄어들었다. (당연한 일이지만!) 그러나 그들은 이 사실을 일종의 개선이라고 주장하며 '기준을 더욱 엄격하게 하는 것'은 수강 인원이 줄어듦에 따른 비용을 감수할 만한 가치가 있다고 했다. 그럴 수도 있겠다. 하지만 이들이 강화한 '기준'은 당연히 그 수업에 남아 있는 학생들에게만 적용되는 것이다. 수업에 참여할 수 없었던 학생들에게는 적용할 수 없는 것이다. 새롭게 만들어진 엄격한 기준은 그 학문 분야에 발을 들여놓지 않은 학생들에게는 결코 적용할 수 없는 것이다. 따라서 보다 엄격하게 교육받은 학생의 숫자는 실제로 줄어들었을 수 있지만 해당 학과 교수는 이러한 사실을 결코 알지 못한다. 왜냐하면 이 학생들은 더 이상 수업에 참여할 수 없기 때문이다.

여러 학과를 감독하는 대학 행정가들은 수업의 질은 수업에 참여하는 적정 수의 학생이 있어야지만 의미가 있음을 누구보다도 더 잘 파악하고 있다. 대학 행정가들에게는 등록생 수(enrollments)가 중요하지만, 결코 이것이 재정적인 이유 때문만은 아니다. '등록생 수'는 '수업을 듣는 실제 학생 수'를 의미하는 행정 용어다. 즉, 잠재적으로는 무엇인가를 배우려는 사람들을 의미하는 것이다. 하지만 교육의 질을 측정하는 일반적인 지표 중 일부는 경험이 상대적으로 많은 대학 행정가조차도 잘못된 길로 안내하기 쉽다. 이를테면, 학생의 교수평가는 비록 그것이 아무리 공정하고 객관적이라 하더라도, 수업을 듣는 학생들에 의해 이루어지는 것이다. 예를 들어, 여성에 대한 편견을 가지고 있거나 뒤처져 있는 학생들을 강하게 몰아세운다고 알려진 교수를 의도적으로 피한 학생들은 그 교수를 평가하지 않는다. 또한 그 수업을 신청하지 못한 학생들도 마찬가지다. 다양한 이유에서 학생들의 실망감은 쉽게 파악하기가 어렵다. 이러한 측면을 고려해 보면, 다소 역설적으로 파악될 수도 있겠지만, 교육의 질을 중시하는 리더들은 강의 규모가 작을수록 교육적으로 더 우수하다는 것과 같은 믿음을 갖게 된다.

하지만 교육 연구자들조차도 소규모 강의가 더 바람직하다고 한다. 과학적으로 정밀하게 수행된 연구들이 밝혀낸 사실은 다른 조건이 동일할 때 소규모 강의가 대규모 강의보다 더 낫다는 것이다. 소규모 강의에서는 몰입으로부터 얻을 수 있는 장점과 피드백의 증가, 적극적인 참여 기회 증가 등을 가질 수 있다.[2] 우리가 이러한 과학적인 연구 결과를 의심하는 것은 결코 아니다.

하지만 안타깝게도, 사회과학이 자신의 신발끈에 걸려 넘어지고 있는 실정이다. 현실에서는 여러 다른 조건이 같을 수가 없다(ceteris aren't paribus). 소규모 강의가 완전한 의미의 소규모가 되려면 학생이 교수, 주제, 경험에 접근하는 것을 반드시 제한해야만 한다. 수업은 교수와 동떨어져 존재할 수 없다. 그 교수가 훌륭하든 형편없든 간에 말이다. 그리고 수업 역시도 특정한 내용 혹은 주제(화학, 예술사, 일본어)와 동떨어져 존재하지 않는다. 비록 이러한 것들이 학생들을 몰입시키기도 하고, 몰입할 수 없게 할지라도 말이다. 교육학자들은 더 나은 효과가 있다는 연구 결과를 인용하면서, 특정 교수법이나 '우수 실천 사례'를 권장하려 한다. 하지만 이 자체만으로 교육을 더 효과적으로 만들 수 있다는 것은 아니다. 다른 조건들이 결코 같을 수 없다. 적극적 학습, 소규모 강의 등 뭐든 어떤 방법도 그것을 활용하는 교수나 주제, 시간 등과 별개일 수 없다.

이처럼 불가피하게 서로 맞물려 있는 여러 가지 요소(교수, 주제, 방법)를 통하여, 우리는 개혁적인 마인드를 갖추고 있는 학장들이 선호하는 신입생 세미나가 왜 빈번히 실망스러운 결과를 야기하는지 설명할 수 있다. 신입생 세미나는 잘 운영되어야 한다. 신입생 세미나는 학생들에게 대학생활에의 집중적인 참여도 고취, 1학년 시기 때 교수와의 친밀한 관계 형성, 기본 역량 배양, '간학문적' 능력 배양 등을 제공할 수 있다. 하지만 대학마다 수년간에 걸친 토론, 교수 입법, 투표, 예비 워크숍, 대규모 조직 개편 등을 시행함에도 불구하고, 신입생 세미나 프로그램들은 학과의 우선순위에서 밀리거나, 세미나를 가르칠 우수한 교원이 부족하거나, 소규모 강의의 배타적 성격과 같은 이유로 3, 4, 5순위로 밀리는 경우가 허다하다. 가끔은 세미나가 잘 운영될 때도 있는데, 이 경우는 최고의 교수가 이 수업에 헌신적인 노력을 기울일 때다. 하지만 많은 경우 신입생 세미나는 계속해서 기대에 부합하지 못하는 '좋은 아이디어' 중 하나에 불과하다.

궁극적으로, 분명한 것은 대규모 강의의 교육적 가치는 높다. 재정적인 측면에서, 대규모 강의는 이론적으로 많은 돈을 투자하지 않고도 많은 학생이 학습, 몰입, 양질의 교육을 받을 수 있도록 해 준다.[3] 강의식 수업은 '적극적 학습'에 적합하지 않음을 역설하는 사람들도 있지만, 적합성 여부는 경험의 문제다. 강의식 수업을 통해서도 적극적 학습은 가능하다. 1960년대 칼텍(Cal Tech: 캘리포니아공대-역주)의 전설이 된, 물리학 입문을 가르친 리처드 페인먼(Richard Feynman) 교수의 수업은 학생들의 참여를 전혀 이끌어 내지 못했다. 몇몇 대규모 혹은 초대규모 수업들은 학생들이 그 강의를 좋아하고 수강하기를 원했기 때문에 대규모화되었다고 할 수 있다. 대규모 강의는 소수의 홀륭하고 '능숙한' 교수들을 학생들이 더 많이 만날 수 있도록 해 주고,

지적 공동체의 바탕이 되는 공통된 경험을 만들어 준다. 이러한 경험이 생기려면 모든 학생이 함께 읽고 이야기하는 책들이 필요하다. 반대로, 학생들이 교육과정의 일부라도 동료 학생들과 공유하지 못한다면 지적인 토론을 할 수 있는 공감대를 형성하기 어려울 것이다.[4] 성인들의 독서 모임이 성공적인 이유를 생각해 보자. 모두가 함께 책을 읽었기 때문에 누구나 토론과 논쟁을 할 수 있는 것이다. 우리는 이 대학에서 어느 한 시기에 하나의 대규모 강의를 통하여, 학부 학생 전체의 1/4 정도의 학생들에게 공통된 독서 자료와 강의를 제공해 줌으로써 지식을 공유할 수 있는 토대를 마련해 주었다는 얘기를 들었다. 이 수업이 앞서 언급한 '공통의 토대'를 제공해 주는 것이라고 할 수 있다. 학생들은 이 수업과 읽은 도서 목록에 대하여 종종 이야기하곤 했다. 많은 학생이 이 수업을 수강하였기 때문에 누구든 할 말이 있었다.[5]

대규모 강의는 더 많은 학생을 한곳에 모이도록 하여, 학생들끼리 상호작용을 할 수 있는 기회를 더 많이 제공해 줄 수 있다.[6] 물론, 소규모 강의에서는 수업을 듣는 학생들 간에 정서적 교감을 형성하기가 수월할 수도 있다. 정서적으로 호소할 사람이 적으면서, 다른 사람의 느낌을 정확히 파악할 가능성도 크기 때문이다. 하지만 큰 강당에 모인 학생들을 집중시켜서 보다 많은 학생이 토론에 참여할 수 있도록 하는 교수들도 일부 있는데, 그들이 이렇게만 해 준다면 보다 많은 학생이 혜택을 받을 수 있다. 많은 대학이 이러한 유형의 강의를 개설하고 있다. 예일과 윌리엄스의 예술사, 코넬의 심리학, 하버드의 마이클 샌들(Michael Sandel)의 윤리학 강의는 초대규모이면서도 흥미롭고 수준이 꽤 높다. 만약 훌륭한 강의를 할 수 있는 이러한 교수가 대학에 있다면 활용해 보는 것이 어떠할까?

　　지금까지 '참여의 역설'을 간단히 소개하였다. 몇 가지 기본적인 숫자들(교수-학생 비율, 교수 1인당 평균 강의 시수, 학기당 평균 수강 가능 학점)이 주어진 상황에서, 교수와 학생들을 시간과 공간에 적절하게 배열하는 방법에는 한계가 있다. 한 과목이 소규모 강의로 이루어진다면, 또 다른 과목은 상대적으로 대규모 강의가 될 수밖에 없다. 또한 헌신적인 교수의 수도 현실적으로 제한되어 있다. 학생들에게 매력적인 교수가 학생 개개인에 따라 다름이 다행스러울 지경이다. 따라서 교육적 몰입과 성과를 극대화하기 위해서, 대학 행정가들에게는 교과목, 교수, 학생들을 어떻게 배치해야 하는지가 주요 과제인 것이다. 교수-학생 비율을 낮추기 위하여 많은 돈을 투자한다고 해서 근본적인 문제가 해결되지는 않는다. 어떤 측면에서는 확실한 도움이 될 수 있겠지만 말이다. 교수진 중에서 훌륭한 교육자가 많을수록, 학생이 이러한 교수와 함께 공부할 기회가 많아진다. 하지만 교수 대비 학생의 비율을 낮추면 그만큼 교육 비용(등록금)이 높아져서, 그 대학의 접근성이 낮아진다. 교육적으로 신뢰할 수 있는 최선의 방법은 소규모 강의를 많이 개설하는 것이 아니라, 많은 학생이 수강할 수 있는 좋은 강의, 즉 흥미롭고 학습 의욕을 높일 수 있는 수준 높은 수업이 많이 개설되어야 한다는 것이다. 수강 인원이 많지 않은 '우수한' 강의는 낭비다. 아무도 없는 허공에 교육하는 것과 같다. 안타깝게도, 학생 수가 적은 '좋은 학과'에서 얻을 수 있는 혜택은 많지 않다.

　　소중한 자원을 잘못 사용하지 않도록 하는 최선의 방법은 학생의 교육 성과를 측정하는 것이다. 수업, 교수, 학과가 그 대상이 될 수 없다. 지금까지 살펴본 것과 같이, 대학은 좋은 소규모 강의를 많이 확보할 수 있다. 비록 많은 학생에게 꼭 필요한 도움을 주지 못하더라도 말이다. 마찬가지로, 학과도 그 자체로는 훌륭하다고 평가받을 수 있다. 학생들에게 별로 기여하는 바가 없으면서도 말이다. 그리고 교수 역시 얼마나 많은 학생을 가르치는지와 상관없이 '강의의 수월성'으로만 평가받는다면, 이러한 수월성이 많은 학생에게 영향을 미치지 못할 것이다. 자신의 경력을 우선시하는 교수는 소수의 뛰어난 학생들만을 선별하여 강의 평가도 잘 받고 연구에도 더욱 많은 시간을 집중할 수 있다. 이러한 경우에 '우수 강의 교수'로 알려질 수 있지만, 가르치는 것에 헌신하고 있음은 실질적으로 판단하기 어렵다. 이러한 문제를 해결하기 위해서는 교수의 가르치는 '기술' 함양을 도모하기 위한 방법을 모색할 것이 아니라, 학생의 성과를 측정할 수 있는 방법을 모색하는 것이 최선의 방법이다. 따라서 분석 단위가 학생 개개인이 되어야 한다.

대학의 시스템은 다음의 과정을 통하여 이루어진다. 대학은 특정 학생들을 뽑아서 이들을 몇 년 동안 한곳에 모아 놓고, 학문적 주제들을 공식 · 비공식적으로 자주 접할 수 있도록 일반적인 틀(기회)을 제공해 준다. 지금까지 살펴본 참여의 역설은 학생들을 어떻게 배치하는 것이 바람직한가에 관한 내용이었다. 즉, 어떤 학생이든지 친구를 사귈 수 있도록, 좋은 교수를 만날 수 있도록, 이에 따른 혜택을 전부 누릴 수 있도록 할 수 있는지 그 가능성을 최대한으로 제공할 수 있는 배치를 의미하는 것이다.

제5장 소속하기

난 부끄러움이 많아요…. 하지만 현재는 럭비 팀에 있어요. 그곳은 사람들을 만나기가 좋아요. 이 밖에 뭐가 있냐고요? 재즈 동아리에도 가입했어요. 그것도 좋아요…. 요트 활동도 했네요. 하지만 요트 활동은 활발하게 활동하지 못했어요. 그래서 사람 만나기가 힘들었어요. 그리고 전 민주당 대학생(College Democrats) 회원이에요. 이곳을 통해서도 사람들을 만났죠. 성가모임에서도 사람들을 만났어요. 현재는 철학 동아리에 가입해 있어요. 제가 총무를 맡고 있죠….

(조, 2학년)

2학년 중반쯤 되면, 이 대학의 거의 모든 학생은 어딘가에 소속된다. 학생들은 전공, 룸메이트와 지도교수를 선택하고, 스포츠 팀 활동 여부와 수많은 비교과 활동에의 참여 방식을 정하는 등 수많은 활동

147

을 공식적으로 선택해야 한다. 어떤 학생들은 캠퍼스 내의 '대안' 집단에 속하기도 한다. 코업(co-op) 기숙사(비싼 기숙사 비용을 절약하기 위하여 보다 저렴한 비용으로 학생들이 거주할 수 있도록 학생들이 운영하고 관리하는 거주 공간임. 1915년 노스웨스턴 대학에서 시작됨-역주)에 살면서, 채식주의 식사를 계획하고 있는 사진 혹은 미술을 전공하는 학생들이 여기에 해당될 것이다. 또한 몇몇은 소로러티의 멤버로서, 미술을 전공하면서 이탈리아에 유학을 계획하고 있을지도 모른다.[1] 앞서 인용한 조처럼 비교과 활동에 푹 빠져 지내는 학생들도 있다. 하루 동안 체육관에서 6시간 이상을 보내는 학생들이 있는가 하면, 화학 혹은 신경심리학 실험실에서 실험에 몰입하고 있는 학생들도 있다. 거의 모든 학생은 캠퍼스 내의 공식적·비공식적 모임이나 단체에 속하게 되는데, 이를테면 친구 패거리(a gang of friend), 졸업기념 앨범 준비 단체, 교내 소프트볼 대표팀, 프래터너티 등이 있다. 학생들은 학업과 비교과 활동 및 친구들과의 사교 활동을 적절히 조합해서 자신이 원하는 것을 선택한다.

학생들이 어딘가 '소속되어서' 자기 자리를 찾으려고 많은 노력을 기울인다면, 많은 긍정적인 혜택이 뒤따른다. 학생이 대학사회에 잘 통합되어야만 학업을 지속할 수 있게 되고,[2] 학생 대부분은 대학에서 즐겁게 보낼 수 있는 견고한 동료 그룹을 찾는 것이 주요 관심사[3]라는 사실은 많은 연구를 통하여 밝혀지고 있다. 교수들은 불평하겠지만(교수들의 이러한 불평은 어제오늘만의 일이 아니다. 몇백 년을 거슬러 올라간다),[4] 학생들은 항상 사교생활을 학업보다 우선시해 왔다. 대학사회로의 통합은 학생들이 학교를 떠나지 않게 하는 것뿐만 아니라 대학에서의 배움, 성공, 행복에 있어서도 중요하다.[5] 칵테일에 비유하자면, 완벽한 칵테일을 만드는 데 필요한 구성요소인 통합, 즉 '소속감'을 통하여 학생들은 긍정적인 결과물들을 창출해 낼 수 있는 것이다.

우리는 대학이 효과적인 고등교육 기관이 되기 위해서는 무엇보다 학생의 소속감이 선행되어야 한다고 생각한다. 소속감은 추상적 개념이 아니다. 소속감은 일상생활에서 일어나는 실제적인 것들을 통하여 집단이나 공동체에 소속된 상태가 되거나, 소속된 느낌을 갖게 되는 것을 일컫는다. 비슷한 생각을 가진 사람들끼리 모여서 관심거리를 공유하면, 그것을 중심으로 그 주위는 활력이 넘치게 된다. 이처럼 활력이 넘치는 집단에 속하게 되면, 그곳에 남아서 다른 구성원들과 좋은 관계를 유지하고 싶어진다. 그들을 한군데 모일 수 있게 하는 공통의 관심거리(음악, 스포츠, 파티, 학문적 주제 등)들은 이러한 활력의 총합을 상징할 뿐만 아니라 그 자체로도 가치가 크다. 함께 있는 것 때문에, 학생들은 공부하고 스포츠나 비교과 활동, 파티, 심지어는 종교적인 학습에도 참여하게 된다. 학생들은 자신의 소속감을 드러내고, 관계를 유지하고, 자신의 정체성을 찾기 위해서 열심히 노력한다. 그리고 이러한 단체들이 회원들의 참여를 성공적으로 이끌어 내면 낼수록 더 큰 영향력이 형성되고, 심지어는 캠퍼스 문화를 지배하기도 한다. 반면, 어디에도 소속되어 있지 않은 학생들은 활기찬 대학생활을 하지 못하고, 최악의 경우에는 절망감에 빠지기도 한다. 이 장에서는 이러한 소속 상태가 어떻게 생겨나게 되고, 왜 중요한지를 살펴보고자 한다.

역동적인 소속 상태

정서적으로 연계된 공동체의 발생은 사회학 분야의 고전 중 하나인 에밀 뒤르켐(Emile Durkheim)의 『The Elementary Forms of Religious Life』[6]의 주제였다. 최근에 뒤르켐의 주장을 재해석한 랜들 콜린스(Randall Collins)는 정서적 연대가 사람들 사이에서 어떻게 생겨나는지,[7] 즉 정서적으로 연계된 집단이 어떻게 발생하는지에 관하여 단순하지만 설득력 있는 방식으로 설명하고 있다.

1. **사람들의 물리적 공존** 즉 사람들이 지리적으로 모여 있는 것이다. 사람은 다른 사람들이 가까이에 있음을 인지하기 때문에 자극을 받는다. 생리적으로도 그렇다. (심장이 빨리 뛰고, 숨소리도 거칠어진다.) 좁은 복도, 공용샤워실과 북적이는 교실 등과 같은 얼굴을 맞댈 수 있는 환경은 강력한 공존의 형태를 가짐을 의미한다. 그 이유는 다른 사람의 행동과 반응을 근거리에서 관찰할 수 있기 때문이다. 이를테면, 함께 이야기를 나누면 상대의 반응을 관찰할 수 있으며, 다른 사람의 반응에 따라 나의 반응이 변함을 인지하기도 한다.

2. **공통된 주의집중**[8] 이를테면 한 교실에 속해 있는 학생들은 동일한 교수를 바라보고, 교재에서 같은 구절을 읽으면서 다른 학생이 언급한 재미난 질문에 다 같이 웃는다. 교실 밖에서는 동일한 숙제에 관하여 토의하고, 운동시합 중에는 자기 학교 농구 팀을 응

원하고, 합창단에서는 함께 노래를 부르기도 한다. 이러한 공통된 주의집중은 소규모 집단에서 더 수월하게 형성되는데, 그 이유는 공통된 곳에서 주의력을 집중해야 할 사람 수가 적기 때문이다. 하지만 조건만 된다면, 10만 명이 모였다 하더라도 이들의 주의력을 집중시킬 수 있다. 빅텐(Big Ten: 중부의 10개 유명 대학들 간의 미식축구 리그. 경기장 규모가 10만 명을 수용할 정도로 큰 곳에서 게임을 한다–역주)의 미식축구 경기를 생각해 보자.

3. **의례화된 공동 활동** 이것은 주의력이 집중된 상태를 의미한다. 미식축구 경기에서의 응원이 좋은 예가 될 것이다. 터치다운을 하면 다 함께 일어서서 소리치고, 다른 팀이 공을 잡으면 맥이 빠져서 자리에 앉고, 단체로 앉았다 일어났다를 반복한다. 교회 역시, 예배 시간에 기도문을 함께 소리 내어 암송하고, 화음에 맞춰 함께 찬송가를 부르면서 다 함께 앉았다 일어났다를 반복한다. 기숙사에서는 학생들이 함께 모여 음식에 관하여 불평을 늘어놓기도 하고, 존스 교수가 얼마나 '대단한지'에 관하여 이야기하며, '우스꽝스러운 1학년 여학생들'에 대해 잡담을 늘어놓기도 한다. 이 장의 뒷부분에서 언급하겠지만, 주말에 있었던 활동(음주, 파티, 이성교제)에 관하여 수다를 늘어놓기도 한다. 이런 모든 활동은 이미 정해진 방식에 따라 모두 인지하고 있으며 어느 정도 의례적으로 따라 하게 된다.

4. **배타성** 이것은 어느 정도 분명한 선을 그어 놓고 모임을 제한하는 것을 의미한다. 배타적인 집단은 더욱더 긴밀하게 연결된다. 종

교 분파, 학생 사교 활동 단체, 엘리트 군부대를 생각해 보자. 이와 같이 구성원이 되는 것이 매우 중요한 단체에서는 구성원이 될 수 있는 가능성을 제한하고 있기 때문에, 기존의 구성원들끼리는 더욱더 긴밀하고 강력한 연계가 형성되어 있다. 즉, 구성원들이 더욱더 특별하게 서로 연계되어 있음을 의미하는 것이다. 유명한 대학일수록 배타성이 더 크게 나타난다. 또한 이러한 배타성이 이 대학들의 구성원들 간에 유대를 더욱 강화시킨다.

콜린스는 이 네 가지 요소를 종합하면서 다음과 같이 주장하고 있다. 사람들이 물리적으로 모여서 한군데에 주의집중하고, 함께 활동하면서 어느 정도의 배타성을 가지게 되면, 핵반응의 '임계치'에 도달하는 것과 같은 현상이 나타나게 된다. 즉, 흥분이 고조되고, 스스로를 보다 활기차게 만들어 주는 정서적 에너지가 자생적으로 공급되기 시작하는 것이다.

> 수많은 사람에 의해서, 다양한 방식으로 둘러싸여 있는 게 너무 즐거워요…. 비슷한 나이, 비슷한 흥미, 비슷한 학업의 집중력 등을 갖춘 이들과 함께할 수 있어 좋아요…. 저의 개방적인 성격 때문일 수도 있겠지만, 새로운 것을 접하는 것이 너무나 좋아요. 수많은 다른 환경의 많은 사람을 만날 수 있어서…. 사람들이 너무나 비슷하다면 지루할 거 같아요. 또한 사람들의 공통된 관심 분야가 없다면 재미가 없겠죠.
>
> (마크, 1학년)

사람들은 여러 곳에서 자신의 생각을 피력하고, 의견을 나누고, 다른 사람의 몸짓 혹은 감정 등에 동조한다. 사람들은 함께 호탕하게 웃고, 웃고 있는 사람을 더욱 박장대소하게 한다. 장례식장에서는 누군가 슬퍼하면 그 설움이 더 가중되어 함께 울기도 한다. 학생들은 자신의 느낌과 다른 학생들의 느낌이 같음을 인지하고 있다. 이들은 마치 하나가 된 것처럼, 아주 짧은 순간에 합심해서 구호를 주고받으며 의기투합됨을 이해할 수 있다. 또한 아름다운 말을 사용하면 모두 아름다워짐을 느끼게 되고, 슬픈 말을 사용하면 모두가 슬퍼하게 되는 것과 같다.

　하지만 이러한 정서적 일체감은 예측할 수 있지만, 그 방향을 가늠하기에는 어려움이 따른다. 강의실 분위기를 주도하는 사람(교수 혹은 재밌는 학생)이 쉽게 공감할 수 있는 특정한 관점(예: 비판적 관점)이나 주제(대학교육의 필요성)를 활용하면서 학생들을 새로운 방향으로 이끌어 나갈 수도 있다. 이러한 학생들은 다른 학생들과 일체감을 공유하는 기쁨을 느끼기 위해 이 수업에 참여한다. 이러한 사람들은 교실 분위기를 주도하면서 다른 사람들과의 공유, 즉 일체감에 따른 행복을 느낀다. 생물학적 차원에서 살펴볼 때, 어떤 방향이든지 다른 사람들과 공유하고 있는 느낌이 인간에게 깊은 만족감을 야기하는 것처럼 보인다. 사람들은 이러한 만족감을 느끼고 싶어 하고, 이러한 사람들과의 관계 형성을 원한다.

　콜린스는 이 네 가지 요소의 정도가 커질수록 정서적 에너지와 도덕적 열정은 증가하지만, 가끔은 이 집단의 핵심 가치에 반하는 사람들에게 적대감 역시 커질 수 있음을 발견하였다. (한편, 물리적 공존, 주의력 집중, 공동체 활동과 배타성이 낮아진다면, 정서적 에너지와 집단적 유대감도 줄어든다.) 이에 따라 정서적 유대가 형성된 공동체 구성원들은 "이게 맞아. 우리가 맞아."라고 믿게 되는 것이다. 사람들은 서로가 밀접하게 연계되어 있음을 느끼면 그 집단의 핵심적 가치에 관한 공유, 즉 유대감도 커짐을 느낀다. 성공적인 스포츠 팀인 경우 운동생활에 가치를 두고, 다른 단체들의 경우 구성원들 간의 화합에 가치를 두고 있다면, 이러한 가치관들이 이 모임의 관심을 이끄는 원동력임을 피력하고 있는 것이다. 이를테면, 종교 교리, 특정한 아이디어, 리더의 숭배, 음악 그룹이나 스타일, 지적 추구 등을 추구하는 공동체에서 잘 나타난다.

대학의 리더들에게 콜린스의 이론은 두 가지 관점에서 주요한 시사점을 제공하고 있다. 첫째, 학생들의 동기는 매우 가변적이라는 것이다. 동기는 열정, 즉 대학 활동에 필요한 에너지 혹은 애착을 의미하는데, 이러한 열정은 높아지기도 하고 낮아지기도 한다. NECASL 연구에 따르면, 학업에 대한 참여(engagement: 동기의 일종-역주)는 학생, 교과목, 심지어 같은 날의 수업에 따라 긍정적 혹은 부정적인 영향으로 나타난다(교수들은 이러한 몰입에 영향을 미친다).[9] 둘째, 콜린스의 이론은 이러한 동기가 앞서 살펴본 네 가지 조건(물리적 공존, 공통된 주의집중, 의례화된 공동 활동, 배타성)에 영향을 받을 수 있기 때문에 대학이 의도적으로 이러한 조건들을 변화시켜 나감으로써 학생들의 동기를 다양하게 조절할 수 있다는 점을 보여 준다.

미식축구와 기숙사

　이러한 집단별 결속력은 대학에서 의도적으로 시행한 정책을 통해서 혹은 아주 우연한 계기를 통해 형성된다.

　미식축구의 경우를 살펴보자. 선수단으로 선발된 학생들은 여름 후반기부터 함께 연습하기 시작한다. 이들은 모두 미식축구를 좋아한다. 이들은 정기적으로 만나서 몸을 부딪혀 가며 운동하고 기술을 습득한다. 이러한 결속력은 대학이 의도한 것이다. 일부 선수에게는 훈련에 참가하는 대가로 장학금까지 지불하면서 말이다. 이와 더불어, 대학은 코치, 시설, 장비도 제공하고 있다. 선수들은 운동에 몰입하고, 코치의 주문에 주의집중하고, 미식축구 경기에 대하여 많은 이야기를 공유한다. 또한 팀의 승패에 따라 함께 기쁨을 나누기도 하고 낙담하기도 한다. 성과가 좋지 않은 팀에서조차, 운동 시즌에 생기는 격정적인 감정을 공유하기 때문에(그들 스스로도 감정을 계속해서 같이 느낀다는 것을 안다) 결속력이 강화된다.

> 정말 비통했죠. 이렇게 많은 게임을 지다니요. 우리가 1980년대와 1940년대, 1950년대에 각각 (단지) 두 해 정도만 이기는 경기를 했다는 걸 모르는 사람이 없죠. 하지만 이러한 것은 아주 값진 경험이었다고 봐요. 지금도 그 속에서 여전히 친구로 지내는 학생들이 있으니까요. 비록 너무 고통스러운 패배가 있긴 했지만, 미식축구가 없었더라면 저의 대학 경험은 달라졌겠죠.
>
> (루크, 동문)

이들은 함께 생활함으로써, 미식축구의 가치를 확신하게 된다. 즉, 이들과 가까이에서 생활한 동료들 때문에 운동이 어리석은 것도 시간 낭비인 것도 아니게 되는 것이다. 학생선수들은 미식축구에 대해 규칙, 통계, 기술과 시합 등에서 찾을 수 있는 추상적인 것들에 가치를 두는 것이 아니라, 현재 특정한 사람들과 함께하는 삶을 사랑하고 있는 것이다.

사람들은 이러한 종류의 초소형 공동체를 훌륭한 친구들의 모임 혹은 '정말 끈끈한 팀'이라고 마음속 깊이 느끼게 된다. 팀원들은 공동체 속에서 환영받는 느낌을 얻고 적극적으로 팀 활동에 참여하게 되고, 결과적으로는 단결력이 고취되는 것이다. 팀의 의례적 활동들, 이를테면 팀 모임, 팀 연습, 토요일 오후 시합의 공식 행사, 간단한 인사, 식상한 농담, 재치 있는 말을 나누는 것 등이 팀의 단결력을 고취시키는 요소들이다. 팀원들은 이러한 의례적 활동들을 인지하고 있으며, 이를 즐긴다. 이러한 것들이 새로운 단결력을 고취시켜 줄 수 있음을 믿고 있기 때문이다.

캠퍼스 안에서 있으면 스포츠 팀의 팀원들과 방문객들 모두는 팀의 독특한 스타일과 행동양식을 알아챈다. 이들은 자신감이 충만한, 어느 정도 성공한, 어떤 면에서는 단호해 보인다. 이들을 한마디로 표현하면 '자신감이 넘친다.'고 언급할 수 있는데, 이들은 자신이 미식축구 팀원임에 상당히 만족해하는 듯하다. 다른 사람에게는 이들이 부러움, 존경, 두려움을 받고 있는 배타적인 집단인 것처럼 여겨진다. 비록 이 집단에 속하고 싶어 하지 않는 사람들조차도, 이 집단의 무엇인가에 이끌리게 되고, 바로 이러한 무엇인가가 다른 사람들에게는 부족한 자신감과 힘을 팀원들이 갖도록 해 준다. 이들은 자신들이 어디로 향하는지, 누구와 함께 하는지, 무엇을 하는지를 인지하고 있는 것 같다. 이들은 '집에 있는 것처럼 편안해' 보인다.

이러한 자신감은 에너지, 활동, 조직화 등에서 연쇄 반응을 일으킨 다. 미식축구 팀 팀원들은 수월하게 두 곳의 프래터너티에 신규회원 으로 가입하고, 몇몇 인기교수의 수업을 들으며, 기숙사에서 함께 생활하면서 자신들만의 문화를 만들어 간다. 힘을 모으면 학생회도 장악할 수 있다. 소유하고 있는 자원이 풍부하기 때문에, 재정적 후원자, 자매 소로러티, 팬, 지도교수 등의 후원자들을 손쉽게 모을 수 있다. 이들이 속한 그리스 문자 단체들 역시 많은 회원을 보유하여, 학생들의 행동양식을 다양하게 표출하기 위해서 개별 단체들의 네트워크[팬 헬레닉 카운실(the Pan-Hellenic Council)]를 만들기도 한다. 졸업후 선수들은 동문으로서, 경기 시즌에 팀을 따라다니며 기부도 하고 팀이 외부로부터 공격을 받았을 때 보호해 주는 역할을 한다. 그리고 미식축구에 대한 사랑 때문에, 이들은 자신들이 활동했던 미식축구 팀의 시합과 성과, 현재 선수들과 코치들, 그리고 이러한 것들을 제공한 대학과 지속적으로 끈끈한 관계를 유지하고 있다.

일부 의도하지 않은 부작용이 있기는 하지만 결속력이 강한 미식축구 팀들은 대학이 의도적으로 만든 것이다. 하지만 의도하지 않은 곳에서도 구성원들 간에 결속력이 생겨날 수 있다. 아주 작은 대학에서조차도 서로를 잘 아는 수많은 비공식적인 '기본적인 모임'이 존재한다. 소위 '무리'라고 일컫는 이들은 함께 모여 이야기하고, 같이 식사하며, 함께 기숙사 방을 공유한다. 과학실험 모임과 같은 경우에는 매주 목요일 밤마다 함께 피자를 시켜 먹고, 소로러티 구성원들은 교환학생으로 함께 프랑스에 가기도 한다. 연극 모임에서 배우로 활동하는 학생들도 이러한 초소형 공동체의 구성원들이 될 수 있다. 캠퍼스 커피숍에 있는 '단골손님'들도 마찬가지다. 분명한 것은 대학이 가진 자원과 선택을 통하여 이러한 모임들을 육성할 수 있다는 것이다. 비록 공식적이지 않더라도 이러한 모임들을 활성화시킬 수 있다.

대학의 기숙사를 되새겨 보자. 기숙사는 동료 학우를 만나고, 친구를 사귀고 더 많은 사람과의 관계 형성에 좋은 환경을 제공한다. 이러한 것들이 어떻게 가능한 것일까? 첫째, 대학은 까다롭게 학생들을 선발한다. 특정 유형의 학생들이 입학 허가를 받게 되고 차별화된 기숙사(주제별 하우스, 신입생 기숙사 등)에 배정된다. 학생들은 학업 능력, 포부, 사회계층, 학비 지불 능력, 성별(균형을 유지하는 게 중요하다) 등이 대학에 관심이 이끌리게 하는 것(아름다운 캠퍼스나 자유교양교육)에 의해서 어느 정도는 이미 선별되었다고 할 수 있다.

> 많은 사람은 여기에서 생활하는 것에 대하여 좋은 느낌을 가지고 있고 행복해해요. 결과적으로, 대부분의 사람이 활기가 넘치는 것 같아요…. 제가 다닌 고등학교에서는 학생이 2,800명 정도였지만, 이 중에 600명 혹은 700명 정도만이 진지하게 학교생활을 하는 것 같아요. 무슨 말인지 아시겠죠? 하지만 여기에 있는 대부분의 학생은 더 나아가려고 해요. 지적 호기심이 많고 더 나은 삶을 원하는 거죠.
>
> (러셀, 3학년)

대학은 이러한 학생들을 선별해 놓았다. 이들은 이미 많은 공통점이 있는 학생들이고, 기숙사 생활은 이러한 학생들의 관계 형성을 강화시켜 줄 수 있다. 이미 학생들 간에는 서로 통할 것들을 가지고 있지만, 기숙사는 이들에게 보다 친밀한 관계를 형성시켜 준다. 이러한 과정을 반복함으로써, 서로 잘 어울리게 된다.

> 비슷한 유형의 사람들과 다양한 삶을 경험할 수 있다는 것이 가장 좋은 것 같아요…. 운동도 같이하고, 수업도 같이 듣고, 공통된 관심을 공유할 수 있는 사람들 말이죠…. 다양한 수준의 사람들을 만나서 제가 더욱 성장한 것 같아요.
>
> (제이, 1학년)

둘째, 학생들은 기숙사에서 다른 학생들과 근거리에서 많은 시간을 함께 보내야만 한다. 부끄러움이 많은 학생들조차 밤낮으로 같은 학생들을 지속적으로 보게 되고, 외향적인 학생들은 다른 학생들의 얼굴이나 이름을 금방 알게 된다.

> 복도 여러 곳에서 지나다니는 학생들이 늘 있어요. 방문을 열어 놓으면 들락날락하는 학생들이 항상 있지요. 밴더빌트 기숙사는 중앙에 위치해 있어서 버논 기숙사에서 생활하는 학생들이 올라왔다가 1시간 남짓 여유가 있으면 우리 방에서 같이 시간을 보내요….
>
> (댄, 2학년)

시어도어 뉴컴(Theodore M. Newcomb)이 반세기 전에 갈파했듯이, "만나 보지도 못한 사람들과 동료로 관계를 발전시킬 수는 없는 노릇이다."[10] 사람들이 만나는 조건들은 사회적 유대감을 발전시키는 데 있어 매우 중요하다. 하지만 뉴컴 역시 우연한 만남만으로는 공동체와 구성원들 간의 관계를 지속하기 어렵고, 이를 위해서는 특정 제도적 장치가 마련되어야 한다고 주장하였다. 즉, 이는 지속적인 동료 집단 내 관계의 빈도를 높일 수 있는 제도적 장치가 필요함을 의미하는데, 이러한 관계는 '기숙사나 교실에서 볼 수 있듯이 물리적 가까움에 의해서 발생되는 우연한 만남에서부터 시작된다.'[11] 다른 사람들이 근거리에 항상 있으면, 싫든 좋든 지속적으로 서로를 만날 수밖에 없다. 그들이 친구든지, 낯선 사람이든지, 싫어하는 사람이든지 간에 말이다. 이처럼 다른 사람들이 근거리에 항상 있게 된다면, 서로 간의 만남과 모임의 과정이 촉진될 뿐 아니라 이들 간의 연계도 강화시켜 나갈 수 있게 된다.[12]

셋째, 학생들이 항상 있는 레지덴셜 캠퍼스에서는 시간과 공간을 다양하고 유연하게 활용할 수 있다. 이곳에서는 생산 지향적인 현대 경제의 특징인 엄격한 기능 분화는 찾아보기 어렵다.

> 제가 아는 어떤 사람은 "대학은 근무 시간이 이상한 정규직들이 일하는 곳"이라고 언급해요. 동료 학생들은 일종의 동료 직원들 같아요….
>
> (마틴, 1학년)

어떤 특정 시간을 살펴보면, 어떤 학생은 잠을 자고 있고, 누구는 공부를 하고 있고, 밥을 먹고 있기도 하고, 빈둥거리거나 게임을 하고 있는 학생도 있고, 잡담을 하거나 멍하니 창문 밖을 내다보는 학생들도 있다. 전통적인 '저녁 식사 시간'이 여전히 중요하게 지켜지기도 하지만, 새벽 2시의 '야참' 시간도 역시 중요하게 여겨진다. 자정 무렵이 되면 건물로 둘러싸인 공터(quad)는 '데이트'를 하기에 좋은 장소가 된다. 판을 덧댄 낡은 프래터너티 하우스는 흡연하는 학생들이 모이기에 적합한 장소이고, 도서관은 핵심적인 교류 장소가 되고, 피트니스 센터는 보편적인 만남의 장소가 된다. 어떤 특정 장소들, 대표적으로 기숙사의 다목적실은 다양하게 활용된다. 이곳은 파티를 열 수 있고, 쪽잠도 잘 수 있으며, 편하게 앉아서 이야기도 할 수 있으며, 이메일을 주고받거나 공부를 할 수도 있다. 그래서 기숙사에 거주하는 학생들은 수많은 상황에서 다양한 역할로 서로를 만나게 된다. 이곳에서는 기숙사 동료가 되기도 하고, 신문 편집인, 운동선수, 학생(매우 다른 과목들을 듣는 경우), 애인, 파티 참가자, 게으름뱅이, 약을 하는 학생 혹은 친구가 되기도 한다. 자신의 한 면만 보여 주고 다른 면은 감추는 '역할 분리(role segregation)'가 비집고 들어올 틈이 없다. 이러한 학업과 놀이가 혼합되면서, 대학은 전형적인 게마인샤프트(Gemeinschaft), 즉 공동체가 되는 것이다.

이러한 '공동체' 경험의 일부로서, 이전에는 가족과의 친밀함의 상징으로 생각했던 사생활의 부재를 기숙사 생활에서는 감내해야만 한다. 분명히 불리한 점들도 있다. 특히 신입생들은 룸메이트를 선택하기 어렵고, 독립적으로 생활하는 것도 처음이기 때문에 많은 어려움을 경험하게 된다. 지저분함, 시끄러움, 참기 힘든 음악, 불청객들(누군가의 남자 친구 또는 여자 친구), 지저분한 빨랫감과 음식 찌꺼기, 도난 등의 문제가 이웃의 기이한 행동쯤으로 치부될 수 있는 것들이 아니라, 이들의 방 안에서 실제로 목격할 수 있는 골칫거리들이다.

> 제 방에 잠깐 들어왔는데, 제 책상 위에 지저분한 양말 한 켤레가 있는 거예요…. 그것도 제 보고서 위에!
>
> (짐, 1학년)

제 룸메이트 한 명은 정말 괜찮았어요. 두 명은 정말 싫었고요…. 그중 한 명은 비뇨기에 문제가 있는 것이 분명했어요. 술에 취하면 아무 데 서나 오줌을 싸는 거예요.

(머피, 2학년)

저는 어느 주말 아침에 기숙사 방 여기저기에 피가 묻어 있는 것을 발견했어요…. 화장실 세면기에도 피가 있었어요. 제 룸메이트 중 한 명이 주먹으로 유리창을 깨서, 유리 파편에 손을 벤 거였어요. 그런 후에 피를 여기저기 흘리고 다닌 거죠…. 그 학생이 엄청 취했나 봐요. 맥주, 오렌지 주스, 물 등을 훔쳤나 봐요. 생각해 보세요. 엄청 웃겼을 거예요. 그 학생은 한겨울임에도 불구하고 웃통도 벗은 채 뛰어다녔을 테고 다섯 명의 캠퍼스 안전 요원이 그 학생을 잡으려고 쫓아다니고 있었으니까요.

(앨프레드, 1학년)

다른 한편으로, 우리는 학생들한테서 놀라운 이야기를 계속해서 들을 수 있었다. 비록 짜증나는 순간이 있었음에도 불구하고, 다른 학생들과 함께 사는 것은 자신들의 행동과 생각에 긍정적인 영향을 준다고 했다. 이를테면, 독불장군들도 자신의 껍질을 깨고 나올 수 있다.

고등학교 때, 전 은둔자처럼 살았어요…. 그런데 대학에서는 이런 생활을 청산할 수 있었어요.
우리 세 명(룸메이트)은 싸우지 않았어요. 우리는 스스로를 '스위스' 라고 불렀죠. 모두 우리한테 와서 자신들의 룸메이트 이야기나, 룸메이트들이 얼마나 꼴불견인지를 이야기하곤 했거든요…. 또한 우리 방이 계단 위쪽 끝에 위치해 있어서 모두 우리 방을 지나갈 때면 "이봐, 방에 있니?"라고 묻고는 방에 들어와서 5분쯤 있다가 가요. 이러한 환경이 제가 은둔생활에서 벗어나는 데 많은 도움이 되었어요.

(제이드, 3학년)

분명, 이것은 에이미 블라인더(Amy J. Binder)와 케이트 우드(Kate Wood)의 『Becoming Right』라는 책에서 잘 기술되어 있듯이, 학생들이 정치에 관하여 진솔하게 이야기하는 데 영향을 줄 수 있다.[13] 이들은 학생들의 정치적 성향이 대학에서의 경험, 사회문화적 생활, 캠퍼스의 조직에 영향을 받는다고 보았다. 이 대학처럼 규모가 작고 학생들 간의 관계가 긴밀한 캠퍼스에서는 자신의 견해를 공개적으로 밝히길 꺼려하기도 하지만, 러셀은 이를 보다 긍정적으로 보았다.

인과응보라는 말이 있죠. 무슨 말인지 알겠어요? 만약 당신이 뉴욕 시에 산다면, 누군가에게 손을 써서 욕을 해도 이에 관해서 아무런 반응도 없을 수 있을 거예요…. 하지만 여기에서 당신이 무엇인가를 하면, 이를테면 누군가를 화나게 하면…. 그에 대한 반응이 즉각적으로 되돌아와요…. 그래서 제가 공동체에서 생활하고 있다는 걸 느끼게 되는 거죠…. 공동체가 제대로 움직이려면 사람들이 서로 존중해야만 해요.

(러셀, 3학년)

일부 학생은 사람의 행동에 공적인 요소가 줄어들면서, 조금 더 편하게 행동하는 걸 보게 될 때면, 이들의 심리적 자각이나 정교함이 커진다고 말하고 있다. 아마도, 군대나 가정을 제외하고는 레지덴셜 칼리지만큼 사람들이 다른 사람들의 미묘한 진의를 파악할 수 있을 만큼 서로에 대하여 잘 알 수 있는 곳은 없을 것이다. 이러한 것이 공동체 생활의 가장 큰 혜택이라 할 수 있다. 덱스는 우리한테 이런 얘기를 해 주었다. "대학에 진학하기 전, 저는 부모님이 하는 방식과 집안에서 이루어지는 것들만 알았는데, 대학에 오니까 다른 곳에서 온 여러 학생과 한방에서 지내게 되면서 많은 것을 보게 되었어요. 이를테면, 빨래하는 방식이라든가 방을 정리하는 방식과 같은 것 말이에요. 그건 기존에 제가 알고 있었던 것보다 더 좋은 것 같아요."(덱스, 2학년) 자레드는 의미 있는 관계와 피상적인 관계를 구분할 수 있게 되었다고 하였고, 다른 룸메이트 3명과 함께 사는 젠은 룸메이트들과 함께 지내면서 사람에 대한 첫인상이 반드시 옳지 않을 수도 있다는 사실을 깨닫게 되었다고 하였다.

> 저는 더욱더 냉소적으로 변한 것 같아요. 제가 이곳에서 생활하기 시작했을 때, 사람들을 많이 믿었어요. 하지만 사람들한테 상처를 많이 받은 후에는 친구를 사귀기가 쉽지 않았어요…. 저는 사람들을 전보다 훨씬 더 의심하게 되었어요.
>
> (젠, 4학녀)

그리고 알렉산드리아는 다음과 같이 말했다.

> 사람들에 대해서 많이 신중해졌어요. 엄청 많이… 특히 사람들이 가지고 있는 동기에 대해서요. 사람들은 주로 상대방이 듣고 싶어 하는

말만 하는 것 같았거든요. 전 실제로 대인관계에 대해서 걱정이 많아요… 전 지금까지 몇 번의 경험을 통해서 우정에 대한 잘못된 인식을 가지게 되었거든요. 전 사람들의 심리를 잘 파악할 수 있다고 생각해요. 누군가가 무엇인가를 숨기려고 하면 그것을 파악할 수 있죠… 사람들과 그들의 동기를 이해하는 것에 대하여 더 잘 파악할 수 있게 된 것 같아요.

(알렉산드리아, 4학년)

마지막 한 가지 요소인 '바깥세상과의 단절' 때문에 기숙사 생활이 학생들에게 더 큰 영향을 미친다. 일반적으로 대학은 빌딩과 철제 담장, 출입구, 돌로 만든 아치길 같은 것들로 인해서 주변 지역과 물리적으로 분리된 경우가 많다. 어떤 대학들은 도시 안에 있는데도 불구하고 잔디가 깔린 공원 같은 곳에 위치해 있기도 하고, 때로는 대학 그 자체가 하나의 도시를 이루는 경우도 있다(미시간의 앤아버, 뉴저지의 프린스턴, 펜실베이니아의 칼리지 스테이션). 이 대학은 시골 지역에 위치해 있으며, 주변은 넓은 숲과 높고 낮은 옥수수 밭으로 둘러싸여 있다. 이러한 고립이 의미하는 바는 대학생활이 둥근 돔과 같이 생긴 곳('버블')에 갇혀 버릴 수 있다는 것이다. 비유적으로 표현하자면, 오랫동안 비판받아 온 '상아탑' 같은 곳 말이다. '버블'은 지리적으로나 인식론적으로 바깥세상과 단절된 독립적인 문화를 지칭할 때 이 대학 학생들이 사용하는 표현이다.[14]

제 주변 세상에서 일어나고 있는 일에 대해 처음으로 모르는 게 있다는 걸 알게 되었어요. 저는 이러한 경험을 대학에서 할 거라고는 상상

도 못했어요. 솔직히 말씀드리면, 우리가 참가하고 있는 이 아프가니
스탄 전쟁에 관해서는 아무런 생각이 없네요. 이 점이 저에게 충격적
이었어요. 다른 대학들에서도 마찬가지겠지만… 여긴 정말… 버블 같
아요.

(리즈, 1학년)

약간의 학생들은 버블에 매력을 느끼기도 한다. '진짜 세상'이 돌아
가는 일에 신경 쓰지 않고, 자신의 일과 사교생활에만 집중할 수 있기
때문에, 이러한 곳이 자신을 안전하게 보호하고 있다고 느낀다.

공동 휴게실 혹은 라운지에 책이나 CD 플레이어를 그냥 놔둬도 되고,
한두 시간 기숙사를 비워 놓을 수도 있어요. 돌아와 보면 그것들은 제
자리에 있죠. 기숙사 방문을 열어 놔도 되고, 특히 밤에는 문을 잠그지
않아도 돼요. 그냥 닫고 잠그지는 않아요. 또한 음악을 크게 틀어 놓
고, 방문을 열어 놓은 채로 샤워하러 갈 수도 있어요. 많은 사람이 기
숙사를 믿는 거죠.

(존, 1학년)

이 대학의 가장 좋은 점은 캠퍼스가 집처럼 편안하다는 거예요….

(패트릭, 1학년)

이런 다양한 요소(선별된 거주자, 생활근접성, 동료 학생들과의 다양한
역할을 통한 교류, 시간과 공간의 다양한 활용, 외부 세계와의 격리)가 모여
서, 레지덴셜 칼리지에서의 생활이 활기차고 오래 추억될 수 있는 멋
진 대학생활이 되도록 해 준다. 물론, 많은 대학의 기숙사는 물리적으

로 안전한 공간은 아니다.[15] 기숙사 복도를 자유롭게 왕래하는 것조
차 위험할 수 있다. 기숙사가 안전한 곳이 된다면, 이 공동체에 속한
학생은 활기차게 다방면에 걸쳐 독특한 경험을 할 수 있는 인간관계
를 형성할 수 있을 것이다. 많은 학생에게는 이곳이 자신의 집이 되는
것이다.[16]

네트워크

대학에서 정신적으로 안정을 찾으려면, 적어도 한두 명의 친한 친
구가 필요하다. 이러한 친구 찾기가 2장의 주제였다. 하지만 사람들
을 더 많이 알게 되면 학생들은 이곳이 마치 자신의 '집'과 같은 편안
한 느낌, 이곳이 마치 '나의 캠퍼스'라는 느낌을 가질 수 있다. 일주일
정도 대학을 방문하는 예비 대학생들조차도 이런 분위기를 대학에서
느낄 수 있다.

> 이 대학 캠퍼스에 대한 저의 첫 느낌은 아주 촘촘하게 짜인 공동체 같
> 다는 것이었어요. 여기에는 1, 700명 정도의 학생들이 있었는데, 서로
> 를 잘 알고 있었어요…. 우리는 아무 생각 없이 캠퍼스 여러 곳을 탐
> 방하고 있었는데, 우리를 안내하는 학생이 지나치는 많은 사람에게
> 인사를 건네는 거예요. 서로를 잘 알고 지낸다고 했어요…. 이런 점들
> 이 장점이라고 생각했죠.
>
> (프랭크, 1학년)

이처럼 세밀한 인간관계는 처음으로 접한 친구 모임을 통하여 친구의 친구를 만나게 되고, 이 친구들을 보다 자주 접하게 되면서 점점 확대된다.

저는 오리엔테이션 기간 중에 몇 명의 학생을 만났어요. 첫날 밤에 몇 명의 학생을 만났는데, 많은 사람은 여기서부터 확장되어 가는 걸 알게 되었죠. 처음에는 2명 정도 만났고, 이 친구들 방에 놀러 갔다가 이들의 룸메이트를 만나게 되었죠. 이런 후에 이 룸메이트들에게 자주 찾아오는 학생들과 또 만나게 되었고요.

(덱스, 2학년)

대부분의 제 친구는 같이 살면서 사귀게 되었죠. 저랑 제 룸메이트와 복도 건너편에 있는 여학생들이 제 친구들이에요. 이 밖에는 아웃도어 어드벤처에서 만난 친구들도 있어요. 그때 만난 인연을 시작으로 다른 룸메이트들, 다른 아는 사람들, 다른 친구들로 관계가 점차 확대되었죠. 전 친구가 꽤 많아요.

(애슐리, 1학년)

전 미식축구 팀을 통해 많은 사람을 만났어요. 또한 팀원들의 친구들도 만났어요. 우리 팀에 속하지 않은 제 팀원들의 친구들이죠.

(존, 1학년)

친구를 만든 학생들은 순식간에 보다 넓은 인적 네크워크를 형성할 수 있게 되고, 이러한 관계는 대학 전체로 넓혀진다.[17] 이를테면, 1학년 때 우수한 학생이 연구조교를 하거나 현장 실습 그리고

공이나 수업에서 알게 된 사람, 제 친구의 친구들이죠….

(제인, 4학년)

이러한 각각의 '동그라미' 들은 제인에게 지지를 보내고 여러 활동에 지속적으로 참여할 수 있도록 의지를 북돋아 주는 역할을 한다. 이러한 참여를 통해 제인은 많은 사람을 만나면서 분명한 목적과 확신을 갖고 대학생활을 해 나갈 수 있게 된다.

이러한 연결관계가 없는 학생들은 대학생활에서 많은 부족함을 느끼게 된다.

더 많은 것에 참여했으면 좋았을 걸 하고 생각해요. 제가 대학을 집처럼 편안하게 느낄 수 있도록 해 준 것은 바로 이러한 것들이라고 생각해요. 다양한 활동에 참여하여 사람들을 만나고 하는 일들 말이죠…. 스스로 밖에 나가서 그 일부가 되지 않으면 공동체 같은 건 없다고 봐야죠.

(앤, 4학년)

학생들은 사회적으로 '중요한' 활동들에 참여하면서 새로운 친구를 찾을 수 있고, 동아리와 같은 대학 공동체에서 보다 광범위한 인적 네트워크를 형성할 수 있는 기회를 가질 수 있다.

[그림 5-1]은 어떠한 활동들이 학생들에게 새로운 친구들을 연결시켜 주는지 잘 나타내어 주고 있다.[20] 이 그림은 이러한 점에서 이 대학의 학생 활동(전공을 포함해서)의 중심과 주변을 잘 보여 준다. 또한 이 그림은 학생이 어떻게 대학에 통합되는지 쉽게 이해할 수 있도록 해

준다.

중심에는 상호 연계된 활동들이 밀집해 있다. 이 활동들에는 행정학, 인류학, 영문학과 같은 전공뿐만 아니라 다양한 음악 활동도 포함되어 있다. 여기에서 언급하고 있는 음악 활동으로는 전공으로서의 음악과 아카펠라 그룹, 인디 음악 그룹, 뮤지컬 연례 모임 등이 있으며 특히 이들 중 합창단이 중앙에 위치해 있다.

글쓰기 센터의 학생 튜터들 역시 중앙에 위치해 있다. 이들은 글쓰기 센터에서 캠퍼스 여러 곳에서 찾아오는 학생들을 만나면서, 사회적으로 잘 통합되고 글쓰기 문화를 더욱 강화시켜 나가고 있다. 6장에서 자세히 살펴보겠지만, 이것은 학습에 많은 도움을 주게 된다.

[그림 5-1]의 오른쪽 끝('동쪽')에는 '다문화' 조직들이 있다(POSSE, 레인보우 얼라이언스 브라더스 등). 분명하게, 이들은 서로 연결되어 있다. 중앙에 위치해 있는 미식축구는 많은 학생이 참여하는 활동으로서, 브라더스(Brothers) 단체의 소수인종 남학생들과 연결되어 있을 뿐 아니라 캠퍼스의 다른 다양한 활동과 서로 연결되어 있다는 점에 주목할 필요가 있다.

소로러티와 프래터너티는 5와 3(중앙에서 아래쪽)을 제외하고는 중심부에 위치해 있지 않다. 일반적으로 이 모임들은 주변부에 위치해 있다. 이러한 결과는 앞의 단체들이 사실상 이 대학 학생들의 대학생활을 폭넓게 하는 데 제약이 되고 있다는 의미다. 이 점은 나중에 다시 언급하겠다.

흥미롭게도 (남서쪽) 주변에는 많은 스포츠 팀들(소프트볼, 크로스컨추리, 수영, 야구, 하키, 테니스, 축구, 골프)이 자리 잡고 있는데, 이러한 팀들은 상대적으로 자족적인 단체로서, 어느 정도 중앙에서 떨어져

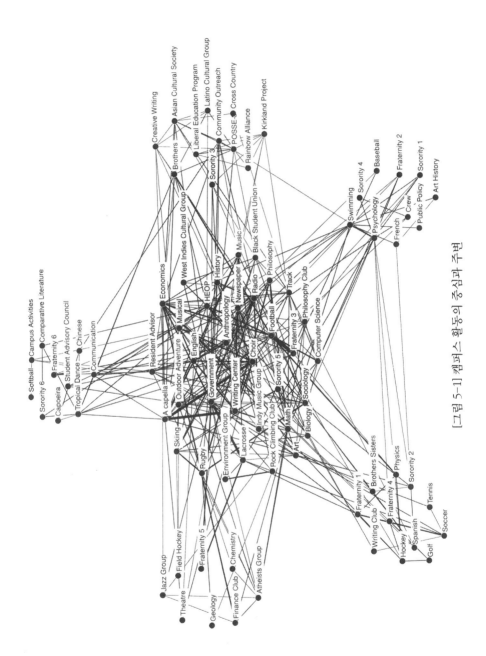

[그림 5-1] 캠퍼스 활동의 중심과 주변

있음을 잘 보여 주고 있다. 이러한 결과는 운동선수들이 시간에 쫓겨서 다른 활동에 참여할 수 없기 때문이라고 추론해 볼 수 있다. 미식축구, 럭비, 라크로스는 예외적으로 중심부에 위치해 있다. 럭비는 선수 팀이 아닌 동아리 모임이기 때문에 시간에 대한 제약이 훨씬 덜하다. 라크로스가 중심부에 있는 것은 약간 이해가 가지 않는다. 비록 최근에 여자 라크로스 팀이 전국대회에서 우승을 차지할 만큼 이 대학에서 가장 성공적인 팀 중 하나이기 때문에 팀원이 되면 분명 얻을 수 있는 이점이 있기는 하겠지만 말이다.

요약하면, [그림 5-1]은 학생들이 어떤 단체에 속해서 활동했는지가 이들의 인적 네트워크의 확대 여부에 영향을 준다는 점을 잘 보여 주고 있다. 비교적 규모가 크고 만남의 빈도가 많은 단체(음악이나 학생들이 많은 전공)에 속한 학생들은 아는 사람들을 통하여 또 다른 큰 단체들에 연결되어 대학 전체에 걸쳐 인간관계를 맺을 기회를 더 많이 갖고 있다고 할 수 있다. 폭넓게 연계된 인적 네트워크를 형성하고 있는 학생들은 대학이 제공하는 많은 기회를 누릴 수 있다. 상대적으로 어떤 스포츠는 학생들이 훈련에 투자해야만 하는 시간이 많기 때문에, 오히려 팀원들을 고립시키고 있는 경향도 파악할 수 있다.

파티

인적 네트워크를 확장하는 것, 다시 말해 캠퍼스 공동체에 소속되는 것이 학생들에게 얼마나 중요한지를 알고 나면, 학생들이 왜 그토록 학창 시절에 대규모 음주파티에 열광하는지를 이해할 수 있다. 비록 우리가 면담한 대부분의 학생은 대학 덕분에 인생에서 가장 좋은 친구를 얻을 수 있어서 좋았지만 동시에 캠퍼스 생활은 '따분했다'고 불만을 토로하기도 하였다. 이러한 놀라운 사실은 설문조사 결과에서도 여실히 드러났다. 응답자들은 친구관계를 촉진한다는 점에서는 대학을 매우 높게 평가하고 있으나, '사교생활'을 제공한다는 측면에서는 낮게 평가했다. 언뜻 보면, 이런 결과를 이해하기 힘들지만, 가까운 친구관계(그리고 이것을 가능하게 해 주는 '빈번한 만남')와 적당히 아는 관계의 의미를 잘 구분해서 생각해 보면, 일관성이 없어 보이는 답변에 대한 의문이 사라질 것이다. '가까운 친구관계'는 친한 친구들과 함께 있는 것을 의미하는 반면, 학생들이 언급하고 있는 '사교생활'은 다수의 아는 사람들과 낯선 사람들의 모임들, 즉 파티를 의미하는 것이다. 북동부에 위치해 있는 이처럼 자그마한 레지덴셜 칼리지에서는 많은 관람객을 동반한 대학 스포츠 행사에서 볼 수 있는 학생들의 흥청거림이라든가 따뜻한 지역의 햇살 좋은 날 잔디밭 광장에서 느끼는 편안한 여유를 찾아보기는 어렵다. 하지만 이곳에서는 매주 여러 개씩 열리는 규모가 큰 음주가무 파티들에서 끊임없이 새로운 사람을 만나고 지인의 폭을 넓혀 갈 수 있다. 하지만 대학의 규모가 작기 때문에 파티를 통해서 새로운 사람을 만나거나 아는 사람의 폭을 넓힐 수 있는 가능성이 얼마 지나지 않아 사라지게 되면, 이런 식의 '사교생활'은 실제로 줄어들게 된다. 하지만 한동안은 이러한 파티들이 어느 정도는 효과가 있다.

우리는 학생들의 파티에 관한 자료를 체계적으로 모으지는 못했지만, 이러한 파티들이 대학생활의 경험과 '소속하기'에 중요한 시사점을 제공하기 때문에, 제한적으로나마 다음과 같이 분석해 보았다. 다음에 제시하는 결과는 우리의 경험과 수년 동안 학생들과 나누었던 이야기에 기초한 것이다. 많은 학생, 특히 외국인 유학생과 소수인종 학생들은 이러한 파티를 싫어하고 있으며, 음주 파티에서 다소 위험할 정도의 과음과 금지약물 복용 및 성추행과 성폭력이 빈번하게 발생하고 있다고 한다.[21] 하지만 왜 파티가 여전히 이토록 학생들에게 매력적인 것일까?

우리 생각은 이렇다. 적어도 우리 대학에서는 학생들이 큰 파티에 갈 때조차도 가까운 친구들이 주된 협력자가 된다. 파티에서 '팀원'[22]이 되는 친구들은 야구로 비유하자면 홈베이스, 즉 출발점이다. 주말 이른 저녁에, 한 무리의 친구들이 '사전 경기(pregame)'를 하기 위해서 누군가의 기숙사 방에 모일 것이다. 거기에서 옷을 차려입고, 술을 약간 마시고, 향후 벌어질 파티여정에 관한 이야기를 나눌 것이다.[23, 24] 학생들은 약간 흥분해서 앞으로의 계획에 대해 이야기한다. 여러 옷을 입어 보면서, 친구들에게 파티장에서의 적합한 의상에 대하여 조언을 듣기도 한다. 이들의 파티여정은 이렇다. 자신들의 주말을 특별하게 보내기 위하여, 이들은 여러 장소를 이동해 가며, 게임과 식사를 하면서 사람들과 어울린다. 그런 후에 기숙사 방으로 돌아온다.

친구뿐만 아니라 잘 모르는 다른 사람들에게도 깊은 인상을 남기는 게 그날의 숙제다. 파티에 가는 주된 목적은 더 많은 사람들과 함께 즐거운 시간을 보내거나, 아니면 최소한의 사람들이라도 더 많이 만나기 위해서다. 그날 저녁 파티의 결과물로 사랑을 얻을 수도 있겠지만('데이트'가 대부분 학생들의 목적이 되고, 모두의 잡담거리가 된다)[25] 이들은 파티에서 여유를 기대하고 즐기려고 하는 것이다. 학생들은 파티에서 아무런 부담 없이 많은 사람과 함께 시간을 보내면서, 피상적인 수준에서 교류하고는 있지만 이것 역시 중요하다.

대학에서 열리는 파티는 일반적으로 심각하지 않고 유쾌한 분위기가 그 특징이다. 이러한 분위기 때문에 비교적 낯선 사람들끼리도 만족스러운 교류가 가능할 수 있는 것이다. 늦은 밤에 계획된 모임은 '이건 일의 연장이 아니다.'라는 생각과 낮 동안 학교에서 적용되었던 일반적인 규칙들은 이곳에서는 통용되지 않는다는 메시지를 전하는 데 도움이 된다. 늦은 밤(파티 장소)의 깜깜함 때문에 파티에 온 사람들의 익명성이 보장되고 별 매력이 없어 보이는 외모도 좀 낫게 보이게 하며 사소한 실수는 용납이 되기도 한다. 술을 몇 잔 하고 나면 부끄럼이 많은 사람들조차 사교적으로 변하게 되고, 낯선 사람이나 아는 사람들과 쉽게 대화를 할 수 있게 된다. 많은 학생의 경우, 술 마시는 것 자체가 파티의 주요 목적은 아니다. 술은 혼자서도 마실 수 있고, 친구 몇 명만 있어도 마실 수 있다. 거품만 가득한 싸구려 맥주를 마시려고 길게 줄 서기보다는 독한 술을 한 잔 마시는 것이 더 금방 취할 것이다. 그렇다. 학생들은 파티에서 잔을 들고 있고, 필요할 때 조금씩 마시는 것이 사교 활동(joining in)을 수행하는 데 필요한 부분인 것이다. 대부분의 학생에게 알코올은 교류의 촉진제이지, 목적 자체가 아니다.[26] 시끄러운 음악은 필수다. 듣기조차 어려울 만큼 시끄러운 음악이 흘러나오면 심각한 대화는 불가능하다. 이런 상황에서의 대화는 단순한 인사나 간단한 제스처 정도가 전부다. "헤이, 만나서 반가워!" "춤출래?" 춤은 몸으로 하는 가장 간단한 의사소통 방식이다. 파티장의 모든 사람이 '댄스 음악'의 리듬에 맞춰 움직이며, 빠르게 같은 '파장(wavelength)'(음성학에서 얘기하는 문자 그대로)을 공유하게 된다. 음악이 울려 퍼지는 동안은 모두가 하나가 되어, 맥주잔을 들고 얼굴을 마주 보며 리듬에 몸을 맡기게 된다. 때로 익숙한 음악이 나오면 다 함께 노래를 따라 부르고, 커플들이 무대 중앙에서 춤을 추기도 한다. 더 이상의 어떤 말도, 그 가능성조차 거부한 채, 육체적 조화로 만들어지는 에로티시즘을 즐기게 된다.[27]

　파티는 아는 사람들, 심지어는 낯선 사람들 사이에도 익명의 친밀감을 높이는 요소들(어두운 밤, 술, 시끄러운 음악)을 가지고 있다. 결국, 파티에 참석하는 사람들에게 친구는 파티 참석을 위한 조력자 역할만을 수행하지, 파티를 재미있게 만들어 주는 핵심적인 역할을 수행하지는 못한다. 비록 친구는 지원자로서 필요하기는 하지만, 친구랑 함께여서 재미있는 것이 아니다. 파티는 사람들을 가끔 만나면서, 알고 지내는 사람의 외연을 넓히기 위해서 존재하는 것이다. 단 하루의 파티만으로, 학생들은 십여 명 혹은 많게는 수십 명과 만나며 인사를 나눈다. 대부분 짧게 휙 지나치며 나누는 인사말이지만 말이다. 이를테면, "거기, 잘 지내?"라고 말을 건네면, 친근하고 활기찬 반응이 되돌아온다. 다른 사람들에게 많은 것을 바라지 않기 때문에, 서로 관심을 주고받는 일 역시도 많이 일어나지 않는다. 학생들이 파티에 참석하는 주요목적은 가끔씩 '내가 여기 속한다' '이들이 내 사람들이다' '난 괜찮은 사람이다'라는 것을 확인시켜 주기 위한 것인 것 같다. (다시 한 번 언급하고 싶은 것이 있다. 많은 학생은 사실 파티를 좋아하지 않으며, 소외감을 느낄 수 있는 장소라고 한다.) 이렇게 하면 기분도 아주 좋아지고 매력도 커지면서 공동체 속에서 대인관계 역량을 인정받게 된다. 이러한 교제가 다소 피상적으로 보이기는 해도, 의사소통에서 많은 중요점을 내포하고 있다. 그럼에도 불구하고 여전히 대다수의 학생은 파티에 참석하는 것을 두려워하거나 이를 좋아하지 않는다. 파티에 처음 참석하여 무언가 노력하고자 하는 학생들조차 성공하기가 쉽지 않다는 것을 안다. 어느 정도의 기술이 필요하기 때문이다.

파티장에서 빛나는 사람들, 즉 게오르그 짐멜(Georg Simmel)이 한 세기 전에 '순수 사회역량(pure sociability)'[28]이라고 부른 것에 뛰어난 사람들은 이러한 상황에서 빛을 발한다. 이들은 모르는 사람이 없고 인사할 때마다 모두가 반긴다. 이들은 여러 곳을 다니면서 마치 자석처럼 열정, 자신감, 에너지를 끌어모은다. 빛을 좀 덜 발하는 사람들조차도 다른 사람들에게 받아들여지는 느낌과 소속감을 즐기기에는 충분하다. 주말 파티는 위험이 전혀 없지는 않지만(물론 언제든 위험을 느낄 때 자리를 뜰 수는 있다) 새롭게 얻을 수 있는 보상도 만만치 않다. 파티를 통하여 자신의 위상이나 역량을 빠르게 확인할 수 있다(비록 항상 정확한 것은 아니지만). 나는 괜찮은 사람인가? 매력적인가? 친구가 있나? 조금 아니면 많이? 비록 어느 정도의 경쟁도 있지만, 학장의 장학생 명단(Dean's List) 혹은 프래터너티의 가입신청서, 룸메이트 후보 선호도처럼 순서가 명확하게 정해지지는 않는다. 이것은 사회적 지위에 관한 것은 분명하지만, 어디서든지 쉽게 찾아볼 수 있는 보편적인 지위다.

따라서 파티는 이 공동체의 일원으로서 '나는 누구인가?'에 대한 답을 얻을 수 있다는 것에는 이견이 없다. 이것은 소속에 관한 것이고, 다시 강조하지만 대부분의 학부생이 겪어야 하는 문제다. 이 대학처럼 규모가 작은 대학들에서는 낯선 사람의 숫자가 줄어드는 것과 비례해서 이런 파티들도 빨리 사라진다. 2년 정도 지나면 서로를 잘 알기 때문이다. 하지만 큰 규모의 대학뿐만 아니라 작은 대학에서 파티가 제대로만 기능할 수 있다면, 학생들은 더 큰 자신감을 가지면서 일상생활로 돌아올 수 있을 것이다. 모두가 서로에게 편안하고 솔직해지면 누구와도 잘 지낼 수 있다는 그런 자신감 말이다. '내가 이곳에 속해 있고, 이곳이 바로 나의 세상이다.'라는 느낌을 가지는 것이 중요하다.

고립되어 사는 학생 단체들

몇몇 학생에게는 이 대학이 소위 말해 '자기들의 세상'이 아닌 경우도 있다. 일부 끼리끼리 뭉쳐 다니는 학생들이나 혹은 혼자 다니는 학생들은 공동체로부터 멀어질 뿐만 아니라, 대학생활에서 외롭게 지내는 악순환을 겪게 된다.

이처럼 큰 공동체에서 '일원이 되지 못하는' 것에는 몇 가지 이유가 있다. 일부 외국인 유학생들이나 소수인종 학생들은 순식간에 끼리끼리 모이게 되고, 그런 후에는 대학으로부터 소외감을 느끼면서, 결국에는 자기들만의 집단으로 되돌아가 버리는 경우가 종종 있다. 규모가 더 큰 대학의 경우에는 1, 2개 정도의 대규모 프래터너티들이 2, 3개의 학교대표 스포츠 팀(varsity sports teams)을 통해서만 그들만의 회원을 모집하고, 2개 정도의 기숙사에 자기들의 회원들을 몰아넣은 뒤(이 대학에는 프래터너티 전용 하우스가 없으므로), 자기들끼리 혹은 1, 2개의 소로러티하고만 어울리는 경우도 있었다. 이들의 결속력은 음주 파티 문화(명목상 불법인)를 통하여 더욱 강화되었고, '대학당국'이 정한 음주 정책에 대한 반발심으로 가득 찬 학생들을 한마음으로 뭉치게 만들었다. 이런 프래터너티들에서는 친구가 많은 회원들조차 사교 면에서나 심지어는 물리적으로도 보다 큰 공동체와 실제로 어느 정도 동떨어져 있었다. 이러한 사교 단체의 회원 중 한 명인 허브 역시 이러한 사실을 인지하고 있었다.

"제 사회적 네트워크가 점점 제한되었던 것 같아요. 전 프래터너티에 속해 있었고… 그곳의 학생들하고만 어울려서 놀았어요…. 전 조금 게으른 편이에요. 그래서 그런지 게을러 보이는 학생들하고만 만날 기회가 많았어요…. 알다시피 프래터너티에 속한 남학생들은 자기와 비슷한 학생들을 찾으려고 하거든요. 그래서 제가 여기 들어왔다면, 전에 여기 들어온 학생들도 게으른 편이었을 거예요. 그래서 전 기숙사에서도 몽땅 B타입(아무것도 안 하는 유형)인 학생들하고만 지냈어요. 이 프래터너티에 가입하지 않았더라면, 이런 학생들을 만났을 수 있었을까 하고 자문해 봤어요. 아마 우리는 아무 생각 없이 모두 소파에 앉아서 각자 할 일만 하고 서로 쳐다보지도 않았을 것 같아요. 하지만 어떤 점에서는 프래터너티가 한계점을 갖고 있는 것 같아요.

(허브, 3학년)

우리 설문조사에서도 프래터너티 회원과 비회원의 대학에 관한 만족도를 비교해 보았을 때, 프래터너티 회원들이 비회원보다 대학에 관한 만족도가 평균적으로 더 낮게 나타났다.

소로러티 소속 여학생들은 다른 비교과 활동들에서 보다 적극적으로 참여해서 그런지, 남학생 회원들처럼 대학에 관한 불만족도가 높지는 않았다. 대부분의 프래터너티와는 달리, 다수의 소로러티는 회원들에게 다른 비교과 활동 모임에 의무적으로 참여하도록 하고 있다. 이뿐만 아니라 여학생들에게는 이러한 단체를 통하여 물론 많은 친구를 사귈 수도 있지만, 다른 학생을 쉽게 만나기 위한 도구로 생각하고, 다른 가능성을 항상 열어 두고 있었다. 하지만 남학생들에게 프래터니티 가입은 그 자체를 성취의 목표로 삼고 있는 경우가 대부분이었고, 때로는 대학에서 성공을 위한 방편으로 여기기도 하였다. 이러한 사교 단체에서 대부분의 남학생은 오직 두 가지 활동, 즉 사교 단체와 이와 연관된 운동 팀의 활동에만 참여하고 있었다. 이러한 양상은 앞서 살펴본 [그림 5-1]에서도 쉽게 확인할 수 있다.[29] 즉, 사교 단체에 속해 있는 남학생들은 소속 여부에 상관없이 여학생들보다 사회적으로 고립되어 있음을 알 수 있다.

스포츠 같은 특정한 활동에만 너무 매달리게 되면, 학생의 인적 네트워크가 제한될 수 있다. 케이티가 이러한 유형에 가깝다. "수영 때문에 스포츠 팀 이외의 사람들을 만나기 어려웠어요…. 수영은 이른 아침부터 시작되었는데, 보통 10월쯤부터 시작해요…. 이쯤이 보통 룸메이트들하고 어울려 다녀야 할 시즌이잖아요." 그래서 그녀는 수업 시간에 친구를 만들기 위해서 부단히 노력했다. 로맨틱한 이성관계 역시 매력적이기는 하지만 때로는 좋지 않은 결과를 초래하기도 한다. 특히 여학생들에게는 그렇다.[30] 왜냐하면 커플들은 자신들의 관계만을 우선시해서 보다 폭넓은 인간관계망을 형성하기 어렵기 때문이다.

> 제 남자 친구가 캠퍼스 안에 살았더라면, 저희는 항상 붙어 있었겠지요. 하지만 그렇지 않기 때문에 그 대안으로 저는 매일 밤 남자 친구하고 30분에서 한 시간 정도 전화를 했죠. 꽤 많은 시간이잖아요. 제 남자 친구가 6시간이나 떨어진 곳에 있었거든요! 그래서 우리 중 한 명

이 서로에게 가려면 주말에 12시간을 운전해야만 했어요. 주말에 그 정도는 공부해야 하는데 말이죠. 제 시간이 줄줄 새는 거잖아요.

(신시아, 3학년)

그건 정말 많은 시간을 할애했어야만 했어요. 제가 비교과 활동을 많이 하지 않는 이유이기도 하죠…. 우리는 버논 기숙사에서 바로 옆방에서 살았어요. 이러한 생활이 좋은 생각인지는 모르겠어요.

(손, 3학년)

　로맨틱한 이성관계는 친구나 학교 일 혹은 다른 활동에 할애해야만 하는 시간과 에너지를 많이 소비하게 만든다. 뿐만 아니라 대학에서의 사교생활은 오랫동안 지속되는 로맨틱한 이성관계보다는 일반적으로 여러 곳에 흩어져 있는 친구관계를 중심으로 이뤄지게 된다. 이러한 관계 속에서, 학생들은 다른 친구 모임에 가서 함께 어울려 보기도 하고, 반대로 함께 있을 때 친구들을 불러 보기도 한다.

　이곳의 캠퍼스 생활은 규모가 큰 여러 주립대학하고는 상당히 다르다. 대부분의 주립대학에서는 그리스 문자 단체들과 운동경기 관람 행사가 사교생활의 중심이 된다.[31] 하지만 이 대학에서는 다른 형태의 사회적 조직이 형성되었다. 이 새로운 조직은 핵심적인 친구 모임에서 시작해서 기숙사에서 만난 사람, 팀원, 비교과 활동에서 만난 사람들을 통하여 보다 확장된 ‘약한 관계’의 네트워크로 확대되어 가는 특징이 있다. 많은 접촉이 이루어지는 기숙사에 살면서, 학교 여러 곳에 속해 있는 다양한 활동에 참여하고 있는 학생들은 일반적으로 많은 사람을 일상적으로 만나고 이들과 친해진다. 하지만 보다 고립된 환경(아파트식 기숙사, 소규모지만 시간 투입이 많은 팀, 끼리끼리만 어울리는 조직)에서 시간을 보내는 학생들은 이러한 기회를 가지지 못하고, 결과적으로는 아는 사람의 인맥도 제한될 것이다.

마지막으로, 우리가 만나 본 몇몇 학생은 자신의 성격과 가용한 기회가 어긋나서인지 학업적으로나 사회적으로나 대학생활에 잘 통합되지 못했다. 프랭크는 학교대표 스포츠 팀 선수로 입학하였다. 그의 사생활 보호를 위하여 자세한 얘기는 생략하겠지만, 그의 이야기는 실패의 전형을 보여 주고 있다. 그는 자그마한 사립대학 예비학교를 다녔는데, 그가 좋아하는 운동을 할 수 있는 대학에 가서 좋은 교육을 받으면서 대학생활을 즐기고 싶어 했다. 즉, 그는 진정한 대학생활을 경험해 보고 싶어 했다. 그가 인정하고 있듯이, 그는 학업 면에서 최고는 아니었지만 나쁜 학점을 받지 않는 방법도 자세히 알고 있었다.

우리가 처음 프랭크를 인터뷰하기 몇 주 전, 그는 자신이 속한 팀의 팀원들이 보통 가입하는 프래터니티에 초대받지 못할 거라는 사실을 알게 되었다. 이 단체에 가입하지 못했다는 사실 때문에 프랭크는 씁쓸해했다. 그는 분명히 초청을 받을 것으로 예상했지만 그렇게 되지 못해서 실망했다. 그럼에도 불구하고 그는 운동을 계속했다. 프랭크는 그 팀에 친구가 많지 않았다는 사실을 나중에 시인했다. 우리가 조사한 운동선수들 중에는 보기 드문 경우였다. 그는 팀에서조차 사회적으로 거부되었다고 느꼈다. 대신에, 그는 친한 친구들을 1학년 시절 기숙사에서 만들었다고 했다.

그는 학업에서 높은 성취를 얻지 못했다. 1학년 때는 좋지 않은 성적인 평균 C+를 받았고, 전공도 무엇을 선택해야 할지 몰랐다. 하지만 좋아하는 교수가 2명 정도 생기고 난 후, 이 중 한 명인 영문학 교수에게 지도교수가 되어 달라고 부탁했다. "그 교수님은 내가 무슨 생각을 하고 있는지, 그리고 내가 무엇을 해야 하는지 알고 있었어요…. 그분의 지도가 도움이 되었어요." 하지만 이러한 관계가 그에게 영감을 불어넣지는 못했다. 실질적으로는 도움이 되었지만, 그는 교수로부터 지적인 자극은 얻지 못했다.

2학년 때, 프랭크는 자기 지도교수의 수업인 영문학을 들으면서 '벽을 실감했다'. 그가 소화하기에는 읽기 과제가 너무 많았기 때문이었다. 그래서 그 과목을 철회하고 자기가 좋아했던 스튜디오 아트 수업을 들었는데, 결국 이를 전공하기로 결정했다. 공부도 재미있었고 교수진도 좋았다.

3학년 때 프랭크는 수강신청을 해야 하는 날, 늦잠을 자는 바람에 어쩔 수 없이 관심도 없고 나중에는 '싫어하게 되는' 과목을 4개 들을 수밖에 없었다. 이 중 하나는 '바보 같은(a jerk)' 교수가 가르쳤다. "그는 정년보장을 당연하게 여기고, 학생들에게는 별로 신경을 쓰지 않았어요…. 그분은 무지 무례하게 행동하셨지요…. 매일이 고통이었죠. 어떤 학생이 틀린 대답을 했을 때, 엄청 비참하게 만들었어요. 이해하기가 힘들었죠." 프랭크는 면담을 하는 동안 이 교수에 대하여 계속해서 이야기했다. 다른 한편으로,

올해는 정말 즐거웠어요. 1, 2학년 때는 프래터너티에 들어가는 데 집중했죠. 그런데 올해는 거기에 들어가지 못한 것에 대하여 별로 신경 쓰지 않았어요…. 꽤 많이 극복했죠.

또한 프랭크는 자신이 선택한 아트 전공과 그 학과의 교수들과도

편해지기 시작했다. 마침내 그는 학업이나 대학생활에서 좀 더 나아졌다고 느끼기는 했지만, 우리가 그에게 이 대학을 다시 선택하겠냐고 묻자, "절대 아니죠. 남부로 가야죠. 여기는 날씨가 너무 안 좋아요."라고 대답하였다. 프랭크는 여전히 대학생활에 대하여 만족하고 있지 못했다.

우리는 졸업 후에도 프랭크와 많은 이야기를 나누었는데, 그는 일부 고생했던 것을 생생하게 기억하고 있었다. 이를테면, 프래터너티 가입 자체가 거절된 것, 서툰 교수와의 좋지 않은 경험, 부족한 사교 생활, 추운 날씨와 같은 것들 말이다. 다소 그의 경험과는 거리가 있었지만, 그 역시도 우리와의 인터뷰를 통해서 비로소 선명해진 부분들이 있음을 인정했다.

> 학교를 다니는 동안, 내가 무엇을 하며 살고 싶은지에 대하여 알 수 있도록 좀 더 지도를 받았더라면 좋았을 것이라고 생각해요…. 내가 하고 싶은 것을 찾는 데 너무나 오랜 시간이 걸렸지요. 제가 이러한 지도를 좀 더 받았더라면, 그리고 좀 더 자주 제 생각에 대하여 피드백을 해 줄 사람이 있었더라면 도움이 많이 되었을 것 같네요.

멤버십

대학의 사교계는 두세 명 정도의 친한 친구들에서 시작해서 기숙사, 사교 단체, 그리고 수업에서 알게 된 사람들로 확대되고, 보다 넓고 느슨하게 연계된 사람이나 집단으로 확대되어 간다. 다양한 사람과의 정서적 유대는 미미하거나 잠깐 지나치는 정도일 수도 있고, 반대로 꽤 강력할 수도 있다. 학생에 따라서 차이가 있을 수 있는 이러한 모든 인적 네트워크가 대충 같은 방향으로 움직이기 시작할 때가 되면, 대학이 하나의 공동체가 되어 간다고 볼 수 있다.

대학은 단지 서비스 상품을 제공하는 기관이 아니라, 멤버십 기관이 되고 싶어 한다. 대학은 비용을 낼 수 있다고 해서 누구나 받아들이지는 않는다. 대학의 명성, 즉 우수성(selectivity)은 그 대학에 오고 싶어 하는 사람들에게 대학이 얼마나 많은 것을 되돌려 주는지로 평가된다. 학위를 넘어서, 대학이 판매하려는 것은 보통 아주 느슨하게 정의된다. 집이나 차를 살 때처럼 여러 장의 법적 계약서 같은 것들로 보장되지 않는다. 학생들은 대학의 일원(member)이 되고 싶어 하지, 소비자가 되고 싶어 하지는 않는다. 텍사스 대학의 홈페이지에는 'Be a Longhorn'이라고 쓰여 있고, 애리조나 대학의 입학처 홈페이지에는 대학에 오고 싶어 하는 학생들을 향해 'Wildcats: start your engines'이라고 적혀 있다. 오리건 대학에서는 'Welcome, new Ducks'라고 표현되어 있으며, 심지어 피닉스 대학교는 'Become a Phoenix'라고 적혀 있다. 또한 대학들은 전통을 판매한다. 이러한 전통에는 저항, 혁신, '용맹한 타이탄', 전도유망한 사람들을 위한 최적의 장소, 미래의 위대한 과학자, 미래의 리더가 되는 것 등이 포함된다. 일단 대학에 입학하게 되면 학생은 매우 폭넓고 다양한 서비스와 기회들을 얻게 된다. 이를테면, 수업, 동아리, 엔터테인먼트, 숙박, 식사, 체육관이나 피트니스 센터 사용, 날씨가 좋을 때 사용할 수 있는 광장의 일광욕 공간 같은 것들도 있다. 요약하면, '입학'과 더불어 제공되는 매우 다양한 '권리와 특권'이 학생들에게 부여된다. 학생들은 교육비로 꽤 많은 돈을 지불해야 하지만, 일단 교육비를 지불하고 나면 개인별로 고유한 식별번호를 대학이 제공하게 되고, 졸업 후에도 이 식별번호는 영구적으로 유지된다.

동문들도 이를 잘 알고 있다. 뉴질랜드나 브라질에서 생전 처음 만났더라도 서로 부둥켜안고 열정적으로 인사를 나누며 함께 식사하기도 한다. 새로 졸업한 학생이 일자리를 찾으려고 할 때는 동문회가 도움을 줄 수도 있다. 대학 동문회는 상조 단체인데, 이러한 공동체를 유지하려는 것을 넘어서서 왜 동문들이 후배들을 도우려 하는지는 다소 이해되지 않는다. '넓은 의미의 가족'이기 때문에 도우려 한다는 설명은 다소 과장된 것처럼 보이기도 하지만, 완전히 틀렸다고 보기도 어렵다.

이러한 '상상 속의 공동체'[32]는 시간 속으로 확장되기도 한다. 아주 오래된 대학들은 이들의 역사를 자랑하고, 설립일이나 백 주년을 기념하기도 한다. 현재, 그 대학이 도대체 2백 년 전의 그곳과 어떤 공통점이 있는지 명확하지 않음에도 불구하고 말이다. 때로는 물리적 위치도 매우 중요하다. 뉴헤이븐에 있는 예일 대학을 예로 들자면, 오래된 건물과 향수를 불러일으키는 듯한 아름다운 환경 때문에, 이 대학은 대학의 지리적 위치에 있어서는 매우 보수적이다. 기업들이 지리적 위치에 대하여 이렇게 보수적인 경우가 아주 드물다. 대학은 자신들의 지역 공동체를 유지할 필요가 있고, 대학의 건물은 대학 건물처럼 보여야만 한다. 이렇게 해야만 학생들이나 동문들이 건물에 대하여 향수를 느끼고, 동문들은 자신의 젊은 시절에 좋아했던 장소를 기억하게 되는 것이다. 물론, 대학은 대학 건물에 대한 이런 향수를 생존하고 있는 최고령 동문들이나 가장 어린 계층인 미래의 대학 지원자에게도 전달할 수 있게 되는 것이다. 대학의 전통이란 신입생들이 신뢰할 수 있고, 평생 동안 가져갈 수 있도록 대학이 오랫동안 헌신하는 것이다. 학생들이 필요로 하는 만큼이나 대학도 미래를 내다본다. 이러한 상조(mutual aid)는 나이 든 동문들이 현재의 재학생들과 공유하는 것이 있다고 생각할 때만 작동하는 것이다.

우리가 여기에서 제안하려고 했던 소속하기(belonging)는 우연히 생겨나지 않는다. 대학이 멤버십의 내부로 인도할 여러 갈래의 길을 만들어서, 다양한 학생이 모두 참여하기 쉽도록 해야 한다. 엘리자베스 암스트롱과 로라 해밀턴은 자신들의 책 『Paying for the Party』에서 이러한 역동적 과정을 명확히 잘 기술하고 있다. 이 책은 중서부에 있는 대규모의 한 대학에서 어떻게 캠퍼스 안의 좋은 장소, 쉬운 전공, 대학 정책 결정에의 참여와 같은 요인들이 모여, 그리스 문자 단체들이 주도한 부유한 학생들을 위한 '파티 경로(party pathway)'에 도움을 주었는지를 잘 보여 주고 있다.[33] 반면에, 이 대학은 1995년에 프래터너티를 폐쇄함으로써 손쉽게 사교생활에 이르는 경로를 막아 버렸고, 그렇게 함으로써 [그림 5-1]에서 살펴본 것과 같이 일부 프래터너티의 위치가 중앙에서 주변으로 밀려나게 되었음을 알 수 있다. 프래터너티들은 한때는 캠퍼스 활동의 위계에서 정점을 차지했지만, 이제는 단순히 몇몇 핵심적인 단체 중에 한 자리를 차지할 뿐이다. 합창단, 글쓰기 센터의 튜터들, 채식주의자들을 위한 숙소에 거주하는 학생들, 끈끈하게 묶인 화학 전공생들의 모임이 이러한 단체들에 해당한다.

프랭크처럼 어디에 제대로 소속한 적이 없는 학생들은 빈둥대는 사람으로 남게 된다. 하지만 동료들과 자주 만나서 중요한 활동들을 함께하고 대학에서 보다 폭넓은 네트워크를 가지고 있는 학생들은[랜들 콜린스가 그의 이론에서 제안했듯이] 이곳에 있고자 하는 동기가 생기게 되는 것이다. 그리고 바로 그 동기가 배움에도 매우 중요하게 작용한다.

제6장   학습하기

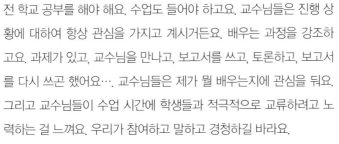

전 학교 공부를 해야 해요. 수업도 들어야 하고요. 교수님들은 진행 상
황에 대하여 항상 관심을 가지고 계시거든요. 배우는 과정을 강조하
고요. 과제가 있고, 교수님을 만나고, 보고서를 쓰고, 토론하고, 보고서
를 다시 쓰곤 했어요…. 교수님들은 제가 뭘 배우는지에 관심을 둬요.
그리고 교수님들이 수업 시간에 학생들과 적극적으로 교류하려고 노
력하는 걸 느껴요. 우리가 참여하고 말하고 경청하길 바라요.

(A. J., 4학년)

3학년쯤이 되면, 이 대학의 학생들은 대부분 자신들의 게임에 통달
하게 된다. 그들은 자신의 진로 방향을 잡고, 교수들과 만나며, 대학
사회에 소속하면서 겪는 문제들을 차례로 해결해 나간다. 친구도 생
기게 되고, 여러 활동에도 참여하게 된다. 많은 학생은 리더 역할을

한다. 음악 앙상블에서 솔로 역할을 하거나 대학 연극에서 주연 배우, 소로러티의 사교담당 부장, 학생출판부 편집장, 수업 시간에는 토론 주도자의 역할을 하게 된다. 비록 공식적으로는 스포츠 팀의 주장이 아니더라도 실질적으로는 그 역할을 하는 경우가 많다.

그들은 자신감도 더 커진다. 신입생 때는, 우리와 면담하는 도중에 구체적인 설명을 더 해 달라고 하면 주저하며 대답을 망설이곤 했지만, 지금은 자신의 의견이나 지난 일들을 적극적으로 이야기한다. 녹취록에서도 이들의 자신감을 엿볼 수 있다. 그들의 대답은 이전보다 더 길어졌고, 자세하며, 보다 명확해졌다. 자신이 하는 일과 그 의미에 대하여 설명하면서 열변을 토하는 일이 두드러지게 잦아졌다. 이런 것들이 분명 '성숙해져 가는 과정'이다. 하지만 성숙함은 내가 누구인지에 대하여 명확한 생각을 갖게 된 상태를 의미하는 것이다. 집을 떠나고, 친구를 사귀고, 행정적인 절차에 익숙해지고, 룸메이트를 고르고, 수강과목과 전공을 선택하는 일과 같은 보다 개인적인 일들에 통달하고 나면, 이들은 이제 대학에서 학생들이 당연히 해야 할 일에 몰입하게 된다. 그것은 바로 학업이다.

우리가 면담한 학생들은 학교에서 공부할 게 엄청나게 많다고 했다. 3학년은 자신들이 지금까지 대학에서 받은 교육을 융합하고, 대학교육을 받은 사람이라는 것을 보여 줄 수 있는 역량을 획기적으로 배양하고 다듬는 시기다. 학업적인 면에서는 구체적인 역량, 지식, 방법에 중점을 둔다. 수업은 보통 선수과목들이 있는 고급과정이다. 전공에서는 연구방법론 수업을 듣고, 연구 실습 과정을 이수하며, 분량이 보다 많은 보고서를 작성한다. 다른 사람에게 어떤 주제에 대하여 이야기하기에 충분한 배경지식을 갖게 되면서 공적인 자리에서 말하는 기회가 더 많아진다. 사람들 앞에서 연설하는 것을 전적으로 즐기게 되지는 못하더라도 적어도 두려움은 제법 없어지게 된다. 고급 수준의 글쓰기가 훨씬 수월해지고, 수업에서 어려운 자료를 읽고 이해하며, 자신의 의견을 주장하는 일들이 일상이 되어 간다.

하지만 개인적 · 사회적 관계에 대한 학생들의 관심은 학업을 주로 논의하는 이 장에서도 명확해질 것이다. 친구관계의 형성과 어려운 과제를 해결하면서 생긴 자신감을 대학에서 얻게 되었다고 언급한 학생들이 가장 많았다.[1] 학생 개개인은 목적을 보통 여러 가지 갖고 있으며 상호 배타적이라고 보기 어려운 여러 긍정적인 교육 성과를 누릴 수 있다.[2] 다시 말하자면 학생들은 친구들과 어울려 지내면서 동시에 공부를 열심히 하는 좋은 학생이 될 수도 있다. 우리는 학습이 일어나려면 먼저 일상생활에 필요한 관계를 형성하고, 그다음으로는 학습을 동기화하는 데 필요한 관계를 형성하여야 한다고 생각한다. 알렉산더 애스틴(Alexander W. Astin)과 빈센트 틴토(Vincent Tinto)와 같은 학자들이 언급한 것처럼, 대학에서 학생들이 학업을 지속하기 위해서는 통합이 중요하고, 이러한 통합이 학습에 앞서 꼭 필요하다. 학생들은 정서적으로 대학에 빠져들어야 한다.[3] 이에 더해서 우리는 논리적인 관점에서도 학생들이 대학에 녹아들어야 한다고 생각한다. 학생들이 수업 내용을 배우려면 먼저 수업을 들어야만 한다. 어쩌면 당연해 보이는 이 중요한 사실이 대학에서 수업 시간표를 짜거나 교과목 강사를 배정할 때 종종 무시되곤 한다. 학습에 이르는 길은 이러한 길을 원하는 학생들에게 제공되어야 한다. 이를테면, 새로운 과목을 듣고 싶어 하는 4학년 학생들이 들을 수 있는 과목들이 열려 있어야 한다.

일단 학생들이 과목을 수강하기 위해서는 공부를 해야 한다. 최근, 대학생의 학습과 이에 영향을 주는 요인들에 관한 연구들이 많이 나오고 있는데, 이 연구들은 공부 시간('과업 수행 시간'), 적절한 학습 방법, 보고서의 분량, 학문적으로 도전적인 수준에 맞추기 위한 노력과 같은 요인들이 중요하다고 밝히고 있다. 이러한 것은 학생 개개인이 스스로 견뎌 내야 한다. 혼자 공부하는 학생들이 여럿이 함께 작업하는 학생들에 비하여 더 나은 성과를 나타낸다는 연구 결과가 이를 시사한다.[4] 이러한 영향요인들과 학습의 상관관계는 널리 알려져 있다. 그 결과는 틀림없다. 그렇게 움직인다. 우리가 이러한 결과에 대하여 반론을 제기하는 것은 아니다. '과업 수행 시간'과 '주도적인 실천'[5]은 정말 중요하다. 댄 챔블리스가 다른 곳에서 주장했듯이 말이다.[6] 분명한 것은 공부에 더 많은 시간을 투자할수록 배우는 것도 더 많다는 것이다.

하지만 왜 누군가는 학교 공부를 더 많이 하고 싶어 할까? 처음으로 집을 떠난 열아홉 살짜리 학생은 말할 것도 없고 말이다. 이러한 모든 일이 실제로 일어나려면 동기가 필요한데, 이러한 동기는 타인이나 공동체에 정서적으로 연결될 때 가장 강력하게 발생한다. 학생들이 대학에 입학할 때, 이러한 동기 수준이 높을지라도, 그 수준은 항상 지속되는 것도 아니고 당연하게 여겨지는 것도 아니다. 이처럼 우수한 학생들조차도 학습에 대한 열정이 변화(향상, 하향)하는 경험을 하게 된다.[7] 그리고 이들 중 일부는 다른 사람들, 즉 교수, 동료 학생, 청중 등과의 관계에 따라서 이러한 변화를 경험하게 된다. 그리고 그러한 인간관계 속에서 놀랍게도 단순한 것들이 이러한 동기를 엄청나게 향상시킬 수 있다. 교수와의 단 한 번의 만남, 수업 시간에 해야

했던 단 한 번의 발표, 룸메이트와 진지하게 나눈 단 한 번의 대화가
이에 해당되는 것들이다.

글쓰기

학부에서 글쓰기는 매우 기본적인 기술이기 때문에, 교양교육의
일부일 뿐만 아니라 필수 요건인 경우가 많다. 현대사회에서 모든 조
직을 운영하는 데 중심적인 역할을 하는 명료한 글쓰기는 중간관리자
들에게 도움이 되며, 전문가들에게는 필수적인 능력이다. 학부생들
의 경우, 글쓰기 훈련은 자신의 생각을 정리하거나, 다른 사람들에게
자신의 아이디어를 명확하게 제시하는 데 도움을 준다. 이런 점에서
글쓰기는 지적인 활동인 동시에 사회적 활동이다. 독자들과 어느 정
도의 감정이입이 필요하다는 점에서 그렇다.

학부생들은 대학에서 글쓰기 실력이 실제로 향상될까? 만약 그렇
다면 어떻게 이것이 가능한 것일까? 이러한 궁금증에 대한 답을 얻기
위해서, 우리는 5년 동안 이 대학 학생들의 글쓰기를 블라인드 방식
으로 평가하였다. 이러한 작업은 5년 동안 많은 비용을 투자하였던
대규모 프로젝트로서, 해밀턴 대학의 네스빗-존슨 글쓰기 센터의 소
장인 섀런 윌리엄스의 감독하에서 이루어졌다. 그녀는 지칠 줄 모르
는 사람이었다. 윌리엄스 소장과 우리 연구 팀은 먼저 연구 대상 학생
들과 다른 학생들이 작성한 보고서를 수집하였다. 우리가 수집한 문
서들은 다음과 같다. 학생 한 명당 매년 하나씩 고등학교 최종 학년에
서부터 대학 4학년 때까지 5년 동안 쓴 총 다섯 개의 보고서를 입수했

다. 고등학교 때 작성한 보고서는 수업 시간에 과제로 제출해서 평가를 받은 것으로서 대학입학 신청서와 함께 제출한 것이었고, 대학에서 작성한 보고서는 학생 스스로 선택하여 제출하도록 했다. 이 보고서들은 매년 학생들이 우리 프로젝트 팀과 만남을 가질 때 수집되었다. 대학입학 신청서를 작성할 때 제출하는 에세이는 고등학교 때 자신이 쓴 것들 중에 가장 훌륭한 것을 선택하여 제출한 것이고, 1학년 때 쓴 에세이 중 다수는 글쓰기 심화과정에서 쓴 것들이기 때문에, 이들 글쓰기 샘플은 가장 훌륭한 작품이라고 할 수 있다. 이렇게 기준을 높이는 '보수적인' 표집 방식을 활용하면 글쓰기가 향상되었다는 것을 입증하기 더욱 어려워진다고 할 수 있다. 같은 기간 동안에 조사 대상이 아닌 다른 학생들의 에세이도 수백 개 정도 수집하였다. 이 에세이들은 모두 대학 수준에서 수업 과제로 제출한 것들이었다. 조사 대상 학생들의 에세이와 마찬가지로 1학년과 2학년 에세이의 경우, 글쓰기 수업의 것들을 보다 많이 표집했고, 고학년들의 페이퍼는 이것저것 가리지 않고 가능한 한 많이 수집하였다. 이러한 과정 역시 기준이 되는 저학년의 글쓰기 수준이 가능한 높게 설정되도록 함으로써, 글쓰기 능력이 향상되었다는 것을 보여 주기 어렵게 만드는 방식이라고 할 수 있다.

이러한 과정을 거쳐서, 연구 시작 후 4년이 다 되어갈 무렵에는 학생들이 쓴 1,068개의 분석가능한 에세이를 수집할 수 있었다. 나머지 수백 개의 에세이는 우리의 표집 방식과 에세이의 분량 또는 내용적인 면에서 적절치 않아서 제외하였다. 이렇게 수집한 에세이들을 통하여, 우리는 개별 학생들을 종단적으로 추적하면서 분석할 수 있었을 뿐만 아니라 학년별로 글쓰기 수준을 분석할 수 있었다. 그리고

4학년들의 에세이를 매년 수집하였기 때문에, 졸업생들 간의 비교도 어느 정도 가능했었다. 모든 개인 정보(이름, 과목명 등)는 에세이에서 삭제하고 각각에 코드 번호를 부여하였다.

그다음에는 윌리엄스 소장과 연구 팀이 에세이를 읽고 평가해 줄 외부 전문가(대부분 비슷한 수준의 대학의 글쓰기 센터 소장들이었음)를 섭외하고 평가 방법을 알려 주었다. 평가 방법은 윌리엄스 소장과 테드 아이스마이어(Ted Eismeier)가 고안한 8개의 항목을 평가하는 방식을 활용하였다. 이를테면, 8개 각각의 항목(예: 문법과 관용구, 문단 간의 연관성)에 해당하는 에세이를 7점 척도로 평가하는 것이었다. 평가자는 에세이가 어떤 과제였으며 어떤 수업을 위해 쓰인 것인지 알 수 없었기 때문에, 이 평가는 수업의 목적과 관계없이 글쓰기의 질적 수준에 기초해서 기술적인 측면에 중점을 둔 것이었다. 평가의 신뢰도를 높이기 위해서, 평가자들은 훈련을 받고 예비 테스트를 했다. 다만, 비용 때문에 평가자 한 명이 한 개의 에세이를 평가하도록 하였다. 그런 다음, 평가자들은 마구 뒤섞어 놓은 1,068개의 에세이를 글쓴이와 어떤 수업에 쓴 글인지를 알 수 없는 상태에서 무작위로 골라서 읽고 평가하였다. 평가자들은 4년 동안, 매년 수백 개의 에세이를 평가했다. 그리고 평가 결과는 컴퓨터에 입력하여 데이터베이스로 만들었다. 그리고 나서야 우리는 학생들의 글쓰기 실력이 향상되었는지를 객관적으로 파악할 수 있었다.

에세이 보고서를 수집하는 기간 동안에 조사 대상 학생들과의 면담도 진행하였는데, 이 면담에서 글쓰기와 글쓰기 수업에 관한 것들을 포함해서 여러 가지 질문을 하였다. 또한 매년 시행한 4학년 설문조사에서 글쓰기에 관한 학생들의 응답도 정리하였다. 이러한 면담과 설문조사 결과와 더불어 4년간에 걸친 글쓰기 연구 결과가 정리되면서, 학생들의 글쓰기에 관한 객관적인 평가와 글쓰기 실력 향상 정도에 관한 주관적인 평가, 그리고 이 향상에 영향을 주었다고 생각하고 있는 것을 하나로 통합할 수 있게 되었다. 이러한 연구 방법과 더불어 결과가 소개되자 교수들은 다소 긴장하는 듯 보였다. 평가가 블라인드 방식을 통해 객관적으로 이루어져서 대학에서 학생들이 실제로 얼마나 향상되었는지를 보여 주는 것이기 때문이었다. 여기에는 꾸밈이 개입할 여지가 있을 수 없었기 때문이기도 하다.

평가자들이 에세이별로 여덟 개의 준거에 기초해서 평가를 마치면, 모든 평가 자료는 컴퓨터의 데이터베이스에 입력된다. 그런 다음, 통계를 가르치고 있는 실험심리학자인 제니퍼 보턴 교수는 세 가지 유형의 분석을 시행하였다. 첫 번째 유형으로 우선 조사 대상 학생들이 제출한 총 5년 치 에세이(고등학교 에세이 포함)를 장기간에 걸쳐 비교 분석하였다. 안타깝게도, 여기에 해당하는 학생은 18명밖에 되지 않았다. (이런 유형의 자료를 확보하는 것은 매우 어려웠다. 특히 학생들이 교환학생 프로그램에 참여한 경우에는 더욱 그랬다.) 두 번째 유형으로 해당 기간 중 두 해에 에세이를 제출한 학생들에 대해서는 두 개의 에세이를 쌍으로 장기간에 걸쳐 비교하였다. 이러한 비교는 우리가 특정 수업과 교수들로부터 대량으로 에세이를 확보하였기 때문에 가능했다. 세 번째 유형으로 서로 다른 학년(예: 2학년과 4학년)의 학생들의 글쓰기를 횡단적으로 비교해 보기도 하였다.

연구 결과는 명확하였다. 첫째, 교수들에게는 위안이 되는 소식인데, 학생들의 글쓰기 실력은 실제로 향상되었다. 한 학생이 5년 동안 쓴 것들을 뒤죽박죽 섞어 놓은 뒤 평가자에게 글쓴이와 과목에 대한 정보를 알려 주지 않고 보고서만 보고 평가하도록 했다고 상상해 보자. 우리 분석에 따르면, 평가자는 그 글쓰기 자료를 글쓰기 수준에 따라, 고등학교에서 대학교 4학년에 이르는 순서(1, 2, 3, 4학년)대로 정확하게 나열할 수 있었다. 비록 3학년과 4학년 글쓰기 자료는 구분하기 어려웠지만 말이다. 처음 4년 동안의 변화는 통계적으로 살펴봐도 분명히 나타났다. 그렇지 못한 경우에도 결과는 분명히 향상되는 방향으로 나아가고 있다는 것을 알 수 있었다. 객관적으로 살펴볼 때, 학생들의 글쓰기 실력은 실제로 향상되었음을 알 수 있었다.

둘째, 우리는 소위 '대학 효과'라는 것을 발견할 수 있었다. 가장 큰 효과는 이른 시기인 1학년이나 2학년 때 나타났지만, 몇몇 학생에게는 정말 빠른 시기인 대학에 입학한 처음 몇 주에도 이처럼 큰 효과가 나타났다. 우리가 면담한 일부 학생도 이러한 경험을 했다고 말했다. 아마도 이러한 결과는 학생들의 높은 기대 수준과 새로운 교수진을 만족시키려는 욕구가 생겨서 더 열심히 했기 때문인 것 같다.

> 스틴슨 교수님은 엄격하죠. 하지만 제 생각에 그분은 매우 공정하고 훌륭해요…. 전 좀 더 많은 노력이 필요하다는 말에 충격을 받았죠…. 처음에는… 수많은 지적을 받았어요. 제가 쓴 보고서들에 대해서 스틴슨 교수님뿐만 아니라 다른 교수님한테서 받은 평가에 충격을 받았죠. 교수님들은 제가 쓴 표현을 있는 그대로 받아들이기보다는 제가 그분들의 방식대로 표현해야 하는 방식에 관심을 갖고 있었어요.
>
> (제임스, 동문)

대학 효과는 학생들의 이러한 느낌, 즉 교수들이 더 많은 기대를 하고, 자신이 더 노력해야겠다고 생각하는 데서 생겨나는지도 모른다. 즉, '대학 교수들이 원하는 것'으로 바뀌는 변화가 일어나는 것 같다. 자신의 말을 들어 주는 대상의 변화라든지 정말로 내 말을 들어 주는 사람이 생겼다는 인식을 갖게 되는 변화 말이다. 수업을 통해서 얻은 기술적인 정보나 지식과는 별개로, 대학에 입학했다는 그 자체로만으로도 학생들의 수준이 향상되는 것 같다.

셋째, 신입생 때 글쓰기 점수가 가장 낮았던 학생들의 점수가 가장 많이 향상되었다. 처음에 성적이 낮았던 학생들 중에는 유학생들이 일부 있었다. 모든 면에서 우수한 학생들이었으나 영어는 시작 단계에 있었다. 그들의 어학 실력은 매우 빨리 향상되었으며, 이는 글쓰기를 통해서 알 수 있었다. 어떤 점에서 그것은 글쓰기의 향상이라고만 볼 수는 없었다. 글쓰기 점수가 가장 낮은 학생의 향상은 통계학자들이 사용하는 표현을 빌리면, '평균으로의 회귀'일 수도 있기 때문이다. 즉, 정규분포의 양끝에 있는 극단적인 사례들은 평균으로 움직이는 경향이 있다. 왜냐하면 그 이상의 더 극단적인 데로 갈 수가 없기 때문이다. 어찌 됐든지 그들의 글쓰기는 많이 향상되었다.

흥미롭게도 고등학교 때의 글쓰기가 가장 우수했던 학생들이 점수상으로는 향상 정도가 가장 낮았는데, 이는 아마도 대학교의 프로그램들이 잘하는 학생보다는 다소 뒤처진 학생들에게 더 도움이 됐기 때문으로 풀이할 수 있을 것이다. 즉, '바닥을 높이는' 효과라고 할 수 있겠다. 전혀 터무니없는 이야기는 아닐지라도, 이러한 해석에 반하는 사실도 여럿 있었다. 그중 하나는 이러한 해석이 대학 성과에 관한 기존 연구 결과와는 상반된다는 점이다. 기존 연구 결과들은 '마태(마태오) 효과'[8]를 지지하고 있는데, 이는 준비가 더 잘된 학생들이 대학으로부터 더 많은 것을 얻는다는 것이다. 또 다른 하나의 통계적 결과를 살펴보면, 최상위 수준에서 이미 시작했던 학생들은 7점 척도에서 그 이상의 점수를 얻기가 더 어렵다는 사실이다[보통 '천장 효과(ceiling effect)'라고 함-역주]. 또한 HEDS를 실시했던 4학년을 조사한 결과로는 대학에서 글쓰기가 '매우 많이' 향상되었다고 응답한 학생들 중에서 1학년 때 글쓰기를 가장 잘한 학생들이 두 배나 더 많았다. 마지막으로, 연구대상 학생들 중에서도 글쓰기가 훌륭했던 학생들이 자신의 글쓰기 실력, 특히 자신의 글쓰기 문제를 스스로 진단하고 다양한 사람들과 의사소통하는 능력이 획기적으로 향상되었다고 한 학생들이 있었다. 이러한 점들을 종합해 보면, 처음부터 글쓰기를 잘한 학생들도 실제로 실력이 향상된다고 할 수 있다.

세부적인 내용과는 상관없이, 대학 차원의 노력이 성과를 보인 효과적인 프로그램 하나를 소개하려고 한다. 이 대학에서는 교육과정 전체에서 글쓰기를 의무화했는데, 특히 글쓰기에 '일정 시간을 할애(time on task)'하고 고쳐 쓰기를 강제하도록 했다. 학생들은 의무적으로 '글쓰기 심화과정(Writing-Intensive: WI)'을 적어도 세 과목 들어야 졸업할 수 있는데, 실제로 6~7개 혹은 그 이상의 과목을 듣는 학생들이 다수다. 이 글쓰기 심화과정 프로그램에는 이 대학의 학생들이 졸업하기 전 글쓰기를 잘해야 한다는 대학 차원의 오랜 신념이 반영되어 있다. 영문학과나 다른 인문학과뿐만 아니라 모든 학과가 글쓰기 심화 교과목을 개설하고 있으며, 학생들도 공식적인 글쓰기 심화과정으로 등록된 과목이 아닌데도 그 과목들에서도 글쓰기가 강조되고 있다고 한다. 글쓰기 심화과정의 수강 인원은 20명으로 제한되어 있기 때문에, 교수들도 그 과목을 개설하는 혜택이 있다. 전체적으로 글쓰기 과목들이 다양한 영역에서 아주 많이 개설되기 때문에, 이 과목들을 피해 다니기는 어렵다. 이 대학에는 최고 수준의 글쓰기 센터도 있는데, 이곳에는 엄선되고 잘 훈련된 학생 튜터들과 매우 탁월한 소장, 그리고 헌신적인 원로 교수들로 구성된 자문위원회가 있다. 이곳에서 말하는 글쓰기 방법에 대한 기본적인 메시지는 시간이 지나도 변하지 않는다. 논제를 갖고 있고, 한 문단에 하나의 주제 문장이 있고, 이러한 각각의 문단이 논리적이 되어야 하며, 연관성이 부족하고 불필요한 부분은 과감히 삭제한다는 내용이다. 글쓰기에 의무적으로 시간을 할애하도록 하는 방식은 매우 효과적이다. 글쓰기가 제일 형편없었던 학생들마저 졸업할 때가 되면 꽤 잘 쓸 수 있게 된다. 그들은 전국의 대학생들과 비교해 보아도 아주 잘한다.

이 글쓰기 프로그램은 기존에 있는 교육과정에 그냥 추가한 것이 아니다. 이처럼 강조되고 있는 글쓰기 능력은 대학 홈페이지 첫 화면에 나타나 있듯이, 대학의 역사, 이미지, 문화에 깊이 뿌리내리고 있다. 이 대학에 입학하려는 생각이 있는 학생들도 글쓰기 실력이 선발에 고려되는 점에 이끌려 대학에 지원하고 싶어 한다. 대학에 지원할 때는 고등학교 때 작성한 보고서와 에세이를 통하여 글쓰기 실력을 평가받는다. 모든 학과, 특히 영어, 역사, 철학과처럼 수강생이 많은 학과들은 100단위 수준 과목들(일반적으로 1학년 기초 과목들–역주) 전부를 글쓰기 심화과정으로 운영하면서 글쓰기를 매우 강조하고 있다. 어떤 점에서 글쓰기라는 것은 프로그램이라기보다는 대학의 핵심 가치라고 할 만하다.

학생들은 좋은 글을 쓰는 방법을 배울 때 가장 중요한 것은 말로든 글로든 전문적인 피드백을 받는 것이라고 말한다.

우리는 오늘 처음으로 제출한 보고서를 돌려받았어요…. 그 교수님
은 모든 보고서를 각각 6~8번씩 읽었어요…. 꽤 긴 보고서들이었는
데 우리가 쓴 보고서를 읽고 피드백을 써 줬어요. 네 문단 정도 분량
으로요. 우리에게 대략적인 성적을 주고는, 보고서를 수정하고 싶으
면 이런 식으로 하라는 거였죠. '문법적으로 맞지 않는 문장이 정확
히 11개 있다.' 물론 이건 말도 안 되는 거죠. 그만큼 헌신적인 거죠!
교수님께서 이런 노력을 하고 있다고 느끼니까 보고서를 고치고 싶
어졌어요….

(수지, 1학년)

우리가 보고서를 제출하고 나면, 교수님이 보고서에 대한 피드백을
한 장 정도 종이에 써서 돌려줘요…. 물론 보고서에도 표시를 해 주죠.
예를 들면 문법적인 부분들이요. 그러고는 학생 개개인에게 학생들이
쓴 보고서의 주제와 관련된 것들에 대하여 제안하는 내용을 다시 한
쪽 정도 써 줘요. 그게 정말 도움이 많이 됐어요.

(제니, 1학년)

코멘트를 엄청 많이 받아요…. 처음에는 당연히 기분이 상하죠. "내가
얼마나 열심히 한 것인데! 심혈을 기울여서 한 것인데… 제 생각에는
지금 그 자체로도 완벽하다고 생각하거든요!" 하지만 곧 자세히 생각
해 보면 깨닫게 돼요…. 조언을 받아들이면 보다 큰 차이를 만들어 낼
수 있다는 것을요.

(사샤, 2학년)

학생들은 글로 쓴 피드백보다도 자신이 쓴 글에 대하여 일대일로
만나서 대화를 가질 때, 자신의 글쓰기에 가장 많은 영향을 주었다고

했다. 특히 교수와 연구실에서 만나 이야기를 나눈 횟수가 중요했다고 언급했다. 딱 한 번 만난 것도 효과가 있어 보였다.

> 그는 항상 우리한테 찾아와서 이야기하라고 해요. 그리고 개인적으로 우리가 제출한 보고서에 대하여 함께 이야기를 나누자고 하죠. 그게 저한테는 도움이 많이 되었어요. 보고서에 써 준 코멘트보다 더 많이요…. 어떤 주제에 대하여 대화를 나누는 그 자체가 저에게는 정말 도움이 되었죠.
>
> (프랭크, 1학년)

> 보고서를 제출하기 전에 교수님과 함께 앉아서 검토해 보는 건 정말 좋아요. 저는 감히 그러한 방식이 보고서를 더 좋게 만드는 유일한 방법이라고 말하고 싶어요. 이를테면, 학생들이 보고서를 제출한 뒤 모든 교수님이 학생들 개개인과의 면담을 통하여 무엇이 잘 되었고 무엇이 잘못되었는지를 함께 검토해 보는 거죠. 이러한 것이 정말 학생들에게 도움을 줄 수 있다고 생각해요.
>
> (제이, 1학년)

흥미롭게도, 교실에서 이루어지는 수업에 대한 학생들의 언급은 거의 없었다. 가끔, 학생 튜터가 도움이 되었다고 한 경우는 꽤 있었으나, 튜터링이 글쓰기를 향상시키는 주된 요인은 아니었다. 또한 학생들이 교수의 전문적인 글쓰기 지식에 감명을 받은 것도 아니었다. 사실 교수들은 대부분 작문이나 웅변술에 대한 전문성이 부족하기 때문이다.

학생들이 교수들에게서 중요하다고 느낀 부분은 그들이 학생 개개인에게 관심을 두었는지에 관한 여부다. 즉, 시간을 내서 나한테 도움을 주었는지 말이다. 특정 학생에 대한 교수의 관심은 '글쓰기가 중요하다.'는 메시지를 전달하고, 관계가 더 지속되면 "너의 글쓰기가 중요하다."고 말해 주는 형태로 이루어진다.

학생들은 교수와 같은 특정한 사람으로부터 받는 관심을 통해서 학습을 한다. 그들은 충분한 노력이 수반되면 글쓰기가 향상될 수 있다는 것을 알게 된다. 또한 글쓰기는 기술이고 교수들의 피드백이 중요하다는 것도 알게 된다. 이렇게 필요한 단계들을 차근차근 밟아 나가면서 글쓰기가 눈에 띄게 좋아질 수 있다. 글쓰기는 기술적으로 그렇게 어려운 일은 아니다. 필요한 정보는 이미 책이나 수업 시간에 받은 자료, 학생 튜터나 교수들을 통해서 얻을 수 있다. 글쓰기는 전혀 딴 세상의 이야기가 아니다. 정말 중요한 것은 하고자 하는 마음(motivation)이다. 그리고 이러한 마음은 누군가가 내가 쓴 글에 관심을 갖고 있다는 사실을 알게 될 때 생겨난다.

말하기

교양교육의 또 다른 핵심 역량은 말하기다. 비록 대부분의 대학에서 글쓰기보다 관심이 적기는 하지만, 말하기는 여전히 중요한 요소임에는 틀림없다. 말하기는 다양한 유형이 있는데, 수업 시간에 발언하기, 세미나 수업에 참여해서 말하기, 실험실이나 현장학습에서 대화 나누기, 수업 시간에 보고서 발표하기, 졸업논문 발표하기, 구술시험 보기 등이 있다. 이러한 활동들은 모두 자원을 많이 필요로 하는

데, 말하자면 교수 대비 학생의 비율이 낮아야 한다. 하지만 이러한 말하기 기술은 삶에서 매우 유용하고 말하기를 연습하는 그 자체로도 흥미로운 부수 효과가 있다.

이 대학에서는 학생들이 정기적으로 수업 시간에 항상 말을 하도록 요구한다. 교수의 질문에 대답하고, 특정 주제에 대해 자신의 입장을 밝히고, 다른 학생의 주장에 찬성 혹은 반대하는 입장을 밝히고, 마음이 내키기 않거나 긴장이 되더라도 발언을 해야만 한다. 때로는 수업 시간에 당황하거나 곤혹스러움도 경험하게 되는데, 어쩔 수 없이 이러한 걱정에 대처하고 조금만이라도 이를 극복해야만 한다. 그리고 한 번씩 고등학교 때는 할 수 없었던 방식인, 자신보다 윗사람인 교수와의 논쟁을 해야 하는 경우도 종종 있다. 때로는 엄격한 제약하에서 자신의 생각을 이야기하는 정도가 대부분이지만 말이다.

> 글쓰기 센터에서 튜터로 일하는 동안 사람들하고 말을 했던 것이 [말하기에] 도움이 가장 많이 되었던 것 같아요. 이때 간결하면서도 제 자신을 명료하게 그리고 분명하게 표현하는 방법을 익혔지요. 말하려는 것을 가능한 한 빨리 표현하려고 했어요. 다른 사람이 듣기에 제가 서두르거나 당황하고 있지 않다는 것을 보여 주면서 말이죠.
>
> (제인, 4학년)

학생들은 오로지 경험을 통해서 말하기 능력과 이를 뒷받침하는 자신감을 키울 수 있다고 한다.

제가 수강했던 모든 수업에서 그랬던 것 같아요. 수업에서는 학생들이 그룹 과제를 해야 했고, 이를 통해 수업 시간에 발표를 했어요. 이런 과정을 거치면서 저는 긴장감이라든지 초조함을 극복할 수 있었어요…. 모든 강의에서 수업 참여를 강조해요. 비교과 활동에서도 마찬가지죠. 이를 통하여 많은 사람에게 말을 하고, 제 생각을 이야기할 수 있는 기회를 얻게 되는 거죠. 이에 따라 말하기에 대한 자신감이 더욱 커졌어요.

(잭, 4학년)

제가 생각하기에는 아마도 규모가 작고 토론 중심의 수업을 많이 들으면서, 다른 사람들 앞에서 말하는 것이 더 편해졌던 것 같아요…. 말하기 실력은 연습을 하면 느는 것 같아요.

(제니, 4학년)

분명히 학교에서 의사소통 능력을 키울 수 있는 기회가 있어요…. 바로 수업 시간에 말을 하는 거죠. 자신의 의견을 이야기하고 질문도 하면서요. 그리고 누군가가 자신의 의견과 생각을 제시하며, 효과적으로 의사소통하는 환경에 지속적으로 노출되면서, 말하기 실력은 자연스럽게 향상될 수 있는 거죠.

(손, 3학년)

학생들이 어떤 식으로 공식적인 자리에서 대중적 화법(대중 앞에서 말하기, public speaking skills)을 향상시키는지 살펴보기 위하여, 우리는 네 개의 연구 결과를 종합해 보기로 하였다. (1) 우리 동료인 짐 헬머 박사는 2학년과 4학년 학생들의 발표를 촬영한 288개의 비디오테이프를 수집하여 분석하였다. 이 대학에서는 대중 앞에서 말하는 걸 필수로 하지 않기 때문에 적은 수의 학생만을 촬영할 수 있었으며, 이에 따라 2학년과 4학년 모두 걸쳐서 발표한 학생의 테이프를 구할 수는 없었다. 이러한 제약에도 불구하고, 헬머 박사는 2학년과 4학년을 비교하는 보고서를 준비해 주었다. (2) 연구대상 학생들과의 면담에서는 대중 앞에서 말할 때와 수업시간에 말로 의사소통하는 능력을 스스로 어떻게 생각하는지에 대해 질문했다. (3) 매년 실시하는 HEDS 4학년 조사에서도 말로 하는 의사소통에 관한 문항을 포함하였다. (4) 마지막으로, 우리 동문들과의 면담에서도 말로 하는 의사소통 능력에 대하여 물어보았다. 이렇게 서로 다른 조사에서 나온 결과들을 분석하여 일관성 있는 부분을 찾고자 하였다.

이러한 과정을 거쳐 다음과 같은 몇 가지 결론에 도달할 수 있었다. 첫째, 대중 앞에서 말하는 능력을 향상시키기 위해서 대학 차원에서 운영하고 있는 프로그램은 더 이상 없지만(수년 동안 시행하다가 1980년대에 없앴다), 학생들의 이러한 말하기 능력이 향상된 것은 분명했다. 비디오테이프를 분석해 보면, 확실히 4학년 학생들이 2학년 학생들보다 말하기 능력에서 앞서 있었다. 이러한 결과는 표집 문제 때문에 단정할 수는 없지만, 4학년 조사와 연구대상 학생들과의 면담에서 이들의 자가진단 결과를 살펴본다면 어느 정도 설득력이 있다. 많은 학생의 말하기 실력이 향상되었다고 확신했다. 물론 이러한 향상의 일부는 성숙의 결과로 볼 수도 있지만, 많은 '성숙한' 어른들도 대중 앞에서 말하는 걸 두려워한다. 하지만 이 대학에서 몇 년을 보낸 학생들은 그렇지 않았다.

연구조교(RA)가 되면 대중 앞에서 말하는 데 도움이 돼요. 연구조교를 위한 훈련을 받을 때 학생들의 주목을 이끌어 내고 그들로부터 빨리 신망을 얻는 방법을 배워요. 지시하듯이 이렇게 해라 저렇게 해라 하면 안 돼요…. 모든 사람 앞에서 편안하게 말하는 것이 중요해요. 3학년 때, 제가 지도하는 학생들 중에 바보 같은 녀석 하나가 거의 정학을 당할 뻔했는데, 첫 모임을 갖던 중에 이렇게 묻는 거예요. "언제쯤 술을 사서 기숙사에 가지고 들어올 수 있죠?" 난 그냥 웃어넘겼지요…. 하지만 제가 2학년 때 이러한 질문을 받았더라면 그렇게 넘어가지 않았을 거예요.

(조너선, 동문)

둘째, 조금만 노력해도 높은 성과를 보이는 것 같다. 이러한 말하기 능력을 향상하기 위해서 학생들이 20분 짜리 발표를 해야만 하는 것은 아니다. 2~3분의 짧은 발표만으로도 효과가 커 보인다. 이는 로켓을 쏘아 올리는 것과 같은 고도의 기술이 요구되는 것은 아니기 때문이다.

프래터너티에서는 매주 회의가 있었어요. 그래서 매주 40명씩이나 되는 사람들 앞에서 말하다 보면, 대중 앞에 서는 상황에서도 편안함을 느끼게 되는 거죠.

(잭, 동문)

물론, 보다 높은 수준의 대중연설에는 진짜 기교가 필요하지만, 여기에서 우리가 이야기하는 것은 그러한 수준은 아니다. 합리적인 수준에서 어느 정도 들어 줄 마음이 있는 사람들을 앞에 놓고 이야기를 하는 것만으로도 말하기 능력이 향상될 수 있다. 어느 정도의 피드백이 돌아오는 환경에서도(이를테면, 비디오 촬영을 통해서) 마찬가지다. 이런 것들을 수행하는 것에는 수많은 수업 시간이 필요하지 않으며, 교수의 전문적인 지식이 요구되지도 않는다.

셋째, 어느 정도 놀랄 만한 부수적 효과도 생긴다. 대중 앞에서 말을 하려면 정서적 몰입도 커지는데, 이 때문에 학업이나 개인적인 측면에서 얻을 수 있는 것들이 많다. 공식적이든지 비공식적이든지 다른 사람들 앞에서 말을 하려면 어쩔 수 없이 몰입하게 된다. 특히 그 대상이 '대학 커뮤니티'에 속한 학생들이고, 동료 학생들이 자신에 대하여 어떻게 생각하는지에 대한 관심을 갖고 있는 경우에는 더욱 그렇다.

> 저희는 졸업논문 작성을 위한 회의를 했어요. 그곳에는 저와 지도교수님, 그리고 5~6명의 다른 학생들이 있었죠. 다른 사람의 논문 주제에 대하여 질문하려면… 말로 표현하기 어렵네요…. 완전히 이해하고 늘 똑똑하게 말하고, 바보같이 들리지 않도록 해야죠. 그러기 위해서는 많은 시간을 투자해야만 했어요.
>
> (잭, 동문)

당혹스러운 감정은 순식간에 자극으로 변한다. 말하려는 학생은 그 일을 해내기 위하여 노력할 것이고, 이로 인해 관련된 부분의 학습이 더 이루어지며, 그 어떤 글쓰기보다 정서적으로 훨씬 더 몰입하게 될 것이다. 이러한 과정을 거치면 학생들은 준비가 무엇보다 중요하다는 걸 깨닫게 된다. "무엇인가를 이야기하면서 알게 됩니다."라고 그들은 언급하고 있다.

대중 앞에서 이야기하는 경험은 어떠한 결과를 야기하게 될까? 우리 연구대상 학생들이었던 졸업생 동문들의 조사를 살펴보면, 이러한 경험은 자신감을 높일 수 있고, 상대적으로 비교하기 힘든 역량을 갖춤으로써 커리어 역량을 키우는 것에도 아주 큰 도움이 되었다고 언급하고 있다.

> 이 학교는 말하는 걸 장려해요. 수업 시간에 말하고, 수업을 같이 듣는 학생들이 말하고, 발표를 하죠. 많은 학교는 그렇게 하지 않죠. 정말 놀라워요. 이 대학은 이런 것을 아주 잘해요. 제 스스로가 자신감이 넘치는 사람이 될 수 있도록 만들어 주죠. 특히 다른 사람들에게 제 생각을 발표할 때요.
>
> 믿을 수 없을 만큼 도움이 많이 돼요…. 장학금을 받으려고 여러 사람 앞에 서 있어야 했던 적이 있어요. 150명이 신청했는데, 그중에서 3명이 이 장학금을 받았죠. 제가 그 중 한 명이었어요. 장학금 신청자들은 여러 명의 교수 앞에 서서 왜 자신이 이 장학금을 받아야 하는지 설명해야 했어요. 그런데 그게 그렇게 편안하게 느껴질 수가 없었어요…. 긴장이 많이 되더라고요. 대학에서 제 생각을 발표할 수 있는 자신감을 얻은 것 같아요. 가치가 있었죠.
>
> (조지, 동문)

다수의 재학생은 대중 앞에서 말하는 것이 솔직히 두렵지만, 그러한 능력을 개발할 수 있는 기회가 더 많았으면 했다. 대학이 이를 의무화시키면 좋을 것 같다고 했다.

> 대중 앞에서 말하기 연습을 충분히 했다고 생각하지는 않아요…. 글

쓰기를 강조하는 것도 중요하지만… 대중 앞에서 자신의 생각을 말로 표현할 수 있는 능력도 중요하다고 생각해요. 전 아직 이러한 면에서는 서툴거든요.

(캐서린, 4학년)

말할 수 있는 기회가 더 많았으면 좋겠다고 생각해요…. 글쓰기 심화과정처럼 말하기 심화과정도 있었으면 좋겠어요. 사람들은 아직 말하기에 대한 두려움이 많죠. 일어서서 다른 사람들 앞에서 이야기하는 거 말이에요. 때로는 수업 시간에 무엇인가를 아주 열심히 했을 때 재미를 느껴요. 어떨 때는 그렇게 열심히 한 것에 대해서… 일어나서 이야기하고 발표도 했으면 좋겠다는 생각이 들 때도 있어요.

(수전, 4학년)

모든 신입생이 들어야 하는 100단위 수준의 말하기 필수 과목이 있었으면 좋겠다는 생각이 들어요…. 이건 중요한 역량이잖아요.

(장클로드, 4학년)

사실, 대중 앞에서 말하는 것에 대한 학생들의 생각에 다음과 같은 독특한 측면이 있다는 점을 우리 연구에서 발견할 수 있다. 학생들은 대중 앞에서 말하는 것에 대해 두려워하지만, 어떻게 하는지 이는 게 중요하다고 생각하고 있으며, 이와 더불어 학생들이 그 방법을 배울 수 있도록 대학이 의무화해야 한다고 주장하고 있다.

비판적 사고

비판적 사고는 대학 총장과 고등교육에 관한 글을 쓰는 사람들이 오랫동안 좋아했던 주제다. 특히 교양교육에서 이것은 핵심 역량이기 때문에 더욱 그랬다. 비판적 사고가 무엇을 의미하는지는 좀처럼 파악하기 힘들지만, 최근 들어 비판적 사고를 판단할 수 있는 아주 좋은 기법들이 개발되었다. 2011년에 리처드 아럼과 조시파 록사가 촉발시켰던 대중들의 뜨거운 논쟁도 이 기법들 중 하나인 대학생 학습평가[Collegiate Learning Assessment: CLA, 『표류하는 대학(Academically Adrift)』에 기술되어 있음]를 사용하면서였다. 이들의 주요 연구 결과 중 하나를 살펴보면 다음과 같다.

> 전국적으로 2,300명이 넘는 대규모 학생 표본을 통하여 살펴본 결과, 이 가운데 적어도 45%의 학생들은 통계적으로 볼 때, 비판적 사고, 복잡한 추론, 글쓰기 능력이 대학에서 전혀 나아지지 않고 있다. 적어도 대학의 처음 2년 동안은 더욱 그렇다. 이렇게 놀라울 정도로(astounding) 많은 학생이 고등교육을 받으면서도 CLA로 측정한 핵심역량들을 개발하지 못하고 있는 것이다. (CLA는 2000년에 소개된 표준화된 조사도구로서 대학생의 비판적 사고력, 분석적 사고력, 문제해결능력, 글로 의사소통하는 능력 등을 포함하는 핵심능력을 평가한다-역주)[9]

대학생 학습평가(CLA)는 정교하게 설계된 테스트로 존중할 가치가 있으며, 이들의 연구 결과에 대해서도 찬사를 보낸다. 하지만 우리는 결과를 조금 다르게 해석하고 싶다. 아럼과 록사가 언급한 것을 되새겨 보자. '놀라운(astounding)'이 중요한 단어다. 이들의 연구 결과는 고등교육이 사람들의 기대를 확실히 저버렸다는 의미로 해석된다. 이것은 고등교육 산업을 맹비난하는 것이다. 하지만 '대학'이라는 말에 포함되는 고등교육 기관은 놀랄 만큼 그 종류가 다양하다. 엘리트 교육 기관인 하버드와 스탠퍼드에서부터 거의 알려져 있지 않은 크고 작은, 말 그대로 수천 개의 고등교육 기관들이 대학에 포함된다. 그들의 연구에 참여한 많은 학생은 우수한 대학이 아니라 학비만 낼 수 있으면 누구나 받아 주는 대학에 다니고 있는 학생들이다. 이러한 대학들에서는 공부에 몰입하고 있는 학생들이 많지 않다. 가슴 아픈 현실이다. 이러한 악조건에서도 약 55%의 나머지 학생들이 단순한 정보 획득도 아닌 고차원적인 사고 능력의 발달을 대학에 다닌 지 고작 2년 만에 이뤄 냈다는 것을 그들의 연구 결과에서 객관적인 평가를 통하여 보여 주고 있다.[10] 여기에 주목해 보자. 연구에 포함된 상당수의 학생에는 '교육 성과가 시원찮은' 대학에 다니고 있는 학생들과 학업 의욕이 전혀 없는 이들까지 다 포함되어 있음에도 불구하고, 전체 학생의 절반 이상이 대학에 다닌 지 2년 만에 비판적 사고 및 글쓰기 능력에서 통계적으로도 상당히 의미 있는 성과를 얻었다는 점이다. 이러한 결과는 실패가 아닌 대단한 성공으로 보아야 한다.

아럼과 록사는 또한 다음과 같이 언급하고 있다.

표본의 상위 10%에 속한 우수 학생들은 1학년 가을학기에서부터 2학년 말까지, 대학생 학습평가(CLA) 영역에서 약 1.5표준편차 이상의 향상이 있었다. 이는 백분위 점수로 43위에 해당하는 것인데,

신입생 때 50위였던 학생이 2학년 말에 신입생들의 백분위를 기준으로 93위가 되었다는 것을 의미하는 것이다. 이러한 우수 학생들이 학업 준비도, 가정 배경, 인종적 특성 면에서 매우 다양했다는 점이 중요하다.[11]

이는 열심히 하는 학생이라면 배경이 어떠했든지 상관없이 좋은 대학에 다니는 경우(우리가 연구한 대학과 같은) 비판적 사고를 빠르게 꽤 상당한 수준으로 향상시킬 수 있음을 보여 준다.

아럼과 록사가 쓴 책에서는 '공부시간(time on task)', 즉 읽고, 쓰고, 과제하는 데 보낸 시간이 학생의 성과에 있어서 기본적으로 중요한 요소라는 것도 잘 보여 준다. 우리 연구에서는 이 평가 도구(CLA)를 사용하는 대신에, 연구대상 학생들에게 비판적 · 분석적 · 일반적 사고 능력이 향상되었다고 생각하는지를 물어보았다. 면담한 재학생들 대부분은 아마도 과거에 비해 성숙해졌기 때문에 그럴 수도 있다고 하면서, 다소 신중하게 망설이듯 '그렇다'고 대답했다. 하지만 같은 질문을 받은 졸업생들(졸업 후 4년이 지난 학생들)은 그러한 주저함이 없었다. 그들 중 상당수는 '비판적 사고' 능력이 향상되었다고 믿고 있었다.

그들은 자신들의 비판적 사고 능력의 향상에 기여한 요인을 두 개 꼽았는데, 하나는 다양한 룸메이트와 친구들을 만나면서 주요 현안들에 대한 생각을 다시 해 보았던 것이라고 보았다.

전 매사추세츠의 정말 작은 마을에서 왔어요…. 미국 밖으로 나가 본 적도 없고, 우리 마을에 사는 사람들은 모두 중산층 백인이에요…. 신입생 때 저의 룸메이트들은 우루과이와 한국에서 왔어요⋯. 그리고 저랑 제일 친한 친구들 중 한 명은 영국 출신이었죠. 다른 한 명은 대학에 오기 전에 시간을 내서 유럽 여행을 하고 그리스에서도 살았다고 하더라고요⋯. 이 친구들은 종교와 신의 존재에 대해 아주 비판적이었어요. 무신론자들이었지요! 정말 재미있는 경험이었어요. 한동안은 힘들었지만요⋯. 하지만 시간이 지나면서 모든 것이 바뀌었어요. 제가 바뀌었죠. 세상을 바라보는 시선들 말이에요.

(손, 동문)

이 경우도 다른 경우와 마찬가지로 학생들이 도전적인 문제나 지적인 문제들에 대하여 '비판적으로' 사고하도록 이끄는 것은 바로 대면을 통하여 이루어지는 정서적인 관계였다.

전국 수준으로 이루어진 연구에서도 결론은 같았다. 2007년 7월에 댄 챔블리스는 워배시 연구(Wabash National Study of Liberal Education)의 일환으로 전국적으로 표집한 신입생 면담 자료를 검토하였다. 학생들은 신입생 때의 주요 발달 경험에 대하여 서술해 달라고 요청을 받았을 때 거의 한결같이 힘들거나 도전적인 상황을 언급하였다. 때로는 윤리적인 의사결정이 필요하기도 했던 상황으로서 개인적으로 아는 사람들과 관련된 경우였다. 이러한 경우에는 대개 친구들 사이에서나 친구나 부모 사이에서 누구를 선택할지에 관한 문제들이 많다. 보통 이럴 때 경험하는 도덕적 딜레마는 아주 가혹하다. 즉, 그것은 더 이상 윤리학 수업 때 배웠던 추상적이고 있을 법한 경우가 아니라, 현실 세계의 사람들과 관련된다. 워배시 면담 결과에 따르면, 이런 경우에 학생들은 믿을 만한 멘토를 찾아 나서거나, 수업 시간에 논의했던 내용을 떠올리며 그 속에서 자신이 현재 처한 문제와의 개연성을 발견하려고 한다. 비판적 사고와 도덕적 추론이 더 이상 게임이 아니게 된 것이다.[12]

적어도 지적인 측면의 비판적 사고능력은 수업 중 교수들의 행동을 통해 직접적으로 촉진될 수 있다.

> 로젠 교수님은 무엇인가를 이야기하고는 이렇게 물었죠. "어떻게 생각해요?" 한 학생이 대답을 하면 로젠 교수는 완전히 다른 시각에서 다시 반론을 하죠. 결국에는 18개의 다른 관점을 접하게 돼요. 제 생각이 옳다는 생각을 갖기 어려워지죠.
>
> (앤, 동문)

또는

> 저는 넬슨 교수님이 가르치는 천문학 기초 수업을 들었어요… 수업이 끝나갈 때쯤 교수님은 이렇게 말했어요. "이건 제가 모두 지어낸 겁니다!" 되돌아보면 이런 생각이 들죠. "그래 이건 도저히 말도 안 돼…" 그리고 그분은 마치 이러는 것 같아요. "글쎄, 여러분 모두 내가 하는 말을 받아 적었지요. 내가 여러분의 교수니까."… 이때 어느 누구도 손들고, "제 생각은 다릅니다."라고 말을 할 수 있는 용기가 없었어요. 그리고 교수님은 또 이렇게 말씀하시죠. "내가 교수라고 하더라도 여러분은 나에게 질문을 해야 합니다!"
>
> (머피, 동문)

어떤 교수들은 다양한 이슈에 걸쳐 학생들이 갖고 있는 관점에 대하여 반론을 제기하곤 한다. 학생들이 계속해서 의구심을 갖도록 하기 위해서다.

> 전 종교 수업을 많이 들었어요. 생물학 수업도 많이 수강했고요. 이 두 개의 학문 분야는 같은 문제를 다른 관점에서 바라보는 것 같아요. 이를테면, "세상을 어떻게 규정하지?" "세상의 모든 것은 기본적으로 무엇을 의미하는 것일까?"와 같은 논제에 대해서요. 세상을 과학적으로 바라보면 과학적 방법을 거쳐야 해요. 가설을 세우고 관찰하고, 그런 다음 관찰한 걸 분석하고, 마지막으로 결론을 맺고 하는 순서를 거쳐야죠. 종교적인 관점은 좀 더 주관적이에요. 개인적인 감성과 종교적인 믿음이 필요하죠. 이렇게 서로 다른 방법으로 사물에 접근하는 거예요.
>
> (해리, 4학년)

글쓰기 수업에서 학생들에게 주제를 명확히 표현하라고 가르치는 것처럼 수많은 다른 수업에서는 학생들이 자신이 읽은 글의 저자와 함께 공부하는 교수들을 비판하거나 의문이라도 갖도록 독려하고 있다. 때로는 니체가 그러했듯이 자신의 신념에 대해서도 도전하는 용기를 키우게 된다. 이러한 과정을 거치게 되면, 비판적 사고는 학업적인 역량이나 어떤 문제를 해결하는 데 사용되는 기술을 넘어선, 하나의 습관이 되거나 인성적 특성이 되기도 한다.

> 뉴스에서 밝히고 있는 내용들이 사실이라고 쉽게 받아들이지 않아요. "그들은 왜 이렇게 했을까? 뒤에 숨겨진 의도가 무엇일까? 누가 의사 결정을 내렸을까? 이러한 행동을 하려는 동기가 무엇일까?"에 대해

서 생각해 보는 거죠.

(조녀선, 4학년)

이러한 것들은 특별한 기술이 요구되는 것은 아니다.

이것은 삶의 한 부분이라고 볼 수 있죠…. 무엇을 보거나 읽든지 간에, 그 속에 포함되어 있는 핵심 내용을 파악하려고 노력해요…. 제 전공의 전반적인 내용들이 전부 이러한 과정을 수반해요…. 항상 많은 책을 읽고 상당한 양의 페이퍼를 쓴 후에 그것들을 다시 비판적인 관점에서 바라보다 보면, 어느새 그냥 습관이 되어 버리는 것 같아요.

(빅토리아, 동문)

과학

이 대학에서 많은 학생에게 혜택을 부여한 두 가지의 교육 프로그램이 있는데, 이들은 서로 '배타적'이다. 하나는 자연과학의 심화과정이고, 다른 하나는 해외유학이다. 각각의 교육 프로그램에 혜택을 주는 이유는 다르지만 상당한 효과를 동반한다는 점은 분명하다. 하지만 이러한 프로그램에 참여하기는 쉽지 않다.

자연과학에서 이러한 어려움을 통하여 획득하게 된 주요 혜택 중하나는 명성이다. '과학'이란 실험실에서든 현장에서든 자연을 연구하는 학문을 의미하는데, 물리학, 생물학, 화학, 지리학, 신경과학 등이 이에 해당된다.[13] 이들 학문 분야는 값비싼 장비(대학이나 재단, 기업과 기부자들이 지불하기에 매우 비싼)와 고등학교에서의 수준 높은 교육(미적분학, 공부 습관)을 필요로 한다. 일반적인 학계에서 '하드(hard)' 사이언스는 명성이 높고 지원 자금도 풍부한, 소위 말하는 엘리트 분야를 의미한다. 'STEM(Sciences, Technology, Engineering, and Math)', 즉 과학, 기술, 공학, 수학 교육은 보통 국가적으로 많은 관심을 받는 분야다. 왜냐하면 이들 분야가 나라의 경제적 생산성과 경쟁력에 주요한 역할을 한다고 보기 때문이다.

수년 동안 이 대학에서는 모든 학생이 교육과정의 한 분야로서 과학과 관련된 교과목을 필수적으로 이수해야만 했다. 대부분의 학생은 다른 대학에서와 마찬가지로, 그들이 생각하기에 가장 쉬운 교과목들[지질학 입문 강좌(Rocks for Jocks)나 시인을 위한 물리학(Physics for Poets)과 유사한 과목들]을 수강하면서 이러한 조건을 충족시켰다. 하지만 2001년에 이러한 배분이수제도(distribution requirements)는 완전히 폐지되었다. 그 이후에 실험과학을 수강한 학생 수가 엄청난 정도는 아니어도 꽤 줄었다. 실제로 많은 학생은 이미 어려운 교과목들을 피했다. 이제는 이들이 원한다면 과학 교과목을 전혀 듣지 않아도 된다.

이런 현상이 일어나는 이유는 단순히 선호도나 혹은 흥미 부족의 문제라기보다는 그 이상의 무엇인가와 관련되어 있다. 우리 연구대상 학생의 상당수는 수학이나 과학 영역 전체에 대한 거부감이 매우 컸다. 지도교수들은 학생들에게서 이런 말을 자주 듣는다. "과학은 제 타입이 아니에요." "전 수학을 못해요." 그리고 학생들은 스스로가 과학 공부에 타고난 재능이 부족하다고 한다. 학생들은 스스로가 이러한 것을 할 능력 자체가 부족하며, 이러한 능력은 태어날 때부터 타고나는 거라고 생각하고 있었다.

> 네. 전 애초에 과학이나 수학을 잘할 수 있는 사람이 아니었어요. 그래서 인문학을 선택했죠.
>
> (세라, 3학년)

> 솔직히 말하면, 전 과학하고는 거리가 멀었어요.
>
> (한나, 4학년)

어쩔 수 없이 '비전공자를 위해 개설된' 과학 과목을 수강하는 학생들조차 이러한 생각을 토로하고 있다.

> 저는 '과학자의 눈으로 바라보는 자연(Scientist's View of Nature)'이라는 과목을 수강하고 있어요. 저는 이 수업을 좋아해요. 과학이 적성에 맞지 않지만, 지도교수님이 과학 교과목을 한번 들어보라고 하셨거든요. 교수님이 워낙 꼼꼼하시기도 했고요. 그래서 저는 이 과목을 수강하기로 했죠. 전공학생들이 듣는 과학 교과목은 아니었거든요.
>
> (케이티, 1학년)

사실, 우리 데이터만으로는 이러한 현상이 이 대학뿐만 아니라 전국의 다른 곳에서도 일어나고 있는지 알 수 있는 방법은 없지만, 연구를 통해 이럴 것이라고 어느 정도 확신은 갖고 있다. 자연과학 분야를 공부하는 사람들은 자신의 정체성을 해당 학문과 어느 정도 동일시해오고 있다.[14] (공연 예술가들도 이와 유사하다. 이들은 "나는 사진작가입니다." 혹은 "나는 무용가입니다."라고 스스로를 칭한다.) 제2장에서 보았듯이, 이 학생들이 대학 구성원이 되는 데는 성공했다고 하더라도 과학을 전공하는 것은 타고난 능력을 넘어서는 일이라고 생각하고 있다.

심지어 과학을 전공하고 싶어 하는 학생들조차도 구조적인 장애를 경험한다. 과학을 가르치는 사람들은 오래전부터 알고 있듯이, 과학을 전공하려는 학생들을 위한 길은 점점 더 좁아지고 있고, 교육과정도 순서와 수준이 엄격하게 정해져 있다. 선수과목을 이수해야만 추후에 개설되는 교과목들을 수강할 수 있기 때문에, 학생들은 계속해서 '전공에서 빠져나가기만 한다'. 즉, 해가 지날수록 과학을 전공하려는 학생 수는 줄어들게 된다. 이와 더불어, 나중에 이 분야에 새로 들어오는 학생은 거의 없다. 중간에 들어와서 기초부터 시작하려면, 엄청난 시간과 비용이 수반되기 때문이다. 이 대학에서처럼, 배분이수제도가 없는 경우에 1학년 학생들은 과학 과목을 수강하지 않는다. 즉, 과학과 관련된 학과에서 비전공 학생들을 위한 과목들을 추후에라도 개설해 주지 않는다면, 학생들은 그 분야를 배제하고 주로 인문학 과목들을 수강하게 되는 것이다. 또한 상당수의 학생은 자신이 과학과 관련된 과목들에서 좋은 점수를 받지 못할 것이라고 생각하기 때문에 이를 기피하게 된다. 학생들은 전체 평점(GPA)이 낮아지는 것을 두려워하는 것이다. 상황이 이렇다 보니, 과학 전공 학과들은 별도의 입학 기준을 마련해 오고 있다.

하지만 타 전공 학생들이 과학 영역에 접근하기 힘들게 되면, 과학을 전공하는 학생들은 어떤 생각이 들까? 이 부분을 자세히 살펴보기 위해서, 과학 전공 학생들을 모아서 그들의 전공 분야 공부에 대해서 물어보았다. 그들은 자신들이 다른 학생들과 다르고(직접적으로 말하기를 주저했지만), 다른 전공 학생들에 비해서 약간 더 우월하다고 믿고 있었다.

> 면담자: 과학을 전공하는 학생들은 어떻게 다른가요?
> 학생 1: 뛰어나야 해요.
> 학생 2: 역량적인 측면에서 살펴보면, 과학 전공자들은 확실히 계량적
> 자료 분석에 보다 강점이 있어요…. 네, 그런 것 같아요, 아! 그렇다
> 고 제가 잘난 척하고 싶어 이렇게 표현하는 것은 아니에요.
> 면담자: 과학 전공은 어떻게 다른가요?
> 학생 1: 글쎄요. 먼저, 저희는 인문학 전공자들보다 일주일에 수업 시
> 간이 11시간 정도 더 많아요.
> 학생 3: 맞아요. 실습 수업을 추가로 더 들어야 해요.
> 학생 2: 한 두세 과목 더 들어야 하는 것 같아요.

과학을 전공하는 학생들은 과제도 더 많고, 그에 맞게 시간도 더 많이 할애해야 한다는 사실에는 모두 공감하고 있었다.

둘째, 학생들은 과학적 사고가 보다 엄밀하고, 보다 규칙적이고, 정답과 오답이 명확하다고 인식하고 있었다. "과학 분야에서는 맞고 틀린 것이 분명해요." "과학 분야에서는 의견이 별로 중요하지 않아요. 정치 분야에 관하여 토론할 때도 제가 믿고 있는 것이 옳은지를 판단하기 위하여 통계 분석에 기초한 연구들을 많이 살펴봐요." "다른 분야와 비교해 봤을 때 과학 분야는 지켜야 할 규칙들이 많아요. 답을 낼 수 없는 문제를 가지고 하루 종일 이야기만 하면 안 돼요." 이런 학생들은 과학이 요구하는 경험주의적 엄격성과 증거에 기반한 사고를 중요하게 생각하고 있다.

분명한 것은 그들의 태도 속에 도덕적인 판단이 들어 있다. 한 학생은 다음과 같이 설명하고 있다.

> 지금부터 제가 사람들을 유형화시켜 볼게요. 어떤 사람들은 이렇게 이야기할 거예요. "난 창작예술 전공이에요. 내가 무엇을 하고 싶은지는 아직 몰라요. 아마 몇 년 동안은 유럽에 있을 것 같아요. 언론직이나 다른 무엇인가를 시도해 볼 수도 있고요."
> 그들의 이러한 태도에 저는 너무 놀랐어요. 저는 그 사람들을 욕하거나 그들 스스로가 멍청이라고 느끼도록 하고 싶지는 않아요. 뭐 가끔 그럴 때도 있지만요. 어떤 날에는 과학 비전공자들이 저에게 엄청 화를 낼 때도 있어요. 솔직하게 말하자면, 저는 별로 신경 쓰지 않지만요. 알다시피, 저는 기존 수업 이외에도 추가적으로 4시간 정도 실험실에서 수업을 더 들어야만 하고, 제 인생에 필요한 기술을 배워야 해요. 그런데 그들은 창작 글쓰기에 대하여 이야기하다니, 믿을 수가 없네요!
> 과학 분야에서 할 수 있는 것은 정해져 있어요. 연구를 계속하든지, 학계에 남든지, 아니면 기업체에 가서 그곳에 필요한 연구를 하거나, 또 다른 대안으로는 의학 계통으로 갈 수도 있어요. 그게 전부예요. 뭐가 되든지 간에 과학 분야를 전공하면 취업 걱정은 없는 거죠.

일부 학생은 과학 전공 학과들이 모여 있는 화려한 새 건물을 일컬어 '과학 사원'이라고 했는데, 이곳에서도 학문들 간에 위계가 있다고 보았다.[15] 이러한 구분이 부러움보다는 농담에 가깝기는 하지만, 그럼에도 불구하고 이러한 구분은 때때로 "어떤 학과들은 과학관

(Science Center) 건물에 있을 자격이 없다."라는 뉘앙스를 풍기는 것으로 여겨질 수 있다. 여기에서 '자격'이라는 표현은 연구 성과나 학문적 정통성 측면을 두고 하는 것이다. 심지어 '정통성이 있는 학문 분야들' 간에도 계속해서 경쟁이 일어난다. 예를 들면, 생물학을 전공한 한 학생이 화학 실험실에서 일하면서 여름을 보냈다.

> 학생: 저는 항상 이런 느낌이 들어요···. 화학 전공자들은 자신들이 생물 전공자들보다 확실히 우위에 있다고 생각해요. 저희는 연구하다 잠깐 쉴 때는 휴게실에 항상 있거든요. 저희가 거기에 앉아 있으면, 생물을 전공하는 학생 중 하나가 반바지를 입고 지나가요. 그러면 저희 전공 사람들 모두 그러죠. "이봐 생물, 반바지를 입다니 모자라는 거 아니야?" 왜냐하면 화학 실험실에서는 반팔티나 반바지를 입을 수가 없거든요. 이러한 모습을 포착하기만 하더라도 저희는 모두 놀리느라 하루종일 떠들썩하죠. 그리고 한 주 내내 생물 전공자들을 놀리는 거죠. 연구원 중 한 명이 반바지 입은 거 가지고요···.
>
> 면담자: 생물 전공자들은 화학물질을 다루는 것도 아닌데, 굳이 긴바지를 입을 필요가 없지 않나요?
>
> 학생: 맞아요···. 저희처럼 실험실에 있으면서 화학 약품을 다루려면 항상 긴 바지를 입어야 해요···. 보호안경이나 다른 안전 장비도 갖추어야 하고요···. 생물학에서는 굳이 저희처럼 이렇게 할 필요가 없어요···. 제가 느끼기에 화학을 전공하는 학생은 마치···.
>
> 또 다른 학생: 엄격한 편(hard core)이에요!
>
> 학생: 저희는 안전을 위하여 보호 장비들을 항상 챙겨야 해요. 그래서 항상 몸이 긴장되어 있죠.

생물학 전공 학생은 이렇게 반론을 폈다.

저는 그 학생들이 생물학 실험실에 와서 살균하는 일을 해 봤으면 좋
겠어요. 미생물학에서는 살균이 가장 중요한 일 중 하나거든요. 저희
는 매일 살균을 해요. 알다시피 오염되지 않게 하려고요. 이미 그 자체
만으로도 큰 고통이 따르죠.
지난 여름 동안, 우리는 대부분의 시간을 다른 학과들과 우리 전공 중
에 어디가 더 나은지 이야기하며 시간을 보냈어요. 그런데 저는 이러
한 시간이 조금 불편했어요. 왜냐하면 저는 생물학 전공인데, 화학실
험실에서 일했거든요. 사실 지금도 불편해요.

이때 심리학 전공생이 끼어들었다. "난 심리학 전공생이라는 이유
만으로 무시당했다는 느낌이 들었어요." (다른 학생도 거들었다. "나도
그랬어.")

특히 저는 화학, 생물학, 물리학, 신경과학을 전공하는 학생들이 저희
를 무시하고, 저희가 이 과학관에 있을 자격이 없다고 말하고 다닌다
고 생각해요.
심리학은 이들 전공보다 훨씬 더 사람에 무게를 두고 연구가 이루어
지고, 연구보고서나 실험보고서와 같은 계량적인 측면까지 동시에 가
지고 있거든요…. 가설 검증도 많이 하고요. 사람들은 심리학이 사회
과학이라고 보기는 하지만, 여전히 과학 분야예요. 하지만 이러한 인
식 때문에 저는 무시를 당한 거죠.

그녀는 계속해서 말을 이어 갔다. "제가 생각하기에 심리학은 다른

학문보다 특성상 정적인 부분이 많다고 생각해요." (다른 학생이 말했다. "화학 전공은 그냥 전부 다 짜증나요.")

앞에 기술되어 있는 것처럼, 과학에서 명성은 지적 엄밀성, 목적의 중대성, 실험실 환경의 위험성 측면에서 살펴볼 때 '엄격성(hard core)'과 관련되어 있는 것은 분명하다. 심리학 전공생은 또 이렇게 언급했다. "화학과 같은 과학 관련 전공 분야는 정말 상상을 초월해요. 마치 '이것은 네가 무조건 해야 해.'라는 것과 같은 뉘앙스를 풍기죠. 또한 관련된 전공을 하는 많은 학생이 의대 예과생들과는 또 다른 측면이 있어요. 이를테면, 예과생들은 정말 경쟁의식이 치열하거든요…. 반면에 심리학은 뭐랄까 좀 더 부드럽고 재미있고 편안해요."

과학 연구와 장비에는 비용이 많이 들어가는데, 이러한 점이 이 분야의 명성을 높이는 데 일조하기도 한다. 이를테면, 사회적 명성이 낮은 학과에 속한 한 교수는 앞으로 몇 년 안에 몇 십억이나 드는 장비를 들여온다고 하고, 그런 부분이 그 교수뿐만 아니라 학과 전체의 이미지를 다시 보게끔 하는 것이다. 그리고 한 학생은 이렇게 언급했다. "실험실에서 일을 한다는 것은 엄청나게 비싼 장난감을 가지고 노는 것과 같다고 생각하시면 돼요. 실험실에서 1년만 있으면 수십억씩 하는 장비들을 계속해서 다뤄야 하니까요."

하지만 전반적으로 살펴볼 때, 학생들이 화학을 우러러 보는 이유는 이 분야가 어렵기 때문이다.

학생 2: 제가 수강해야만 했던 교과목 중 가장 어려운 과목은 화학이었어요.
학생 1: 오르고 I(Orgo I)과 오르고 II(Orgo II)도 수강해야만 하고, 뿐만

아니라 P화학(P-Chem)과 고급 오거닉(Advanced Organic) 그리
고 고급 P화학(Advanced P-Chem)을 수강해야만 해요.

학생 2: 그리고 슈퍼 랩(Super Lab)…! 슈퍼 랩은 정말 힘든 랩 테크
닉 수업이에요. 시간 투자도 많이 해야만 하고 정말 어렵죠.

학생 1: 우리 대학에서 가장 어려운 수업 다섯 개를 고른다면 심리통
계학, P화학, 슈퍼 오르고, 슈퍼 랩, 기타 오르고가 될 거예요. 화학
전공생들은 꼭 들어야 하는 것들이지만, 비전공 학생들은 그럴 필요
가 없어요. 그렇기 때문에 화학 전공자들보다 선택사항이 많죠. 그
러기에 상대적으로 쉬운 과목들을 수강하는 거예요.

'가장 두려운 과목들' 여기에서 명성은 곧 엄청나게 많은 시간과
노력, 즉 고생을 해야 한다는 것을 의미하고, 이는 전형적으로 남성들
이 주로 선택하는 학문임을 뜻한다. 그러면 이러한 세계에서 여성에
게 잘 맞는 곳이 있을까? 과학관에서는 학생들의 성별 분포에 따라
학과가 지하층부터 3층까지 위치해 있다. 한 학생은 우리에게 과학관
의 위치에 따른 남녀 분포도를 설명해 주었다. "높이 올라갈수록 남
녀 학생 비율이 바뀌죠…. 지하층에 위치해 있는 물리학과와 실험실
에는 한두 명의 여학생을 제외하고는 모두가 남학생이에요. 1층에 위
치해 있는 화학과에는 여학생들이 조금 있지만 여전히 남학생들이 많
아요. 2층에 위치해 있는 생물학과는 반반이에요. 3층에 있는 심리학
과는 여학생들이 대부분이죠…." 건물의 위치는 우연히 그렇게 됐을
것이다. 하지만 전공별 여학생들의 비율이 사람을 주된 연구대상으
로 하느냐에 따라 달라진다는 것은 결코 우연이 아니다. 심리학에서
는 인간이 주된 연구대상이고, 생물학에서는 보통 정도이고, 물리학

에서는 전혀 없다고 할 수 있다.

여학생들이 남학생들에 비해 수업을 가르치는 교수의 수준에 신경을 더 많이 쓰는 것 같다. 뿐만 아니라 학점의 영향도 더 많이 받는다. 그러나 어떤 전공을 선택할 것인지, 어떤 진로를 선택할 것인지에 관해서는 여학생들이 남학생들에 비해 신경을 덜 쓰는 것 같다. 연구대상 학생들 가운데 세 명이 이러한 측면을 여실히 나타내고 있다. 쉬나는 처음에 심리학을 전공하려고 했으나 심리학 입문을 듣고는 '내가 평생 할 수 있는 것이 아니구나.'라는 생각이 들었다고 했다. 다른 분야의 입문과목도 수강해 보았는데, 그렇게 나쁘지는 않았으나 교수가 엉망으로 가르쳐서 동기부여가 전혀 되지 않았다고 했다. 그녀에 따르면, 그 교수는 첫 수업에서 마치 "나는 가르치는 게 싫다…. 차라리 연구를 하는 것이 더 나한테 맞다."라는 뉘앙스를 풍겼다. 다른 과학 수업에서는 교수가 "정말 끔찍했으며, 교수법이 엉망이었다"고 했다. 그리고 마침내 그녀는 그랜드 교수를 발견하였다. "그분은 똑똑했고, 제가 전공을 결정할 때 그 학과의 학과장이셨어요…. 그 교수님은 저에게 영감을 많이 주셨죠." 즉, 그녀에게 있어 나중에 멘토가 된 그 교수는 자신의 전공 분야를 결정하는 데 핵심적인 역할을 했다.

반면, 남학생은 교수보다 학문 분야를 더 중요하게 생각하는 것처럼 보였다. 조는 의대 예비과정생으로 출발했는데, 유기화학에서 C-를 받고는 의대 진학은 힘들 것이라고 판단했다. 하지만 그는 전공을 바꾸지는 않았다. 그는 과학을 좋아했기 때문에 더 이상 학점도 걱정하지 않았다. 결국에는 과학 전공으로 졸업해서 법학대학원에 진학했다. 이와 비슷하게, 제이는 처음부터 물리학을 전공하려고 했다. 처음에는 대규모 강의식 수업이 많았으나 이에 대하여 별로 개의치 않았다. 훌륭한 교수와 지도교수를 만나게 된 것을 감사하게 생각했으나, 그들이 수강과목이나 전공을 선택하는 데 있어 영향을 주지는 않았다. 이러한 점들을 고려해 보면, 그들이 좋든 나쁘든 그렇게 신경을 쓰지 않았다는 것이다. 그는 좋은 학점으로 대학을 졸업하고 그의 전공 지식을 인정받는 분야로 진로를 선택했다.[16] 이처럼 성별에 따른 차이가 시사하는 바는, 여학생이 과학 분야의 전공을 선택하게 하기 위해서는 입문과목에서 교수의 자질이 중요하다는 것이다.[17] 이 부분을 간과하면, 여학생을 잡을 기회는 결코 오지 않을 것이다.

정책 입안자들이나 관심 있는 교수들은 학생들을 과학 영역으로 끌어들이기 위해서 계속해서 노력하고 있다. 1980년대 후반부터 시작된, 국립과학재단과 사립 재단의 후원을 받은 '연구기반'의 학부 과학교육 모형이 과학 분야 전공 교수들의 열렬한 호응과 더불어 바람직한 교수법으로 받아들여지고 있다. 『사이언스』지와 『미국과학원 저널(American Association)』에서도 소위 '실제 연구 경험하기' 모형을 지속적으로 장려하고 있다. 이 모형에서, 학생들은 '과학자처럼 생각하기'를 배우고 '실험실에서의 탐구'를 통해서 '연구하는 즐거움'을 느낄 수 있도록 배운다. 연구기반 교육은 학생들을 실험실로 끌어들이기 위해서 '저널에 논문이 실리는 학자(being a published scholar)'라는 위상을 모방하여 만든 것인데, 이는 과학 지식에 관한 학생들의 관심이 대폭 줄어들고 있는 상황을 되돌릴 수 있는 좋은 방법이 될 수 있는 것으로 보인다. 보다 넓게, 일부 대학은 이 방법을 졸업 프로젝트, 개별 학습, 여름 인턴십이나 연구 견습제도로 보다 확대해서 운영해 오고 있다. 이 방법은 사회과학 분야로 확대되어 가고 있고, 다소 주춤거리기는 하지만 인문학 분야로도 확대되어 가고 있다.

『사이언스』나 다른 저널에 실린 논문들에서는 이렇게 학생들이 실제로 참여하게 되면 교육적 효과가 매우 크게 나타난다고 한다.

하지만 학생들이 이러한 프로그램에 당연히 참여할 것이라고 기대하면 안 된다. 문제는 대부분의 학생이 처음에는 이러한 프로그램에 참여하지 않는다는 것이다. 우리는 연구기반 교육을 일반 학생들에게 적용하기는 어려울 것으로 판단한다. 이는 학생들에게 일반적인 차원의 지식을 전달하려는 것이 아니고 전문적인 과학자로 키워 내기 위해 시행하는 것이기 때문이다. '학생들이 과학자가 되려 한다'는 가정은 대부분의 미국 학부생에게는 해당되지 않는다. 이는 오히려 과학은 오직 미래의 과학자들에게만 필요하다는 생각을 강화하기 쉽다. 만약 학과들이 연구기반 교육에만 온 열정을 쏟는다면, 혹시라도 나중에 과학에 관심을 가질 수 있는 학생들과 기본적인 과학교육이 필요한 학생들을 내팽개칠 수 있는 결과를 초래하게 될 것이다. 이렇게 되면 대부분의 대학 졸업생이 과학 지식에 무지하게 되는 재앙이 찾아올 수도 있다. 생식에 관한 생물학적 지식, 지구의 기후 변화, 건강, 영양, 생리학의 기초 지식, 유전자, 진화, 줄기세포 등에 대한 기본 지식 등 이루 다 열거할 수 없을 정도로 많은 지식에 대하여 무지하게 될 수도 있다. 사실, 연구기반 교육은 대부분의 미국 학부생이 자연과학과 멀어지고 있다는 방증일 수 있다. 논의가 필요하지만, 이 방법은 미래의 과학자들을 키우는 데 적합할 수도 있다고 믿고 있다. 이미 많은 대학이 시행하고 있는 것처럼, 훌륭한 교수가 이 모형을 채택해서 운영하면 성과가 높다. 하지만 우리는 이러한 교육 방법으로 절대 다수의 학부생에게 과학교육을 적절히 시킬 수 있는지에 관해서는 여전히 의문점을 갖고 있다.

일반적인 고등학교의 평균적인 졸업생들이 대학에서 이보다 높은 수준의 과학 교육과정을 이수한다고 할 때, 지적인 측면에서나 동기적인 측면에서 해결해야 할 수많은 과제가 있다. 정확성이 필요하고, 암기해야 할 것도 많으며, 다루어야 할 과학과 관련된 주제들의 스케일이 너무나 크고(초미생물부터 천문학적인 것들까지), 흥미 있는 내용보다는 방법과 기술을 많이 강조하며, 여러 가지 추상적인 개념도 한꺼번에 다루고 있다. 과학 전공자들 중 우수한 학생들은 자신들이 다른 학생들과 다르다고 생각한다. 한 학생은 "저는 과학중점 대학(Science Center University)에 다니고 있는 것 같아요."라고 언급했다. 위풍당당한 건물과 그곳에 있는 학과와 학생들이 대학 안의 또 다른 서열을 만드는 것 같다. 이들은 상대적으로 수준도 높고, 공부할 것도 많을 뿐만 아니라 과학 전공 학생들의 관점에서도 학과 서열에서 높은 자리를 차지하고 있다고 인식하고 있다. 이 밖의 다른 학생들의 경우에는 일반적으로 고등학교 단계에서 준비도 충분치 않고, 교육과정의 구조 때문에 과학을 전공할 수 있는 시기를 놓치는 경우도 있으며, 연구가 강조되는 대학 문화(교수들에 대한 엄청난 압박으로 강화되는 문화) 때문에 과학 분야가 너무나도 많은 학부생에게 외면당하고 있는 것이 사실이다. 이렇게 되면 대학을 졸업하는 학생들은 과학에 대한 제대로 된 이해도 없고, 이와 관련된 일을 하는 데 적절한 준비가 되어 있지 않을 뿐만 아니라, 일반적인 자연 현상을 이해하는 데 필요한 정보나 자료, 데이터를 마주했을 때 평생 동안 당혹감을 느끼면서 생활하게 될 것이다. 문제는 과학 프로그램의 수준이 너무 높다는 것이 아니라, 이러한 수준을 맞출 수 있는 학생들이 너무 적다는 데 있다.

해외유학

　우리 연구대상 학생들 중에 해외유학을 다녀온 학생들은 모두 좋은 경험이었다고 했다. 실제로 많은 학생이 해외유학이 대학생활에서 가장 가치 있는 교육 활동이라고 언급했다. 과학을 전공하는 것과 마찬가지로, 해외유학 역시 소수의 학생만이 누릴 수 있는 특별한 경험이다. 해외유학의 선발 기준은 성적보다는 재정 상태가 주요 기준이 된다. 보다 부유한 대학(입학이 어려운 우수 대학들이 해당됨)에 다니고 있는 학생들은 해외유학을 가려는 경향이 높다. 2009년에 미국 대학생 전체의 약 15%만이 재학 중에 해외유학을 다녀왔지만, 부유한 대학들의 경우에는 그 숫자가 45~50%에 이르렀고, 그 이상인 경우도 있었다. 전국적으로 볼 때, 대부분의 학생은 이 대학의 학생들처럼 1년씩이나 해외유학을 다녀올 수는 없겠지만, 해외유학이 주는 혜택을 이해함으로써 우리는 보다 적은 규모에서 저렴하게 이와 유사한 경험을 할 수 있는 방법을 찾을 수 있었다.[18]

　다른 맥락에서 살펴보자면, 해외유학은 이 책에서 강조하는 핵심적인 원리를 설명해 주는 좋은 사례가 될 것이다. 즉, 대학은 학생들이 적절한 사람들을 적절한 시기에 만나도록 해 줄 때 그 효과가 가장 잘 발휘된다. 레지덴셜 칼리지에서 생활하는 3학년 학생들은 집을 떠나 생활한 지 몇 년이 지났으며, 그 기간 동안 새로운 친구관계를 만들었고, 새로운 환경 속에서 교수들과도 친분을 맺었다. 많은 학생은 외국어를 공부했기 때문에, 최소 외국에서 생활하는 데 있어 큰 어려움이 없을 정도로 준비가 되어 있었다. 대학은 학생들이 유학을 갈 나라(체코공화국, 코스타리카, 태국 등)를 선택할 수 있게끔, 교환학생 프로그램이 잘 이루어지는 곳을 찾도록 도움을 준다. 특히 언어를 가르치는 학과들은 충분한 지원을 통하여 학생들에게 보다 확실한 정보와 기회를 제공하고 있다. (이 대학은 프랑스, 스페인, 중국에서 자체 프로그램을 운영하고 있으며, 상당히 조직적으로 잘 운영되고, 학업적으로도 우수한 성과를 내고 있다.)

해외유학을 결정하는 데 있어서 친구들이나 프로그램에 대한 기존의 참여의지도 중요하다. 자신의 안목을 넓히려는 교육적 목적을 갖고 있으면서 교환학생 프로그램에 참여하려는 학생들도 일부 있지만, 어디로, 언제, 얼마 동안 다녀올지에 관한 구체적인 사항들은 일반적으로 언어 프로그램과 친구들에 의하여 결정된다. 복수전공을 하는 학생들은 필수로 들어야 하는 과목들이 많기 때문에 시간적으로 여유가 없다. 운동선수들도 코치들이 가지 말라고 하거나 기타 팀에 관련된 부분 때문에 해외유학을 포기하는 경우가 많은데, 이들은 나중에 거의 예외 없이 후회하고 있었다. 때로는 이성과의 관계 때문에 해외유학을 포기하는 학생들도 있었다. "제 여자 친구는 저와 다른 학교를 다니고 있었어요. 얼마 후에 제가 다니는 학교 근처로 거처를 옮겼죠…. 이렇게 되어 버리니, 저는 일종의 책임감 같은 것이 느껴지더라고요…. 저 역시도 그녀의 헌신에 어느 정도 보답을 해야 하니까요…." (앨런, 3학년). 이미 만들어진 인간관계(학업, 운동, 연애)는 이러한 중요한 기회를 얻는 데 도움이 되기도 하고 방해가 되기도 한다. 평생 다시 오지 않을 그런 기회 말이다.

해외유학을 가는 것은 마치 대학생활을 다시 시작하는 것과 같다. 완전히 새로운 환경에 다시 적응해야 하기 때문이다. 이는 수많은 난

관을 스스로 극복할 수 있는 자신감이 필요하다. 이를테면, 다른 사람에게 거부당할 수도 있고, 누군가에게 바보처럼 보일 수도 있으며, 혼자서 지내야 하고, 길을 잃거나, 몸이 아프거나, 심지어 인신매매를 당할 수 있다는 두려움과 같은 상황들 말이다. 이는 새로운 역량을 필요로 한다. 우선은 외국어를 유창하게는 아니더라도 의사소통이 될 정도는 해야 한다(비록 유학생들 대부분이 가는 곳은 영어를 쓰는 나라들이기 때문에 언어적으로는 큰 문제가 되지 않는다). 또한 부모님이나 대학 직원들의 도움 없이 아파트도 구해야 하고, 스스로 끼니를 해결해야 하며, 다른 곳으로 여행 가는 방법도 배우고, 그 지역의 관습이나 상황에도 적응해야만 한다.

> 제가 베트남에 있을 때 아주 힘들었어요. 베트남어를 하지 못했거든요…. 벌레도 너무 많았고 음식도 입에 맞지 않았어요…. 그리고 날씨도 덥고요.
>
> (신시아, 3학년)

어떻게 보면 해외유학은 신세계를 경험하는 것과 같다. 극적이면서도 무섭고, 매일이 기억에 남을 만한 에피소드로 가득 채워졌던 그러한 세상 말이다.[19]

> 제가 믿기 힘든 장면을 목격했는데, 5학년 학생들이 점심을 먹은 후모여서 담배를 피우고 있었어요. 프랑스에서나 볼 수 있었던 장면이었죠. 친구들과 지하철에서 영어로 대화를 나눌 때면, 아무래도 우리가 프랑스 사람들보다 훨씬 더 시끄러웠을 것 같아요. 미국인들이 시

끄럽고 무례하다는 이미지 같은 것이 있잖아요. 프랑스 카페에서 모두가 대화를 나누지만, 사실 그들이 하는 말을 듣는다는 것은 불가능하잖아요. 이럴 때 미국 사람이 카페에 들어오면, 사람들은 이들 이야기를 들을 수 있게 되는 거죠….

(젠, 4학년)

새로운 문화 속으로 들어간다는 건, 다시 학교로 돌아왔을 때처럼 이미 익숙한 방식에 따라 생활하면 되는 것이 아니다("나는 미적분학을 들을 거야. 그게 다음에 들어야 하는 과목이거든. 물리학을 하려면 필수로 해야 하고."). 이것은 마치 완전히 새로운 경험과 도전 과제들이 한꺼번에 몰려오는 종합 패키지라고 볼 수 있다. 이런 과정들을 모두 이겨 내고 생활에 적응하게 되면, 포기하고 집으로 돌아가는 학생들은 극소수이며, 오히려 이를 통하여 엄청난 자신감을 얻게 된다. "오늘 미국에 있는 대도시로 가는데 이 정도야 식은 죽 먹기지."(다우니 리포트) 단순히 살아남기 위해서, 학생들은 어쩔 수 없이 그들의 관점을 넓히고 보다 성숙해져야 한다. "난 6개월 만에 6년은 자란 것 같아요."

저는 심지어 익숙하지 않은 타지에서 혼자 생활해야만 했죠. 제가 알아서 살 곳도 찾아야 했고, 음식 먹을 곳도 찾아야 했고, 집에서 학교까지 걸어서 40분 거리의 통학 코스도 알아봐야만 했죠. 이를 통하여 자신감이 생겼어요. 내가 잘 모르는 일도 할 수 있고, 내가 이러한 일을 할 수 있다는 자신감 말이죠.

(SIT프로그램으로 남아프리카에서 한 학기를 보낸 남학생,
다우니 리포트)

저는 1년 동안 집에 오지 않았어요. 부모님이 한두 번씩 저를 찾아오셨죠. 부모님이 찾아오신 걸 빼면, 1년 동안 외국에서 혼자 생활한 거예요. 집에서 3,500마일 떨어진 곳에서 말이에요….
전 이미 공부하는 습관을 갖고 있었지만, 이것이 문제가 아니었어요. 스스로를 보살필 수 있는 사회적 능력이 필요했죠. 전 아파트에서 살았는데, 각종 요금을 제가 책임지고 처리해야만 했어요. 이때 어른으로 성장한 것 같았어요.

(러티거, 4학년)

어떤 점에서 해외유학은 그 자체로서 삶이고, 졸업 후의 삶을 미리 보여 주는 것이다. 많은 학생은 해외유학을 가게 되면 (처음에는) 친구나 아는 사람도 없이 지내다가 새로운 사람을 만나고, 새로운 환경에 관한 것도 빨리 배우고, 일상생활도 다시 계획해야만 한다.

해외유학을 다녀온 학생들은 거의 하나같이 대학에 돌아와서 적응하는 것이 쉽지 않다고 한다. 일종의 거꾸로 경험하는 문화 충격 같다고 한다. 해외유학을 다녀온 학생들은 '내가 너무 늙었나?'라고 생각하기도 하고, 대학생활의 유치함에 한발 물러서며 "내가 왜 여기에 있는 거지?"라고 자문해 보기도 한다.[20] 친구관계도 예전 같지 않고, 만나는 사람들도 바뀌게 되고, 대학생활에 다시 온전히 통합하지 못하는 경우도 흔히 있다. 이것은 아마도 유학을 가게 되면 피할 수 없는 부분이라고 볼 수 있다. 특히 자신이 다니던 대학이나 자신이 살고 있던 나라를 벗어난 경우에 말이다.

미국으로 다시 돌아오는 게 힘들었어요. 정말로요. 중국으로 유학을 갔을 때보다 다시 여기로 돌아왔을 때 문화 충격이 더 컸어요. 중국에 갈 때는 완전히 다른 곳으로 간다는 것에 어느 정도 준비가 되어 있었죠. 우리가 말하고 싶어 하지 않는 것들 있잖아요. 미국 사람은 고기를 너무 많이 먹고, 과식을 한다는 부분이요. 특히 저에게는 음식이 문제였어요. 돌아와서 햄버거를 보니 속이 매스껍더라고요. 중국 음식이 이곳 음식보다는 훨씬 건강식이었거든요.

(조지, 3학년)

그럼에도 불구하고, 교환학생 경험이 중요하고 소중했다는 것에서는 모두가 같은 의견이었다.

1년 동안 교환학생으로 해외에 나가 있다는 것은 대부분의 학생에게 비용 면에서 많은 부담이 있지만, 그 경험을 통하여 얻을 수 있는 일부 혜택(다른 문화의 경험, 공부와 '실제 세상'과의 연계, '스스로 해결해야 하는' 도전 과제)은 다른 프로그램을 통해서도 충분히 경험할 수 있는 것들이다. 이를테면, 현장학습이나 봉사활동, 그리고 인턴십 프로그램을 통해서도 이러한 혜택을 얻을 수 있다. 또한 우리는 예산이 충분하지 않은 대학에서 학생들을 위해 1~2주짜리 해외여행을 추진하는 교수를 알고 있다. 이 교수는 매우 부족한 예산에도 불구하고, 알차게 해외여행을 구성해 학생들에게 엄청나게 좋은 경험을 제공해 준다. 외국 문화에 노출되는 경우에도 '전혀 못해 본 것'과 '해 본 것'은 차이가 크다. 비록 짧더라도 이러한 한 번의 여행이 학생들에게 자립심을 고취시켜 주는 역할을 제공할 뿐만 아니라, 나중에 더 큰 여행을 할 수 있는 동기가 생기도록 하는 데 큰 영향을 미칠 수 있다.

어떤 경우에 학습이 일어나는가

　글쓰기, 말하기, 비판적으로 사고하기, 과학, 해외유학 등 이러한 많은 사례를 통해서, 대학에서의 배움에 대하여 어떤 결론을 내릴 수 있을까? 첫째, 대학에서 배우는 수많은 '역량'이 엄청나게 심오한 수준은 아니다. 글쓰기와 말하기를 가르치는 사람들도 특별한 전문성을 필요로 하지 않는다. 이들의 목적은 학생들이 유창함을 익히는 것보다는 기본기를 단단히 하도록 하는 것이기 때문이다. 학생들이 언급하고 있는 것은 이 대학에서 가르치는 대부분의 교수는 영어의 기술적인 부분에 대하여 그렇게 강조하고 있지 않으며, 대부분의 학생 역시 여러 사람 앞에서 말하기 위하여 웅변술까지는 공부하지 않는다고 하였다. 즉, 이들이 이렇게 언급하고 있는 이유는 말하기나 글쓰기에 있어서 기술적인 세세함이 중요하지 않음이 아니라, 이러한 테크닉은 책이나 수업 그리고 인터넷을 통하여 쉽게 배울 수 있으며, 심지어 다른 사람이 하는 것을 모방하면서 익힐 수도 있기 때문이다. 특히 말하기의 경우에는 차분하고 논리적이며 명료하게 표현해야 하고 이 정도만 할 수 있어도 일반적인 대학생들에 비하여 한참 앞서 있게 되는 것이다. 비판적 사고력의 경우, 정교한 분석 방법을 가르치는 여타 다른 학문과는 다르게, 여기서 강조하는 것은 전문적인 것보다는 일반적인 원칙에 가깝다. 즉, 인과관계를 어떻게 확립하고, 논거들을 어떻게 평가하고, 여러 자료에서 결론을 어떻게 도출하는지를 배운다. 예술과 자연과학의 경우에는 세밀한 테크닉이 중요한 건 분명하지만, 대다수의 학생에게는 특정한 분야의 비법(arcana)보다는 일반적인 원칙을 배우는 것이 더 중요하다. 학생들이 가장 많은 혜택을 얻으려면 유능한 교수를 만나야 하지만, 한 걸음 더 나아가서 학생들에게 관심을 갖고, 이들이 좀 더 나아질 수 있도록 도와주고, 시간을 내서 그들과 이야기하려고 하는 사람, 한마디로 자신이 가르치는 내용과 학생들에게 마음을 쓰는 그런 교수가 더 중요하다는 것이다.

둘째, 글쓰기와 말하기뿐만 아니라 생각하는 방법도 배울 수 있다는 것을 학생들 역시 점차 알게 된다. 그들은 글쓰기가 한 번에 되는 것이 아니며, 각각의 단계를 밟아야 좋은 글쓰기를 할 수 있다는 것을 깨닫게 된다. 즉, 글은 항상 특정한 독자를 염두에 두고 써야 하며, 그러기 위해서는 많은 노력이 필요하고, 좋은 글쓰기에는 어떤 마술 같은 것도 없다는 것이다. 마찬가지로, 대중 앞에서 연설하는 능력도 관련된 약간의 테크닉('눈 맞추기' '읽듯이 말하지 않기' '한 가지 주제에 집중하기')을 익히고, 조금만 연습하면 금방 나아질 수 있다는 것을 깨닫게 된다.

셋째, 그렇다고 학생들은 그들이 모든 기술을 다 배울 수 있다고 생각하지는 않는다. 설문조사에 참여한 수천 명의 학생들의 응답과 면담 자료를 분석한 결과가 이를 잘 보여 준다. 이를테면, 우리가 언급했듯이, 그들은 글쓰기를 배울 수 있다고 본다. 글쓰기는 일종의 기술로서 기본적인 테크닉을 익히고 열심히만 하면 누구나 다 잘 할 수 있다고 생각한다. 대중 연설 역시 누구나 배울 수 있지만, 선천적인 재능이 있는 사람들도 있다. 마지막으로 계량적 기술(과학적 재능)의 경우, 학생들은 타고난 것처럼 여긴다. 이러한 재능이 있는 사람도 있고 없는 사람도 있다. 수학 전공자들조차도 이렇게 믿고 있다는 점은 놀랍다. 이런 세 가지 패턴은 이 대학에서 강조하는 방식과 아주 유사하다. 즉, 글쓰기는 모든 학생이 필수적으로 해야 하며, 대중 연설과 관련된 과목은 선택사항이고, 계량적인 과목들(과학 관련 과목들)은 대부분 수강을 하지 않을 수 있다는 점이다.

마지막으로, 어떤 경우든지 사람들과의 구체적인 관계가 매우 중요한데, 그중에서도 동기를 가장 잘 자극할 수 있다는 점에서 얼굴을 마주할 수 있는 사람들이 중요하다는 점에 주목해야 할 필요가 있다. 피드백은 빠를수록 좋다는 것은 교육학자들에겐 이미 오래전에 알려진 사실이다. 그리고 현장에 있는 청중으로부터 받는 피드백보다 더 빠른 건 없다. 사람들 간에 교류를 하면 정서적으로 몰입되고, 행동하고, 변화하도록 자극을 준다. 그리고 이 교류는 즉각적일수록 더 큰 효력을 발휘한다. 구술 시험, 여러 사람 앞에서 하는 발표, 연기나 춤 공연, 노래는 모두 청중의 반응을 즉각적으로 불러일으키기 때문에 동기를 부여하는 데 있어 엄청난 힘을 발휘하게 된다.

사회적 관계가 만들어져 유지되는 상황에서 즉각적인 피드백을 많이 받을 수 있는 여건이 조성된다면, 이 안에서 대학은 잘 기능할 수 있게 된다. 나는 동료 학우들과 잘 어울리고 있나? 영어 선생이나 다른 학생들이 날 바보라고 생각하지 않을까? 과학 수업을 제대로 따라가고 있나? 나는 존재감이 있고 존중받고 있나? 대부분의 경우에서 우리가 발견한 것은 기본적으로 배움에 대한 동기는 다른 사람들과의 일대일 만남에서부터 시작된다는 사실이다. 이러한 만남은 보통 정서적인 측면이 강하다. 자기의 작품에 관심을 갖고 있는 존경받는 교수로부터 일대일 글쓰기 지도를 받는 경우가 그 예가 된다. 말하기는 면전에서 창피를 당할 수 있다는 걱정이 있을 때 향상된다. 수업 시간에 발표할 때나 구술 시험을 볼 때, 세미나 시간에 다른 학생들 앞에서 이야기할 때 이러한 느낌이 생길 수 있다. 동료 학생들과 개인적 갈등이 생기면 윤리적인 문제를 심각하게 고민하게 될 것이다. 이러한 기본적인 동기요인들은 다른 영역에서와 마찬가지로 교육 영역에서도 작동하므로, 학생들을 교육하고자 하는 대학은 이러한 동기를 활용할 수 있을 것이다. 글쓰기에서 나타난 '대학 효과', 즉 기술적인 것을 가르쳐 주지 않더라도 1학년 때 글쓰기가 빨리 좋아지는 이유는 신입생 때 학교에 잘 적응하려 하고, '학점을 잘 받으려고' 노력하는 과정에서 생겨나는 것이다. 반드시 무엇인가를 더 배웠다고 볼 수는 없고, 그저 더 열심히 했다고 할 수 있는데, 이러한 노력이 효과를 나타낸 것이다. 이러한 것은 타인으로부터 계속되는 피드백에 직면함에 따라 '그 집단에 들어가려고' 하는 노력이다.

'기술(skills)'이라는 개념은 활동체인 조직과 그 조직의 구성요소 일부를 인위적으로 구분하는 것이다. 테크닉이나 규칙('한 문단에 한 가지 주제를 담는다'거나 '경중을 가리기 어려운 두 개의 생각은 병렬식 문장을 사용해서 표현한다'는 식)을 작은 상자에 비유하자면, 기술을 배운다는 것은 이런 상자들을 들어 올린다는 의미가 아니라, 관계 맺기와 관계 맺고자 하는 마음에 관한 것이다. 특정 교수나 동료 학생, 특정 대학과 관계를 맺고자 하는 것이고, 교환학생을 가는 학생들의 경우에는 그곳 사람들과 관계를 맺는다는 것이다. 글쓰기는 내 생각을 다른 사람에게 명료하게 표현하는 것이고, 자신의 생각을 주장하고, 청중을 존중하는 것이다. 여러 사람 앞에서 말을 하려면 그 주제에 대하여 잘 알아야 하고, 편한 마음으로 사람들 앞에 설 수 있어야 한다. 비판적 사고는 자료를 분석하는 것이 전부가 아니고, 다른 사람의 주장에 대하여 도전하려는 의지와 용기가 있어야만 한다. 그리고 분명한 것은 이런 식으로 다른 사람들과 관계를 맺는 것에 대하여 관심이 없으면 배움도 없다는 것이다.

인간관계가 소중하게 생각되고 적극적으로 장려되는 커뮤니티 속에서 학생들은 가장 잘 배울 수 있다. 추상적인 '프로그램'이 아닌 사람들의 실질적인 참여가 중요하다는 것이다.

제7장

끝마치기

대학에서 가장 기억에 남는 것은 수업에서 배운 것이 아니에요. 대학 생활을 하면서 그 속에서 얻은 것들이죠. 이를테면, 대학에서 생활하면서 혼자 사는 법을 배우고, 자신을 관리하는 법, 시간을 관리하는 법, 계획적으로 생활하는 법, 새로운 사람을 만나는 법, 인간관계나 새로운 이슈들을 다루는 법 등을 배우고 익혔죠. 대학에서는 캠퍼스에 도착하는 바로 그날부터 무엇인가 새로운 걸 배우는 것 같아요.

(키스, 3학년)

대학생들에게 4학년은 자긍심과 두려움이 동시에 존재하는 시기다. 자긍심이란, 그동안 대학생활 중 어렵고 힘든 일들을 잘 극복하면서 많은 것을 배웠다는 것에 대한 것이고, 반대로 두려움은 대학생활이 점차 끝나감에 따라 학교와는 다르게 충분한 안전망이 없는 본격적인 '사회

(real world)'로 나가야 한다는 것(대학원에 진학하지 않는 경우)에 대한 것이다.

4학년이 되면 현 상태에 온전히 몰입하는 게 힘들어진다. 이 시기가 되면 대학에서 사람을 만나고 사귀는 일에 흥미를 잃게 되고, 학업과 학교 행사도 이미 할 만큼 했으며, 교환학생으로 해외에 다녀온 학생들은 자신이 다른 학생들에 비하여 어느 정도 연륜이 있다고 생각하게 된다. 대부분의 4학년 학생은 기숙사 생활에 대하여 수다를 떨거나, 술 마시며 연애할 때 느끼는 짜릿함을 찾거나, 짝을 찾으려고 파티 장소를 기웃거리거나, 신입생들에게 매력적이게 보이기 위해서 노력하는 것은 한창 때나 하는 일이라고 생각한다. 이들 역시도, 신입생 시절에는 대학생활에 적응하고, 그에 필요한 요령들을 배우는 데 급급했다. 이를테면, 21세 이하도 술 마실 수 있는 곳이 어딜까, 어떤 파티가 최고이고 최악인가, 어떤 수업이 쉬울까 등에 관한 것들이다. 하지만 4학년들은 이런 요령 따위에 관심이 없다.

> 어떤 핵심적인 사실을 알게 돼요. 일종의 사회적인 측면에서 선택사항이 제한되어 있다는 점이죠…. 항상 같은 술집 혹은 파티에 참석하게 되고… 그리고 그곳에서 새로운 사람들을 보게 되는데, 모두가 1학년인 거예요! 그때에는 이런 생각이 들어요. "지난 3년 동안 이런 생활을 했구나." 이렇게 느낀다면, 이제 무엇인가 다른 것을 할 준비가 되었다는 것이에요. 좀 더 현실에 관련된 것들 말이에요.
>
> (제이, 동문)

사람들을 만나고 사귀는 대학생활 자체가 '단조롭거나' '지루해'졌다고는 하지만 사실은 그들이 변한 것이다.

> 저는 여기에서 모든 것을 해 봤어요. 엄청 놀았죠. 게임에 관한 모든
> 것은 안 해 본 것이 없을 정도이고요. 술 마시기, 스포츠 게임, 학생 놀
> 이도 하고… 게으름도 부리면서… 이런 모든 것을 전부 해 보았죠. 세
> 상에서 큰일을 할 준비가 된 거죠.
>
> (알렉산드리아, 4학년)

학교생활에 보다 집중하면서 새로운 분야를 찾아보는 학생들도 있
었다. 난생 처음, 철학이나 무용 수업을 들어 보거나, 모두가 훌륭하
다고 생각하는 지질학 교수 수업을 수강하기도 했다. 4학년 학생들을
위한 연구 프로젝트나 앞에서 언급한 졸업 논문은 학생들의 학문적
관심을 키울 수 있도록 해 주었고, 때로는 스스로 선택한 주제에 대하
여 연구하며 '능력을 보여 줄 수' 있는 기회를 갖기도 하였다. 한 학기
또는 1년 동안 작업을 하는 졸업 논문은 학생들이 그동안 배운 역량
을 제대로 발휘할 수 있는 기회를 제공한다.

> 물리학 주제로 졸업 논문을 썼어요. 그건 정말 제 역량 이상을 요구하
> 는 프로젝트였죠…. 수많은 문제를 해결하기 위해서 제 스스로가 많
> 은 자신감을 가지면서 수행해야 했어요…. 이것을 통해 깨달음을 얻
> 었죠. 주제가 중요하다는 사실이요. 난이도는 별로 중요하지 않아요.
> 특히 어떤 프로젝트를 함께 진행하는 경우와 목표를 달성한 경우에
> 이러한 느낌을 가질 수 있는 거죠.
>
> (제이, 동문)

우리가 연구한 학생들은 '제대로 된' 프로젝트를 통하여 자신의 역량을 과시하고자 하였다. 학생들은 이를 통하여 시간 관리와 다른 전문가들과 함께 일하면서 얻은 연구물을 발표함으로써 '바깥세상'에서의 생활이 실제로 어떻게 흘러가는지 간접적으로 경험하게 된다.

> 돌아보면, [대학에서 가장 중요한 활동은] 교수님들과의 관계를 지속했다는 점, 그리고 마지막 학기에 진행했던 졸업 논문, 소집단 프로젝트인 것 같아요…. 특히 졸업 논문의 경우는 4년 동안 배운 것을 다시 종합해 볼 수 있었던 좋은 기회가 되었어요…. 저에게는 이런 것들이 최고의 경험이었던 것 같네요.
>
> (세라, 동문)

졸업 논문 프로젝트는 전공과의 연관성이 있을 뿐만 아니라, 그동안 자신의 전공에서 무엇을 배웠는지 알 수 있게 해 준다. 더욱이 좋은 논문을 작성하기 위해서는 그동안 배웠던 내용들을 적절하게 종합해야 하는 과정을 거쳐야만 한다.

오늘날의 고등교육에 대하여, 비평가들은 학생들이 대학을 졸업할 시점에 형성되어 있는 역량이 대학교육의 주요 성과라고 언급하는 경향이 있다. 하지만 이는 매우 좁은 시각이다. 사실상 대학은 훨씬 많은 성과를 만들어 낸다. 이를테면, 기술적인 역량, 역사적 지식, 인맥과 학연, 종교적 신념, 군사 훈련, 지적 깨달음, 문화적 자각 등이 있다. (여기에서는 교육 성과만을 고려하고 있다. 즉, 졸업생들이 내적으로 성취한 것들이다. 이 밖에 직업이나 소득, 가정과 같은 부수적인 성과들은 제외하였다.) 대학은 제각각 수많은 다양한 성과를 만들어 내는 독특한 기관이다. 졸업생들이 학교를 떠나면서 공통적으로 언급한 세 가지 교육 성과는 역량, 자신감, 사람들과의 관계다.

역량

오늘날 대학은 학생들이 사회에서 생산적인 일원이 되는 데 필요한 역량을 가르치기 위해 존재하는 곳이라고 여겨지고 있다. 이러한 역량은 특정 미래 직업에 필요한 것이다. 명시적이든 그렇지 않든 간에, 우수한 학부중심 대학들은 중급 이상의 전문직에 필요한 역량을 가르친다. 여기에는 데이터 분석 능력, 정보처리 능력, 추론 능력, 글이나 말로 다른 집단의 사람들과 의사소통하는 능력, 협업 능력, 감독을 받지 않고 오랜 시간 스스로 자신의 일을 원활하게 처리할 수 있는 역량들이 포함된다. 학생들은 학기 중에 이러한 역량들을 매주 배울 수 있는 기회를 갖는다. 대학이 강조하는 3대 역량(big three academic skills)인 글쓰기, 말하기, 비판적 사고력은 다른 사람을 관리하고 리더십을 발휘할 때 꼭 필요한 것들이다.

글쓰기　글쓰기는 자신의 생각이나 지식을 다른 사람에게 전달하고자 할 때 필요한 역량이다. 대학생은 자신의 생각을 체계적으로 '주장하고 설득하도록' 교육받는다. 이들은 글쓰기의 과정에서 주제 문장들을 만들고 이를 뒷받침하는 논거를 제시하는 훈련을 한다. 글쓰기 심화 프로그램을 통해서, 학생들은 자신의 생각을 잘 정리하여 명료하게 표현할 수 있는 역량을 갖추게 된다. 이는 다른 사람을 설득하고, 방향을 제시하며, 대규모 그룹 활동을 관리하는 데 필요한 것이다.

이제는 보고서를 어떻게 쓰는지 알겠어요. 대학에 처음 입학했을 때는 몰랐거든요. 제가 느끼기에는 제 스스로가 성장했다는 느낌이 들어요. 무엇인가에 대하여 더 조직적인 방식으로 생각할 수 있는 거죠. 이를테면, 제 생각을 정리하고, 그것들을 범주화시킨 다음 보다 깔끔하게 정리해서 다른 사람들에게 보여 주는 거죠. 마치 '제가 그것에 대하여 제대로 생각하고 있다는 것'을 보여 주는 것처럼….

(매들린, 4학년)

졸업한 지 2년이 지난 신시아도 같은 생각을 하고 있었다.

글쓰기는 (제 사고력을 높여 주었죠.) 무엇이 중심적인 아이디어이고, 어떤 것이 중심적인 아이디어를 뒷받침해 주는 내용인지 그리고 결론을 내리기 위해서 이 부분들을 어떻게 배열하는지에 대하여 많은 도움이 되었죠…. 이런 식의 사고는 제가 고등학교 때는 배우지 못한 거였고, 대학에 들어와서 배운 것들이죠….

(신시아, 동문)

졸업생들은 글을 잘 쓰는 능력이 바깥세상에 흔치 않다고 했다.

제가 일하는 분야에서 수많은 사람이 글을 제대로 쓸 줄 모른다는 사실에 너무 놀랐어요…. 저한테는 너무나 기본적으로 보이는 것들인데 이런 걸 못하는 거예요…. 이를테면, 간단한 메모조차도 이해하기 어렵게 써요. 한 장짜리 글을 논리적으로 무슨 말을 하려고 하는 것인지 파악할 수 있게 쓰지를 못하는 거죠. 전체적인 구성과 문법이라고는 정말! 글을 잘 쓰는 사람들은 아니었어요.

(캐슬린, 동문)

비록 학생들이 다양한 독자들을 염두에 두고 글을 쓰는 법을 배우지만 그들이 배운 글쓰기 스타일이 격식이 없거나 색다른 건 아니고 단지 지역적 특색이나 독특한 하위 문화에 맞추려 하고 있을 뿐이다. 대학 글쓰기는 전 세계적으로 통용되는 표준영어를 강조하고 있으며, 이에 사용되는 관용구나 문장 구조를 사용할 것을 장려하고 있다. 이것은 영어를 사용하는 누구라도 그 의미를 이해할 수 있게 하기 위함이다. 대학 글쓰기는 다양한 배경의 수많은 사람에게 정보와 지식을 전달하는 방법을 가르친다. 이러한 글쓰기 역량은 상대적으로 기술이 거의 필요 없는 서비스업 종사자들에게 요구되는 것은 아니다. 이런 서비스업 종사자들은 주로 컴퓨터 화면이나 매뉴얼에 있는 대로 말하면 되고, 이들의 행동은 주변의 카메라와 컴퓨터 키보드 입력을 모니터링하는 장치를 통해 관리된다.

대중 앞에서 말하기 세미나 수업에서나 혹은 그보다 많은 사람 앞에서 말을 한다는 것은 타인보다 리더의 자리에 위치하겠다는 것을 의미한다. 이러한 상황에서는 청중의 호응을 이끌지 못한다면 순식간에 그들에게 외면당할 수도 있다.

(세미나에서) 발표하는 것은… 힘들지만 자신의 장단점에 대하여 많이 알게 되는 계기가 되죠….

많은 사람 앞에서 긴장하지 않고 편안함을 느끼는 것이 중요해요. 만약 그렇게만 할 수 있다면 무엇이든지 할 수가 있거든요…. 그리고 무엇보다 내용을 명확하게 이해하고 있어야지만, 많은 사람 앞에서도 이야기할 수 있어요…. 이러한 자신감은 정말 소중한 거죠.

(톰, 4학년)

졸업생들에 따르면 말하기를 열심히 훈련한다면, 직장에서 정말 필요한 역량과 자신감 모두를 얻을 수 있다고 한다. 명료하면서 설득력 있게 말할 수 있는 사람은 어디에서든지 높은 위치에 빨리 올라간다.

비판적 사고력　비판적 사고력은 합리적 의사결정을 하고 리더가 되는 데 필요한 역량이다. 대학 강의실에서 실제로 어떤 일이 일어나는지 보자. 학생들은 어려운 책들을 읽고 이해하려고 한다. 역사 이래 최고의 사상가였던 사람들과 그의 제자들이 한 주장을 면밀히 살펴보고 이해하려 한다. 플라톤, 도스토예프스키, 애덤 스미스, 르네 데카르트, 찰스 다윈, 칼 마르크스, 알베르트 아인슈타인, 지그문트 프로이트 등이 그 예다. 학부중심 대학(liberal arts college)의 학생들은 이렇게 고도의 지식을 갖추고 있는 작가들과 사상가들, 예술가들 그리고 과학자들의 생각과 계속해서 마주하면서 탐구해야만 한다. 학생들은 습관적으로 이러한 거대한 이슈들에 대하여 깊이 있게 생각하고 토론하게 된다. 토론 상대는 교실 안에서 의견을 달리하는 학생들과 책 속에 존재하는 '가상적인' 사람들이 될 수 있다. 또한 (문학, 철학, 역사) 수업 시간에 이루어지는 토론의 상당 부분은 기본적으로 윤리에 관한 것이다. 즉, 무엇을 해야만 하는지, 어쩔 수 없이 타협해야 하는 것들은 무엇인지 등 리더들이 일상적으로 하는 이러한 종류의 토론 말이다.

이러한 비판적 사고력은 하나의 역량 그 이상이다. 이것은 한평생 사용될 수 있으며, 또한 그 사람의 정체성을 보여 주는 것일 수도 있다.

> 어떤 사람들은 정해진 방식대로 일하려고 해요. 마치 기계적으로 말이죠…. 문제를 이해하고 해결할 수 있다는 자신감을 갖고 무엇이든지 새로운 방식으로 이것을 해결하려는 사람들도 역시 있고요. 저에게 창의적 글쓰기 수업은 매력적으로 다가왔어요. 현재 제가 가지고 있는 자신감과 분석 능력은 철학 수업에서 많이 배웠던 것 같아요. 특히 그 수업에서 같은 주제를 가지고 다른 방식으로 접근하며, 개념화시키는 방법을 많이 사용했죠.
>
> (제임스, 동문)

마지막으로, 학생들은 정정당당하게 논쟁하고 토론하는 방법을 배운다. 그 방법은 논쟁을 하는 당사자들과의 기본적인 관계를 훼손시키지 않으면서도 이길 수 있는 요령을 배운다.

> 항상 저의 의견과 반대 의견을 가지고 있는 사람들과 화기애애한 분위기 속에서 논쟁을 하죠. 대학에서는 적절한 근거가 있어야지만, 자신의 주장이 받아들여져요. 그렇지 않으면 누군가가 그 의견에 대하여 반박을 하죠…. 한 가지 생각나는 것이 있네요. 제 친구 중에 한 주제

에 대해 기본적으로 3시간 이상 논쟁을 하는 녀석이 있거든요. 한번은
저와 서로 얼굴이 파래질 때까지 논쟁을 한 적도 있어요.

(앤, 4학년)

이런 것들을 배울 수 있는 학생은 극소수이지만, 수업 시간에 이뤄
지는 토론에 참여하여 발표하고 논쟁하며, 다른 학생들의 토론 역시
지켜보면서(학생들의 역량이 좋든 나쁘든, 어떤 방향에서도 도움이 된다),
그들은 알게 모르게 향후 이러한 논쟁들을 어떻게 이끌어 가야 할지
배우게 될 것이다.

자세히 들여다보면, 이러한 고차원적인 역량들이 어떻게 습득되는
지에 관하여 놀랄 만한 것이 하나도 없다. 이러한 것들은 학생들이 매
일같이 일상적인 일과의 일부분으로 훈련하기 때문이다. 이를테면,
글쓰기 수업은 대학에서 구조적으로나 문화적으로 핵심적인 프로그
램으로 자리 잡고 있다. 입학 안내서에서도 강조하고 있고, 학생들도
이러한 점 때문에 대학에 지원하고 입학을 한다. 많은 교수도 글쓰기
심화과정을 가르치는 것을 좋아한다. 교수와 학생 모두 글쓰기 프로
그램 전체에 대하여 지지를 보낸다. 대학을 다니면 글쓰기 프로그램
을 반드시 이수해야 하기 때문에, 학생들은 대학에서 글을 많이 써야
하고, 결국에는 어느 정도 글쓰기 능력이 향상된다.

학생들은 대학에 다니는 동안 경험하는 수많은 과정을 통하여, 끊
임없이 새로운 것을 배우게 되고 여러 가지 어려움을 극복해 나간다.
고급과정 과목들은 입문과목들보다 어렵게 개설되어 있고, 전공과목
들은 의도적으로 학생들의 능력을 향상시킬 목적으로 학년별 역량에
따라서 각 단계에 맞추어 제공된다. 교육 프로그램들이 순차적이지

않은 경우에도 학생들은 매년 새로운 것을 하도록 학사지도와 수강지도를 받게 된다. 대부분의 대학에서는 이러한 방식으로 학생들이 역량을 향상시킬 수 있게끔 프로그램을 운영하고 있다. 파스카렐라와 테렌지니가 수행한 교육 성과에 관한 연구 결과에서도 이를 뒷받침하고 있는데, "대학교육을 통하여 학생들은 평생학습과 지속적인 지적 발달에 필요한 인지적 역량을 키우게 된다. 전체적으로 볼 때, 대학에 다니는 동안에 발생한 지적 성장은 대학을 졸업한 후에도 지속된다."라는 것이다. 비록 이러한 흐름이 졸업 후에 경험하는 지적 자극과 경험 정도에 따라 상당 부분 달라지기는 하지만 말이다.[1]

이러한 역량은 시간이 가면서 저절로 강화되고 개선되기도 한다. 이를테면, 독서의 즐거움을 스스로 찾게 되는 것처럼 말이다. 학생들에게 흥미 있는 책이나 논문을 읽게 하면, 이후에도 이러한 독서가 일상이 되기도 한다. 대학교육의 보다 큰 혜택은 단편적인 기술을 획득하는 데 있는 것이 아니라 배우는 습관과 태도를 갖게 하고 배우는 것 자체를 즐기도록 하는 데 있다. 이러한 이유에서 학기 말이나 졸업 시점에 학생들의 성취도를 측정하는 것이 별로 소용이 없다고 본다. 이러한 평가의 방식은 이보다 훨씬 중요한 장기적인 성과를 간과하고 있기 때문이다. 단기적인 성과에 치중한다면 학생들의 동기, 즉 배움의 즐거움을 주지 못할 뿐만 아니라, 학업적인 측면에서 학생들에게 장기적인 마라톤을 할 수 없게 만들 수 있기 때문이다. 대학이 교육적인 측면에서 최선을 다했을 때, 아마도 최고의 결과는 학생들이 졸업하고 몇 년 후에 나타날 것이다.

자신감

학생들은 자신의 역량을 향상시키면서 지금까지 이 책에서 기술한 여러 과제를 해결하면 비로소 자신감을 얻게 된다. 동문들 가운데 우리가 연구했던 학생들도 거의 모두 하나같이 소위 심리학자들이 말하는 효능감이 상당히 커졌다고 했다. 효능감이란 자신의 행동을 통하여 어떤 성과를 이끌어 낼 수 있는 심리적 상태, 즉 믿음을 의미한다.

저는 이전보다는 더 강한 사람이 되었어요. 저는 무엇에 흥미를 느끼는지 알아요. 제 성격도 당연히 알고요. 다시 말해서 저에 대하여 더 많이 알게 된 거죠. 저는 더욱더 강해졌다고 생각해요…. 비록 불어를 완벽하게 하지는 못해도, 파리에 가서 현지 학생들로 꽉 찬 강의실에 앉아 있을 수 있다고 생각하거든요…. 저는 여러 가지 일의 경중을 판단해서 우선순위를 정하는 방법을 배웠어요. 매일 직장에 가면 수도 없이 많은 일의 우선순위를 정해야 하잖아요. 이를테면, 고객들과의 전화 통화를 여기저기서 해야만 하고, 동료들 역시 도와줘야 하고, 장기적인 계획도 수립해야만 하잖아요. 이렇게 되면 머릿속에는 수많은 생각이 가득 차요. 그렇기 때문에 우선순위를 정하는 방법을 배워야 하는 거죠. 사실 이 대학은 이러한 측면에서 우수해요. 저는 대학 시절 인턴십도 해 봤고, 수영 팀에서 안전 요원도 했어요. 그리고 제가 수강했던 모든 수업에서도 생각해야 할 것들이 많았죠. 우선순위를 정하는 방법이 정말 필요했어요. 꼭 배워야 하죠.

(클레어, 동문)

[대학 교수들은] 항상 학생들에게 흥미 있는 것을 해야 한다며 압박하죠. 이를테면, 저는 연구 보조금을 받는 것에 대하여 한 번도 진지하게 생각해 본 적이 없었어요. 교수님이 저에게 말씀하시기 전까지 말이죠. 교수님께서는 "이번 여름에 연구비를 지원받아서 연구를 해 보면 어떻겠니?"라고 말씀하셨죠. 그래서 전 알겠다고 했어요. 마치 학교에서 중국어 수업을 수강하는 것처럼 간단하게 대답해 버렸던 거죠. 제가 중국어를 공부해서 해외유학을 간다는 것은 한 번도 생각해 본 적이 없었거든요.

(모디, 동문)

저의 축구 코치님이 저에게 이런 말씀을 하더라고요. "존, 우린 네가 말을 좀 더 하면 좋겠다." 사실, 그건 저에게 어려운 주문이었어요. 코치님이 말씀하신 건 다시 말해서 제 스스로 틀을 깨고 나와 동료들을 도우라는 거였거든요…. 그래도 코치님 말씀이시니, 저는 사람들에게 다가가서 제 자신을 소개하게 되었어요. 그런데 직장에서도 그렇게 하게 되었어요. 저와 함께 일하지 않는 사람들이라도 만나게 되면, 가서 인사를 하게 된 거죠. "안녕하세요. 전 존이에요. 옆에서 일하고 있어요…."라고 말이에요.

(존, 동문)

저는 이런 것을 배웠어요. 행동하기 전에 다시 한 번 곰곰이 생각해 볼 수 있으면, 다른 사람들보다 한 걸음 앞서 나갈 수 있다는 것을요. 할 일이 스무 가지 정도 있다고 했을 때, 스트레스를 받는 것보다 조용히 앉아서 하나씩 차근차근 해 나가면 일을 훨씬 더 쉽게 처리할 수 있었어요. 운전을 하다가 길을 잃으면 여기저기 헤매는 것보다, 차를 세워 놓고 길을 물어보잖아요! 똑같은 원리예요.

(짐, 3학년)

자신감은 상대적으로 위험 부담이 낮은 상황에서 새로운 것을 시도해 보고 배울 때 생겨난다. 비행기 조종사들이 가상 시뮬레이션 공간에서 실패에 따른 위험 부담이 없이 비행 훈련을 하며 배우는 것처럼, 학생들도 부모님이나 친한 친구 곁을 떠나 생활해 보고, 동아리를 운영하거나 신문을 편집해 보며, 스포츠 팀에 가입해 보고, 남들 앞에서 발표도 해 보고, 사람도 사귀어 보고, 외국생활을 해 보면서 배운다. 대학은 학생들이 이런 과정에서 시행착오를 겪어도 되도록 만든 곳이다. 대학에서는 실패를 하더라도 큰 희생이 따르지 않고, 그 피해가 오래 지속되지도 않는다. 인턴십이나 봉사활동에서도 마찬가지다. 대학을 나오지 않은 사람도 더 크고 새로운 도전을 경험한다. 하지만 실제 '사회'에서는 실패에 대한 부담이 크고 그 영향도 오래가서, 이에 대한 위험 부담이 너무나 크다. 이런 상황에서 모험을 하거나 위험을 감수하기는 쉽지 않다. 이에 비하여, 대학은 '온실'이라고 혹은 '실제 세상이 아니라고' 비난받기도 하지만, 그럼에도 불구하고 대학은 이러한 온실 같은 곳이 되어야만 한다. 즉, 학생들이 어떤 것을 시도하는 데 있어 보호받을 수 있는 환경이 조성되어야 한다. 그렇기 때문에 대학은 학생들이 스스로에 대한 자신감을 키울 수 있는 프로그램을 운영해야만 한다. 이러한 프로그램들은 시간이 흐를수록 점차적으로 난이도는 높아지는 반면에, 각 과정마다 정확한 피드백을 수반하면서 학생들이 실패하더라도 큰 문제가 되지 않도록 운영되는 것이다.

저는 제 자신이 용감한 사람이라고 생각하지 않아요…. 저는 개방적이고 서로서로 도움을 주고받는 그런 분위기를 원했죠. 실패하면 얼마든지 다시 새로운 시도를 할 수 있는 그런 환경 말이죠⋯. 이러한 환경을 통하여 제가 설 땅이 있기를 바랐어요⋯. 사실 저는 내성적이라서 사람을 믿거나 새로운 상황에 적응하거나 위험을 감수하는 일들에 익숙하지 않았죠. 공부할 때도 역시 마찬가지였고요. 하지만 새로운 단체에 들어가서 활동하고 봉사활동도 해 보면서, 제가 하려는 일에 대해서 더욱 대담해진 것 같아요. 제가 신념을 갖고 있는 것에 대하여 정확하게 이야기하고, 사람들과의 관계 역시 이전보다 훨씬 더 좋아졌죠. 이전과는 다르게 제 스스로에 대한 믿음이 더 커졌기 때문이라고 생각해요.

(주디, 3학년)

에이미는 자신의 지적 자신감이 커진 것이 교수의 영향력 때문이라고 생각하고 있었다.

제가 대학에 있으면서 확실하게 얻은 것은 스스로에 대한 태도, 그러니까 자신감인 것 같아요⋯. (저 같은 경우는 교수님을 통하여 자신감을 키울 수 있었어요.) 교수님께서는 저를 교수와 학생처럼 상하관계로 보시지 않고, 오히려 동료에 가까운 수평적인 관계로 생각하셨죠. 이러한 점이 정말 중요한 것 같아요. 저를 한 명의 지식인으로서 생각해 주시는 거잖아요.
사회에서도 마찬가지라고 생각해요. 이러한 관계를 대학에서 경험하게 되면, 사회에서도 모든 사람이 교수님과 같은 동등한 방식으로 저를 대해 준다고 생각할 여지가 크잖아요. 그리고 저 역시 그렇게 믿는다면, 사람들은 정말 그런 식으로 저를 대해 줘요.

(에이미, 동문)

자신감은 일과 삶에서 정신건강과 신체건강을 눈에 띄게 개선할 수 있는 요인임에는 틀림없다.[2]

> 대학은 나머지 세상과 교류할 수 있도록 준비시켜 주고, 제 자신과 제가 생각하고 있는 것을 지지해 주죠. 저는 사람들이 벽에 부딪혀서 쉽게 포기하는 것을 많이 봤어요. 이를테면, 누군가 자기보다 똑똑하거나 보다 높은 위치에 있는 사람이 "이건 원래 이래야 되는 거야."라고 말하는 경우에 말이죠. 제가 느끼기에 대학은 제가 어느 정도의 반항적인 기질을 키울 수 있게 도와준 면도 있는 것 같아요. 그리고 제 생각 수준을 한 단계 높일 수 있도록 해 주었죠.
>
> (브랜든, 동문)

대학생들의 사회적 자신감은 미국 전역을 살펴봐도 계속해서 증가하는 추세다. 파스카렐라와 테렌지니는 이렇게 결론을 내리고 있다. "1학년 때와 4학년 때를 비교해 보면 학생들의 리더십 능력, 평판, 사회적 자신감이 통계적으로 유의미하게 증가했다는 점이 확실하다. 이러한 결과는 대표성 있는 대규모 종단 자료를 활용해서 대학 이전의 특성을 통제한 상태에서도 명확히 나타났다."[3]

비록 자신감이 생각하고 있지 않은 곳에서 나올지라도, 그 효과는 긍정적이다.

> 제가 사귄 사람들 때문에 자신감이 더 커진 것 같아요. 양날의 검 같은 거죠…. 실제로는 그렇지 않은데, 제가 무엇인가에 특별하다고 여겨질 때, 이러한 기분이 들어요. 그것은 별로 안 좋은 경우잖아요. 하지만 좋게 보면 이렇죠. 리더가 되려 하고 성공 스토리를 만들고 싶어 하는

사람들과 함께 있는 거잖아요. 교수님들은 한결같이 제가 최선을 다
하도록 다그쳤어요. 그 때문에 그런 태도가 생긴 것 같아요. 사회에 나
오면 확실히 깨닫게 돼요. 모두가 이러한 태도를 갖고 살지는 않는다
는 것을요.

(제이, 졸업생)

사람들과의 관계

대학교육의 성과로 가장 많이 언급된 것은 '교우관계'였다. '교수
와의 관계'와 글쓰기 실력 향상은 그다음에 위치해 있다. 우리는 이처
럼 얼굴을 마주하는 관계가 대학생활에서 중요하다는 것을 이 책에서
계속해서 강조해 왔다. 친구는 대학에서 학업을 지속하는 데 꼭 필요
한 것이며, 학생들은 이러한 교우관계에 따라 유학을 갈지, 동아리에
들지, 비교과 활동 등에 참여할지를 결정하게 된다.

사람들과의 관계는 지적인 측면뿐만 아니라 사회적 측면에서도 영
향을 준다. 많은 학생의 이야기를 살펴보면, 다른 학생들과 가깝게 지
내게 되면 매우 중요한 신념이나 개인적 소신들에 대해서조차도 다양
한 관점으로 생각해 보게 되고, 이들을 통하여 더불어 자신의 의견도
명확하게 표현할 수 있게 된다고 한다.

저는 혼자 지내는 방을 사용해 본 적이 없어요. 주로 2인실 아니면 4인
실에서 생활했죠. 지금은 4인실에서 생활하고 있고요. 제가 생각하기
에는 사람들과 함께 지내다 보면 항상 어떠한 문제에 봉착하는 것 같

아요. 누군가 충분히 저의 이야기를 들을 수 있는 상황에서, 타인을 무시하거나 어리석은 말을 하고선 모른 척할 수는 없거든요. 그렇기 때문에 시간이 흐를수록 점점 제 행동에 대하여 조심하게 되고, 그를 통해 다른 사람들의 행동이나 반응에 대하여 더 잘 파악할 수 있게 되는 거죠. 신입생 때, 제가 했던 표현들을 생각해 보면 정말 창피해요. 그런 발언은 앞으로는 다시 하지 않을 것 같아요.

(킴, 4학년)

4년 동안 저랑 함께 지냈던 제 룸메이트는 공화당 쪽이었어요. 그래서 정말 재미있었죠. 저는 민주당의 성향이었거든요. 그녀는 제 단짝 친구였지만, 낙태나 동성 결혼과 같은 문제들에 대해서는 의견이 달랐죠. 제가 좋아하는 사람과 함께 "넌 어떻게 그런 생각을 할 수 있니?"라며 서로의 생각을 주고받는 건 정말로 재미있었어요.

(로라, 4학년)

저 같은 경우에는 그냥 친구들과 놀면서 자연스럽게 토론을 하는 편이었어요. 하나님, 인간의 본성, 정치 그리고 이런 것들이 어떻게 서로 연계되는지 등에 대해서 말이죠. 저와 다른 의견을 갖고 있는 사람들과 함께 이러한 문제들에 관하여 토론하면서, 저 역시도 제 개인적인 의견을 명료하게 표현하려고 노력을 했어요. 하지만 그것은 결코 쉽지 않았어요. 한 번도 제대로 한 적이 없으니까요.

(주디, 4학년)

조금 더 광범위하게 살펴보면, 이러한 친구관계는 학생들이 다양한 활동을 할 수 있게 하는 계기를 제공할 수도 있고 하지 않게끔 유도하는 원인이 되기도 한다.

저는 친구들이 관심을 가지고 있는 것만 했어요. 이를테면, 경제학을 전공하는 친구가 있으면 저 역시도 경제학을 수강하는 거죠. 경제학을 수강하면 친구가 과제를 도와줄 수도 있다고 생각했고, 실제로 도움이 많이 되었어요. 또 학생신문에 원고를 게재하기도 했어요. 신입생 때, 제 룸메이트가 그 일을 해 보고 싶다고 말했거든요. 그 친구는 고등학교 때, 학교 신문에 이미 여러 칼럼을 쓴 경험이 있더라고요. 유학요? 전 유학 가 본 적이 없어요. 그 이유는 제 친구들 중에 아무도 유학을 가지 않았기 때문이죠. 사실 저는 친구들에 의해서 거의 의사 결정을 내렸던 것 같아요.

(키스, 4학년)

우리가 면담한 숀이라는 학생은 교수들 사이에서 영특하지만 노력은 많이 하지 않는다고 알려져 있었는데, 이런 말을 털어놓았다. "제 친구들은 어느 누구도 학업에 많은 시간을 투자하지 않았어요. 저희는 학교 다닐 때 모두 그랬어요. 제 생각에는 군이 열심히 하지 않아도 학교생활을 그럭저럭할 수 있었던 것 같은데요?"(숀, 4학년) 동료 학생들의 그런 영향은 상당히 해로울 수 있다.[4] 우리가 면담을 했던 많은 학생은 교우관계를 긍정적으로 보았고 그 관계가 졸업 후에도 지속되었다고 강조하였다.

사람들과의 친한 관계 형성이 학생들이 바라는 유일한 것은 아니었다. 5장에서 비교과 활동과 네트워크, 파티에 관하여 언급한 것처럼, 학생들은 교우관계를 맺을 또 다른 친구를 찾고, 그를 통해 보다 큰 커뮤니티에 들어가려고 노력한다. 학생들은 이러한 관계를 통하여 멤버십을 얻으려 하고, 실제로 그것을 획득하기도 한다.

물론, 이러한 멤버십이 가지는 의미는 어느 대학에 입학하느냐에 따라 달라진다. 각 대학마다 특성이 있기 때문이다. 이 대학(해밀턴 대학) 역시 학생들을 매료시키는 요인들이 분명히 있다.[5] 규모와 위치가 이러한 요인들에 속할 것이다. 이 대학은 규모가 작고 이에 맞게 아름다운 캠퍼스를 보유하고 있다. 반면에, 호불호가 갈리는 요인들도 있다. 이 대학은 북동쪽에 위치해 있어 겨울이 춥고 길기 때문에, 어쩔 수 없이 기숙사에서 길고 어두운 겨울밤을 보내야만 한다. 또한 캠퍼스가 도시와 떨어진 시골 지역에 위치해 있는 점도 이러한 요인이 될 수 있다. 대학에 입학하는 학생들을 살펴보면, 그들의 연령대는 대부분 고등학교를 갓 졸업한 상태이고, 가정환경 역시 중산층이나 이보다 상위계층이 대부분이다. 이들은 캠퍼스의 아름다움, 화려한 외관을 좋아하고 중시하는 학생들이다. 기숙사에서는 '집처럼' 편안함을 느낄 수 있다. 또한 캠퍼스 역시 어느 누구라도 친구가 될 수 있는 환경이 조성되어 있으며, 사교적인 활동 역시 얼마든지 가능하다. 이 대학에서는 지적인 탐구 활동 역시 굉장히 중요한 부분으로 여기고 있으며, 이를 통해 학생들은 '나는 할 수 있다'는 자신감과 자신의 능력을 마음껏 펼칠 수 있는 기회를 얻을 수 있다. 학생들이 학업에도 꽤 열중하지만, 이는 대학원에서 공부를 계속하기 위해서나 생각과 토론의 즐거움 때문이라기보다는 이것도 잘해야 한다는 마음에서 그런 경우가 많다. 이 대학의 외부 인지도는 입학기준과 수많은 수상경력, 그리고 대학동문회보를 통해서 알 수 있듯이 훌륭한 수준이다. 재정적 부담은 일부 학생에게 현실적인 문제로 닥칠 수 있기는 하지만 일상에서 느낄 만큼 크지는 않다. 이 대학에서는 장기적인 관점에서 학자금지원 프로그램을 통하여 학생들이 학업과 대학생활에 몰입할 수 있도록 돕고 있다.

졸업생들은 서로가 비슷한 사고방식이나 태도를 갖추고 있다고 생각하고 있다. 즉, 대학생활을 하면서 다양한 활동에 의해서 필요한 방식들을 서로 공유했기 때문이라고 생각하고 있었다.

> 이를테면, 대학의 교육 수준이 상당히 높았어요. 수업을 대충 들으면서 A를 받을 순 없죠. 성적을 잘 받으려면 정말 열심히 해야만 해요. A 혹은 그 이상을 받으려면 그냥 열심히 하는 것이 아니라 스스로를 수업을 듣는 다른 학생들과 차별화시킬 수 있어야 해요. 같은 수업을 듣는 학생들은 대체적으로 실력이 비슷해요. 그리고 이들과 지적인 측면에서 논쟁을 펼치는 경우도 많았죠.
>
> (키스, 동문)

이 대학의 학생이 된다는 것은 단순히 졸업을 했을 때, 이 수준에 맞는 역량을 갖추고 있음을 나타내어 줄 뿐만 아니라, 한 명의 인격체 (a certain kind of person)가 된다는 것을 의미하는 것이다.

> 대학의 중요성이나 그것의 영향을 졸업하기 전에 제대로 알기는 어려워요. 이를테면, "이 학교 다녔어요."라고 말하는 순간, "흠, 이 친구 똑똑한데."라고 생각되는 식이죠. 그리고 끝이에요. 사람들은 그 이상으로 더 생각하지 않아요.
>
> (존, 동문)

분명한 것은 대학마다 추구하는 가치관과 운영되는 방식이 다르다는 것이다. 목적을 위한 수단, 즉 아픈 사람을 치료하거나 돈을 벌 수 있는 능력을 신장시켜 주는 등 출세를 위한 수단으로 지식을 바라보는 대학도 있고, 지식 그 자체를 중요하다고 생각하는 대학도 있다. 학생들이 커닝을 밥 먹듯이 하는 대학도 있고, 그렇지 않은 대학도 있다. 특히 학생들의 시각으로 살펴볼 때, 어느 정도까지를 커닝으로 볼 것인지에 관해서는 대학에 따라 차이가 크다.[6] 학생들이 전공 공부를 즐거운 마음으로 열심히 하는 대학들도 있고, 열심히 하기는 하지만 마지못해 하는 학생들이 있는 대학들도 있다. 그리고 열심히조차 하지 않는 대학들도 많다. 어떤 학교에서는 매일 의무적으로 기도를 해야 하고, 또 어떤 학교에서는 행진 연습을 항상 해야 한다. 이처럼 대학마다 어느 정도의 차이는 있지만, 어떤 대학이든 학생들에게 기본적인 지원을 해 주고 있다. 대학들은 학생들에게 보다 나은 인간으로 살아가기 위해서, 그들이 가르쳐 주는 방식에 순응해야 함을 많은 졸업생과 재학생을 통하여 상기시키고 있다. 고용주들은 대학들이 자신의 스타일에 맞는 졸업생들을 배출한다는 사실을 너무도 잘 알고 있으며, 이에 따라 자신들이 선호하는 대학의 졸업생들을 채용하려 한다. 웨스트포인트(한국의 육군사관학교에 해당함-역주) 졸업생들이 군대라는 조직에서 타 졸업생보다 이점을 가질 수 있는 근본적인 이유는 대학 자체 내의 강력한 네트워크를 형성하고 있다는 사실과 더불어, 이곳이 군대에서 필요한 태도와 습관을 형성하는 데 최적화된 곳이라는 사람들의 인식이 강력하기 때문이다.

대학마다 각자의 가치와 정체성에 따라 이러한 커뮤니티를 지원한다. 졸업생들이 모교와 연결되어 있는 경우(이를테면, 웨스트포인트 대학과 직업군인, 노틀담 대학교와 이 대학 스포츠 팀(Fighting Irish)의 팬들이 그런 경우다]에는 졸업생들이 이러한 태도와 가치관을 지속적으로 배우고 반복하게 된다. 동문 소식지를 살펴보면, 적어도 졸업생들 사이에서 공유되는 대학의 가치가 무엇인지를 파악할 수 있다. 이를테면, 이 대학은 판에 박히지 않은 괴짜들이나 산업계의 수장들, 지역사회의 유지들 가운데 누구를 더 칭송하는가? 소식란이 동문들의 업적이나 상, 훈장들에 관한 것들로 가득한가 아니면 가족 행사나 개인 성장에 관한 글로 채워져 있는가? 커버스토리가 교수의 연구성과, 새로 지은 건물, 캠퍼스 내의 쟁점 가운데 어떤 것을 다루고 있는가? 이런 내용들이 대학에서 중요시하는 바를 보여 준다. 꽤 오랜 세월 동안, 소위 예일맨(Yale Man)이라는 것이 있었다. 동문들이 예일맨 혹은 다트머스 맨(Dartmouth man)이 되려고 했을 때, 그들은 이것이 어떤 의미인지 알고 있었고, 이에 맞는 스타일대로 생활하려고 노력했다. 많은 대학생은 대학을 선택할 때 이러한 정체성을 추구했고 일부는 그것을 찾을 것이다. 우리가 이런 '멤버십' 개념을 낭만적으로 만들려는 것은 아니다. 그렇다고 이러한 멤버십이 항상 일어난다고 말하려는 것도 아니다. 하지만 동문들을 통해서 알 수 있듯이, 분명한 것은 사람의 태도는 대학이라는 커뮤니티(the community of values)에 속해 본 경험이 있거나, 아니면 지금도 계속해서 속해 있는 경우에 훨씬 더 뚜렷해질 수 있다.

대학에서 동문관계는 거의 영구적이다. 졸업생들은 재적을 당할 수 없기 때문이다. 어떤 점에서 그들은 자신이 원해도 그만둘 수 없다. 이력서에서 그 한 줄은 지울 수도 없고 언제나 중요하게 남아 있을 것이다. 이런 점에서 동문은 결코 떠날 수 없는 존재가 되는 것이다. 많은 학생은 대학에서 만든 인적 네트워크를 쉽게 잃어버리지 않는다. 특히 동문들끼리 결혼을 하게 된다면, 사실상 영구적인 커뮤니티가 생기게 되는 것이다.[7] 동문들은 여전히 대학의 소식지를 받고, 기금 모금과 관련된 전화를 받으며, 정도의 차이는 있겠지만 타인에게 자신을 소개할 때조차 출신 대학을 들먹이게 된다. 그들의 이러한 네트워크는 일자리를 구하는 데도 상당한 영향력을 미친다. 네트워크는 단지 몇 년 동안 영향을 미치는 것이 아니라 평생을 간다. 오늘날 미국에서는 이 인적 네트워크의 지속성이 강력해서 급변하게 돌아가는 세상에서 전통성을 유지할 수 있는 힘이 되기도 한다. 졸업생들은 동창회를 통하여 얼마든지 재회하며, 때로는 그 자리에 아이들이나 손주들까지 데려오기도 한다. 올해 졸업한 이 대학의 졸업생들 역시 50년이 지난 후에도 매년 6월에 시행되는 동창회 모임을 위하여 학교로 다시 돌아와 옛 친구들도 만나고, 캠퍼스도 둘러보고, 애정 어린 스승도 한둘 만나며 시간을 보낼 것이다.

장기적으로 바라보았을 때, 이러한 커뮤니티를 만드는 것은 재정적인 측면에서도 충분한 효과가 있다. 대학은 수많은 지원자를 끌어모으고, 그중에 일부만 선발한다. 일단 합격하면 학생들은 너무나 기뻐한다. 대학에 입학해서는 이곳에서 4년을 행복하게 보낸다. 대학을 다니기 위해서 그들이 지불하는 비용 역시 엄청나다. 10만 불 이상을 빌려서 등록금과 각종 비용을 충당하기도 한다. 그러고는 대학생활에 매우 만족해하며 졸업하게 된다. 이들이 졸업한 지 1년이 지나면 반 이상은 대학에 기부금을 낸다. 비록 그들이 내는 기부금에 비하여 그들이 받는 가시적인 혜택이 전혀 없는데도 말이다. 평생 동안 기부금을 내는 경우도 많다. 어떤 이는 죽을 때 재산의 일부를 대학에 기부하기도 한다. 우리는 때때로 고등교육 기관이 '기업처럼' 운영되어야 한다는 이야기를 듣곤 한다. 하지만 도대체 어떤 기업들이 물건을 판지 50년이 지났는데도 매년 상당한 금액의 현금을 지불하는 소비자들을 확보할 수 있다는 말인가? 심지어 그들이 그 기업으로부터 얻는 것은 단지 도와준다는 기쁨뿐인데 말이다.

물론, 이러한 것들이 누구에게나 적용되는 것은 아니다. 줄리아의 경우, 고향 친구들에 대한 향수와 얼마 전에 이혼한 부모님 때문에 학교생활에 적응하지 못하고 결국 자퇴를 선택하였다. 크리스티도 학업양을 감당하지 못해서 학교를 그만두었다. 프랭크는 앞의 두 학생처럼 자퇴를 하지는 않았지만, 몇 년째 친구를 제대로 사귀지 못하였다. 그리고 그는 충분한 친구관계를 맺지 못한 것에 대해서 후회를 하였다. 반면, 이러한 커뮤니티를 찾은 학생들 역시 후회는 있었지만, 그 후회는 누구나 한 번씩 하는 것들이었다. 이를테면, 보다 많은 것을 해 보지 못한 것에 대한 후회 같은 것들이다. 존은 축구 코치가 그에게 하도 '더 크게 소리치라고' 윽박지르는 바람에 해결책으로 뮤지컬 배역을 맡아 보기도 했지만 다른 것도 더 해 봤으면 좋았겠다고 했다.

> 오늘까지 매일같이 저 자신을 원망했어요. 특히 스페인어를 배우지 않았던 점에서 말이죠. 한 학생이 기억나네요. 그 친구는 대학에 입학했을 때 스페인어를 한마디도 하지 못했는데, 4년 후 졸업할 시점이 되니 스페인어를 원어민처럼 하더라고요. 다른 학생들이 교환학생 기회를 통해 언어를 빨리 습득한 것을 보면 사실 부럽기도 해요.
>
> (존, 동문)

4학년이 되어서야, 처음에 가졌던 흥미나 친구관계를 넘어섰으면 좋았겠다고 후회하는 학생들도 있었다. 우리가 만난 모디는 중국어 교수를 만난 뒤 자신의 인생이 완전 바뀌었다고 했다.

> 이전까지는 제가 당연히 했어야 했던 것들을 그만큼 하지 못했던 것 같아요. 신입생 때는 대학에 빨리 정착하려고 했어요. 하지만 그만큼 노력을 하지도 않았고, 제가 그렇게 하고 있다는 것도 몰랐죠. 2학년 때는, 뭘 해야 할지도 몰랐어요. 그러고는 3학년이 되었죠. 그때 저는 베이징에 있었어요. 그리고 3학년 2학기 때 다시 돌아왔죠. 지금도 미국 생활에 다시 적응하는 중이에요. 그리고 춤추는 걸 시작했어요. 정말 푹 빠졌죠. 정말 매력이 있었거든요. 그리고 올해가 되었죠. 올해는 무엇인가를 하겠다는 마음을 가지고 있어요. 그리고 '과거에 좀 더 다른 걸 했다면 좋았겠다.' 라는 생각을 많이 해요. 그랬으면 더욱더 많은 사람을 만날 수 있었을 테니까요. 뭐 다 제 잘못이죠.
>
> (모디, 4학년)

출발이 좋은 경우도 나중에 많은 제약을 가져올 수도 있다. 합창을 좋아했던 주디의 경우가 그랬다.

> 전 제가 좋아하는 것을 금방 찾았죠. 그래서 줄곧 합창단에 머물러 있었죠. 합창이 너무 좋았고 저한테도 잘 맞았기 때문이에요. 합창 때문에 도움도 정말 많이 받았고, 무엇보다 재미가 있었어요. 많이 배우기도 했고요. 그런데 여러 가지 다른 경험들을 충분히 하지는 못했어요. 제가 평소에 하는 것들 말고, 다른 경험들을 더욱더 많이 해 봤으면 좋았겠다는 생각이 들어요. 전 '합창을 하는 백인 학생 주디' 라는 틀에

갇혀 있었어요.

(주디, 4학년)

자신이 속한 사교 모임 때문에 제약을 받은 학생들도 있었다. 허브
는 자신을 '게으르다'고 묘사했는데, 프래터너티에 들어가 지내며 옴
짝달싹 못하게 되었고 스티븐의 경우에도 좋지 못한 친구들과 함께
지내는 바람에 많은 후유증을 겪어야 했다.

> 저의 친한 친구들은 대부분 학교생활을 열심히 하지 않았어요. 우린
> 서로 영향을 주었죠. 우리 것만 하는데 정신을 쏟아서 학교생활에 열
> 중한다거나 교수님들과 교류를 하지 못했어요. 전 절대 듣지 말았어
> 야 하는 수업을 듣기도 했죠. 그때는 무엇을 해야 할지 몰랐어요. 교환
> 학생으로 해외에 다녀왔으면 좋겠다고 생각하기도 했죠. 교수님들께
> 도 더 많은 걸 배우고—안 좋게 들리겠지만—교수님들을 더 많이 만
> 나고, 교수님들이 시간을 내어 줄 때 기회를 살렸어야 했는데 말이죠.
> (만약 다시 할 수만 있다면) 글쓰기 센터에 가고 싶어요. 학교가 제공
> 하는 것들을 보다 다양하게 활용하고 공부도 더욱더 열심히 해 보고
> 싶네요. 돌아보면 이러한 기회들을 제가 모두 놓쳤다는 걸 이제야 알게
> 되네요.

(스티븐, 4학년)

이러한 후회에도 불구하고, 우리가 면담했던 대다수의 학생은 자
신들의 대학 경험이 소중했다고 언급하였다. 이 대학의 4학년 학생
84% 이상은 고등학교로 돌아가서 대학을 다시 선택할 수 있는 기회
가 주어진다 할지라도 현재의 대학을 선택할 것이라고 대답했다. 특

히 남학생들에 비해서 여학생들은 만족스럽지 않은 전공을 더 쉽게 포기하는 경향이 있었고, 훌륭한 교수를 따라다니거나 무엇인가 잘 안 될 때 깨끗이 포기하고 학교를 떠나는 결정을 보다 자진해서 하고, 사람들과의 관계를 보다 신중하게 하는 경향이 있었다. 여학생들의 그런 대학생활이 더 나아 보였다. 우리가 연구한 학생들 가운데 누구도 고등교육이 주는 가치 그 자체에 대하여 회의적이지는 않았다. 심지어 교육비가 너무 비싸다고 우려하는 학생들조차도 마찬가지였다. 그들 대부분은 성공적인 대학생활을 위해서 학생들이 해야 하는 일들, 즉 들어가기, 선택하기, 소속하기, 학습하기 등이 잘 이루어지고 있었으며, 대학이 이러한 역할을 잘 해내고 있다고 보았다.

러셀에게도 모든 것이 순조로웠다. 어려운 일을 잘 감당했으며 운도 따랐다. 그는 규모가 큰 공립학교를 졸업했고, 성적이 우수한 학생에게 대학이 주는 장학금에 끌려 이곳을 선택했다. 즉, 그는 이 대학에 별 어려움 없이 들어왔고, 신입생 때는 기숙사에서 3명의 룸메이트와 함께 생활했다. 그에게 있어 기숙사는 다른 사람들과 쉽게 어울릴 수 있는 만남의 장이었다. 그는 합창단('B'라고 불리는 프래터니티와 같은 곳)에 들어가기 위하여 오디션을 보고, 한 곳의 노래 동아리에 가입하게 되었다. 1학년 때 성적이 좋아서(학장 장학생 명단에 포함됨) 고등학교 때 사귄 여자 친구가 있는 학교로 편입할까 생각하기도 했지만, 1학년 때 이 대학에서 사귄 친구들 때문에 그냥 남기로 했다. 러셀은 초창기에 음악과 창작에 관심이 많았지만, 한 교수의 영향으로 그의 관심사는 완전히 바뀌었다. 가을학기에 수강했던 경제학과 교수를 통하여 경제학에 관심을 갖게 되었고, 이로 인해 다음 봄학기에도 계속해서 그 교수 수업을 수강했다. 그리고 결국에는 경제학을 전공으로 하고, 음악을 부전공으로 선택하게 되었다. "기본적으로, [그 분야는] 엄청 달랐어요. 그리고 사람들도… 아주 달랐죠." 다른 분야를 공부하면서 "어쩔 수 없이 다른 분야의 글을 많이 써야 했어요…. 내가 생각한 것을 말로 제대로 표현해야 했고요…." 그는 이 대학에 있는 대부분의 학생이 똑똑하고 사교적이라고 보았다. 이것은 그가 다닌 고등학교와 달라도 너무 달랐는데, 거기에서는 기껏해야 25% 정도의 학생들만 공부에 관심이 있었다. 그는 몇몇의 좋은 교수도 만났는데, 종교학을 가르치는 교수는 가르치는 내용에 그의 인성이 묻어나는 사람이어서 무척 흥미로웠다. 비록 수업의 내용이 좀 지루한 면은 있었지만 말이다. 경제학 교수도 마찬가지로 모호하고 어려운 내용을 쉽게 이해할 수 있도록 해 주었고, 무엇보다 학생들을 함부로 판단하지 않았다. 이상한 질문을 하는 학생들도 어떤 식으로든지 도움을 주려고 했다. 그 이후에 그는 훌륭한 음악 교수들과도 함께 공부를 했다.

러셀은 교수들이 자신을 어떻게 생각하는지에 대하여 많은 관심을 두었기 때문에 더 열심히 하려고 노력하였다. 한 면담에서, 그는 지난주에 수업 준비를 완벽하게 해 놨다고 했다. "교수님 앞에서 바보처럼 보이기는 싫어요…. 교수들은 굉장히 똑똑한 사람들이잖아요. 교수 연구실까지 찾아가서 아무 말도 못하는 멍청이처럼 보이고 싶지는 않았어요…. 그래서 구체적이지는 않더라도 어느 정도 제 생각을 가지고 있어야 한다고 생각했죠…. 그런데 이상하게도 그것 때문에 제가 생각을 좀 더 잘해 보려는 동기가 생긴 것 같아요. 똑똑한 사람 앞에서 자신 있게 보이려고 노력했지요…. 제 생각에는 본인이 하고자 하는 말을 다시 한 번 더 생각해 보는 것이 핵심인 것 같아요." 글쓰기의 경우에는 좀 지독하게 다그치는 경우도 있었지만, 교수가 독려한 덕분에 실력이 점차 나아졌다. 한 교수는 그에게 글쓰기 센터의 튜터 자리를 추천해 주었고, 그를 통해 러셀은 더욱더 자신감을 갖게 되었다. 또한 똑똑한 기숙사 친구들과 가깝게 지내면서 고전적인 '철학적 토론'을 하기도 했다. "여자애들 중에는 아무도 자길 좋아하지 않는다면서 이상해지는 경우도 있었어요. [그래서 결혼에 대해 절망하는 거죠.] 이럴 땐 자기네들끼리 아주 극적인 토론을 하기도 해요. 인간이 결혼이라는 것을 만들어 냈나? 결혼이라는 것이 '진짜'인가? 우리가 이런 것을 만드는가? 이런 것이 애초에 자연스러운 것이었나? 등과 같은 흥미로운 질문들에 대해서 말이죠."

러셀은 이런 말도 덧붙였다. "한 학기 동안 영국으로 공부하러 갔을 때, 머릿 속으로만 다양한 관점에서 생각해 보았던 것을 실제로 경험하게 되었죠. 저는 당연히 영국 사람들은 영국식 악센트로 말한다는 것을 알고 갔어요. 그러니까 당연히 그걸 기대하고 갔죠. 그들은 정말로 영국식 악센트로 말하는 거예요! 그런데 재밌는 건, 나 자신은 한 번도 내가 미국식 악센트가 있다는 생각을 못했어요. 그냥 뭐 악센트가 좀 있겠다고 생각하고 있었던 거죠. 미국에 사는 많은 사람도 대부분 이렇게 생각할 거예요. 그들 스스로도 자신들만의 악센트가 있다는 것을 모르는 거죠. 그때서야 깨달았죠. 제가 세상의 중심이 아니라 보다 큰 세상의 일부에 불과하다는 것을요…. 그것을 깨고 나오기가 어려웠어요. 제가 모든 것의 중심이라고 '마음속으로' 생각하고 있었거든요."

러셀은 음악을 사랑했던 만큼, 이러한 음악을 직업으로 한다는 것이 얼마나 어려운지도 잘 알고 있었다. 졸업 후에, 그는 뉴욕 시에서 자신이 정착하는 것을 도와준 대학 동문 여러 명과 함께 지내면서 우연히 광고 일을 접하게 되었다. "광고 일은 문제를 날카롭고 다각도로 바라보는 능력을 필요로 했어요. 정확히 표현할 수 있으면 주목을 받게 되는 거죠. 아마도 제가 다른 사람보다 차별성을 가지고 있는 것이 있다면 그것은 제 생각을 명확하게 말이나 글로 표현할 수 있다는 거죠. 글쓰기와 말하는 능력이 없으면 광고 분야에서 일을 할 수가 없는 거죠…. 저는 연세가 있는 분들과도 대화를 할 준비가 항상 되어 있어요. 그렇기에 그분들과 언제든지 이메일을 주고받을 수 있죠."

대학을 졸업한 지 4년 만에 러셀은 맨해튼에 있는 자그마한 광고회사의 부사장이 되었다. 졸업한 지 7년째인 2012년에는 국제적인 마케팅 홍보 회사의 고위 임원이 되었다.

대학교육의 성과 중 모든 것을 포괄하면서, 심지어는 가장 중요하게 생각되는 것이 하나 있다. 우리는 그것이 '동문 만족도'라고 생각한다. 이러한 만족도는 보다 쉽게 측정할 수 있는 것처럼 보이고, 실제로 학생들과 동문들을 통하여 이러한 만족도를 조사하는 경우가 많다. 하지만 소비자들이 제품으로부터 얻는 '만족도'와 우리가 여기서 말하는 만족도와는 다르다. 우리가 생각하는 만족도는 보다 폭넓은 것으로 '충족감'이나 심지어는 '행복감' 같은 것을 의미한다.

대부분의 미국 사람에게 대학을 다닌다는 것은 시간이나 비용 면에서 아주 큰 투자다. 대학은 자동차나 집처럼 구분이 명확한 생산품이 아니다. 한 사람의 인생에서 4~6년 동안의 시간을 투자한다는 것은 개인적으로 엄청난 일이다. 그리고 대학에 다니는 비용도 해마다 오르고 때로는 감당하기 어려울 정도로 오르기도 한다. 하지만 대학에 가는 사람들은 해마다 늘고 있고 더 많은 사람이 가고 싶어 한다.

아마 이 글을 쓰고 있는 이 순간에도 미국은 교육재정의 '거품'을 경험하고 있을 것이다. 즉, 대학 등록금이 급격하게 낮아진다면 터질 운명에 있는 그런 거품 말이다. 하지만 지금 이 시점에서는 그런 일이 벌어질 징후가 보이지는 않는다. 현명한 것인지는 모르겠으나, 학생과 그들의 학부모들은 기꺼이 엄청난 빚을 내서라도 대학교육 비용을 부담하려고 한다. 주정부가 계속해서 고등교육에 대한 지출을 줄이거나 심각한 수준으로 제한을 두고 있는데도 그들은 그렇게 하고 있다.

학생(그리고 학부모)들은 재정적으로나 개인적으로 희생을 감수하고 있는데, 그 이유는 대학이 자신들의 삶을 더 좋게 해 줄 수 있다고 믿기 때문이다. 그들은 대학이 제공하는 역량이나 학위, 인간관계, 대학의 명성으로 인하여, 그들이 경제적으로 더 풍요로운 삶을 살 수 있을 것이라고 생각한다. 많은 학생은 직업에 필요한 기술(간호, 교육, 행정, 공학 등)을 배운다. 어떤 학생은 글 쓰는 법을 배워 광고 카피라이터가 되기도 하고, 누구는 부유한 짝을 찾게 되기도 한다. 어떤 경우는 동아리의 멤버들이 모여 사업을 시작하기도 한다. 이렇듯 대학과 관련된 것 때문에 일자리를 얻기도 하고, 생계수단을 갖게 되거나 전문가가 된다고 모두는 믿고 있다. 대체로 틀린 말은 아니고 연구 결과도 이를 지지하고 있다.[8] 이 과정에서 모두들 만족감을 갖게 된다.

'합창단원 주디'가 한 이야기를 여러 번 인용했었는데, 이는 주디의 성공과 실패에 관한 특별한 점을 보여 주려고 그런 게 아니라 그녀가 실제로 대학이 그녀에게서 어떤 의미가 있었는지를 진지하게 고민했었기 때문에 자주 언급했던 것이다. 그녀와 그녀의 부모는 경제적 측면에서만 그녀의 미래를 생각하지 않고 대학이 주는 보다 폭넓은 성과들에 주목하고 있었다.

제가 가진 기억들도 있고 나 자신의 정체성도 명확해져서 그런지 저
는 직업적으로 무엇을 하든지 간에 제가 어떤 삶을 살고 어떤 사람
이 되고 싶은지에 관심을 두었어요. 저에게는 그게 더 의미가 있으
니까요.
영화를 전공하려면 연출을 하나 해야 했어요. 그래서 전 로미오와
줄리엣을 했죠. 저는 대역으로 줄리엣을 연기했죠. 그런데 그게 좋
았어요. 하지만 엄마한테는 이렇게 말했죠…. "저 다른 것은 안 할래
요. 합창 말고는 할 수 있는 것이 없어요." 그러고는 합창을 그만두는
것을 거부했죠. 그렇게 결정을 내렸고, 그게 끝이었어요.
성적은 B를 많이 받았어요. C+도 두 과목 정도 있었어요. 왜냐하면 공
부하는 데 충분한 시간을 투자하지는 않았거든요…. 엄마가 그러시더
라고요. "괜찮다. 너 역시도 학점이나 네가 들은 수업이 대학생활의 전
부가 아니라고 생각했잖니? 그보다 네가 만난 사람들과 함께하면서
배운 것들이 대학생활의 전부가 아니겠니?"
누구도 엄마보다 제가 대학생활에서 가장 필요한 것들을 정리해서 말
할 수 있는 분은 없다고 생각해요….

(주디, 4학년)

대부분의 미국 학생이 이러한 호사를 누리지는 못한다. 하지만 나
라를 떠들썩하게 했던 고등교육에 관한 논쟁에서 주디의 '성과들'은
고려조차 되지 않았다. 여기에서는 제대로 된 기술을 갖추고 있고, 즉
시 활용할 수 있으며, 비용이 적게 드는 노동력을 제공하기 위해서 대
학이 필요하다고들 한다. 학생들은 뚜렷한 역량을 갖추어야 하고, 졸

업하는 순간 바로 활용 가능해야 한다는 이야기도 들린다. 대학 역시도 학생들이 이러한 역량들을 얼마나 잘 갖출 수 있도록 교육했는지 그리고 이러한 역량들이 대학에서 얼마나 잘 길러졌는지를 기준으로 평가받아야 한다고들 한다. 주 정부의원들과 기업체, 연방정부 교육부와 지역별 평가인증 기구들이 합세해서 지난 20년 동안 몰아붙인 결과물은 사실상 기업에서 필요한 표준화된 기술이나 지식, 태도(팀워크, 신뢰성)에 초점을 두고 있다. '인력 개발'은 중요한 표현이다. 중국과 인도의 엔지니어들이 쓰나미처럼 몰려오는 것에 대한 경고의 성격을 가지고 있을 뿐만 아니라 국제 경쟁에서 실패했음을 보여 주는 단서로 해석될 수도 있다. 공평하게도 정부와 기업들도 그들만의 할 일들이 생겼고 그들이 쓰는 돈만큼의 가치가 있는 것을 얻고 있는지 알게 되었다.

하지만 시장에 통할 수 있는 기술이 학생들(그리고 부모들)이 찾고 있는 것은 아니다. 기술도, 지식도, 인간관계도, 학위 역시도 그들이 궁극적으로 찾고 있는 건 아니다. 그것들은 단지 더 나은 삶을 향해 가는 과정에서 필요한 단계에 불과하다. 그리고 그러한 단계와 목적들은 학생에 따라 다르기도 하다. 그들 모두는 대학을 나왔으니 그에 맞게 더 나은 삶을 원한다. 더 나은 삶이 무엇을 의미하는지는 개인마다 차이가 있다. 이를테면, 그것은 더 나은 직업일 수도 있고, 더 좋은 친구를 사귀거나, 클래식한 예술작품을 감상하거나, 미분방정식을 배우거나, 합창단에서 노래하며 즐거움을 만끽하거나, 기숙사에서 아무 제한 없이 대화하면서 전율을 느끼거나, 가난에서 벗어나 지역사회나 세상에서 존경받는 위치에 오르는 것일 수도 있다. 이런 이유에서 누군가 "대학이 그 가치에 비해서 너무 비싼가요?"라고 묻는다면, "그것은 학생에 따라 다르지요."라고 대답할 수 있다. 의과대학에 진학하게 되면 대학이 '가치가 있다'고 생각하는 학생들도 있고, 혹은 좋은 직장을 얻거나 혹은 좋은 배우자를 얻으면 대학이 가치 있다고 생각하는 학생들도 있을 것이다. 어떤 경우에는 대학생활 그 자체에 무게를 두는 학생들도 있다. 이러한 가치들은 학생에 따라 다르다.

평가 전문가들은 '만족도'가 학생이 대학에서 습득한 것들을 '간접적으로 측정'하는 것에 불과하다고 본다. 이러한 만족도로는 대학을 통해 학생들이 얻은 기술을 직접적으로 알 수 없다고 한다. 하지만 우리의 생각은 다르다. 진정한 만족도는 가장 훌륭한 측정 지표 가운데하나라고 볼 수 있다. 그리고 대학들이 학생들의 삶을 개선하고자 한다면, 동문 만족도가 여전히 더 나은 지표가 된다. 대학을 졸업한 지수년이나 수십 년이 지나고 나면 예전 학생들은 어느 정도 스스로의관점을 갖게 된다. 그들은 좋고 나쁜 사사로운 감정들은 잊어버리게된다. 그렇게 되면 그들은 대학이 그만한 가치가 있는지에 대해 판단할 수 있게 된다. 다시 말해 친구관계의 가치, 취업지원, 전공의 중요성, 빚 등을 고려할 수 있게 된다는 것이다. 졸업하고 2년, 10년 혹은20년 후에 대학생활의 경험이 여전히 그만한 시간과 돈의 가치가 있는지 알고 싶다면, 졸업생들에게 물어보면 된다. 그들보다 누가 더 잘알 수 있겠는가?

이런 점에서 졸업생들의 만족도, 궁극적으로 행복감은 단지 대학교육 성과 중 하나에 불과한 것이 절대 아니다. 그것이 바로 가장 중요한 것이다.

제8장

우리가 얻은 교훈

대학은 어떤 방식으로 훌륭한 성과를 내는 것일까? 대학은 어떠한 방법으로 학생들에게 긍정적인 변화를 유도하게 되는 것일까? 우리는 학생들의 관점에서 무엇이 변화를 일으키는지 살펴보기 위해 학생들의 대학생활을 면밀하게 살펴보았다. 우리는 지금까지 주로 학생 자신의 역량이나 경험, 행복과 같은 것들이 얼마나 변화되었는지 살펴보았고, 취업이나 연봉처럼 사람들에 따라 달라지는 외적 '성과'에 대해서는 많은 관심을 두지 않았다. 더불어 우리는 대학이 학생들의 성장에 어떻게 도움을 주는지 대략적으로 살펴보았다. 하지만 우리는 이 연구에서 학생들의 대학생활을 포괄적으로 다루지는 못하였다. 예를 들어, 수많은 대학교에 만연해 있는 폭음, 마약 사용, 성폭력, 공공시설 파괴나 신입생 괴롭히기와 같은 바람직하지 않은 행동들을 다루지는 않았다. 통제 불능의 파티나 서로 다른 인종 혹은 사회계층 간의 지속적이고 뿌리 깊은 불평등도 대학 캠퍼스에서 어렵지 않게 살펴볼 수 있지만, 우리는 이에 대하여 거의 언급하지 않았다. 분명, 이러한 것들도 중요한 주제이지만, 우리가 보호하고 개발하려는 교육적 성과에 대하여 피해를 주는 경우를 제외하고는 그것을 다루지 않았다. 우리의 목적은 보다 실용적 방안을 고안하는 데 있었다. 이를테면, 우리는 리더들(특히), 교직원, 학부모, 학생들이 어떻게 하면 대학에서 보다 좋은 성과를 낼 수 있는지에 관해서 이해하는 데 도움을 주려고 했다. 물론, 우리가 연구한 대학은 예외적으로 훌륭하게 운영되고 있어서 일반적인 학부중심 대학이라고 보기는 어렵지만, 대학으로부터 얻을 수 있는 교육적 성과를 자세히 살펴본다면 많은 시사점을 얻을 수 있을 것이다. 대학이 학생들에게 많은 긍정적인 영향을 줄 수 있다면, 우리는 이 대학에서 이러한 긍정적인 영향의 많은 부분을 살펴볼 수 있다고 생각한다.

책을 마무리하는 이 장에서는 먼저 대학이 학생들을 위하여 '어떠한 방식으로 훌륭한 성과를 내는지'에 대하여, 우리가 발견한 연구 결과를 요약해서 제시하려고 한다. 그리고 이러한 연구 결과를 기반으로 하면서 학부교육의 성과를 제고할 수 있는 실천 방안들을 제안하고자 한다. 다음으로 지금까지 별다른 성과가 없었던 두 가지 전형적인 학부교육 개선 방안에 대해서 언급하고, 대학 평가와 관련된 몇 가지 유용한 방법을 제안한 다음, 우리의 생각을 간단히 정리하면서 이 책을 마무리하고자 한다.

대학교육 개선의 성패는 교육 프로그램을 어떻게 설계하느냐보다는 사람들을 어떻게 활용하는가에 달려 있다는 것이 우리의 주요 논지다. 대학의 리더들은 (열심히 배우고자 하는) 좋은 학생들이 다른 좋은 학생들과 좋은 선생들을 가능한 한 빨리 만날 수 있도록 도와주어야 하며, 대학 정책이나 교육 프로그램을 설계할 때도 이를 염두에 두어야만 한다. 결국에는 적절한 사람들을 서로 간에 알맞은 시기에 만날 수 있도록 해 주는 것이 핵심이다.

대학이 훌륭한 성과를 내는 기본 원리

대학교육을 개선하려면 대학의 리더들은 대학이 어떤 방식으로 훌륭한 성과를 내는지에 대해 이해할 필요가 있다. 이번 연구를 통해서 우리는 열 가지의 일반적인 원리를 찾아냈다.

1. **학생들은 대학에서 어려운 문제들을 시간 순서대로 경험하게 된다**
   이전 경험의 성공과 실패가 이후의 경험에 영향을 준다. 이 책 각 장의 제목들이 이러한 도전 과제들(들어가기, 선택하기, 소속하기, 학습하기, 끝마치기)을 잘 나타내 준다.

2. **사람들 간의 관계가 성공적인 대학생활에서 가장 중심적인 역할을 한다**   이러한 대인관계는 대학생활의 필요조건이면서, 이를 통하여 일상에서의 의욕도 촉진될 뿐만 아니라 그 자체로 대학교육에 있어 가장 소중한 성과가 된다. 이 때문에 특정 사람과의 관계를 맺는 것이 아주 중요하다. 학생들은 반드시 친구가 있어야 하고, 좋은 선생이 필요하며, 멘토로부터 도움을 받아야만 한다. 친구가 없는 학생은 학교를 그만두거나 학교에서 이미 마음이 떠나있을

것이다. 좋은 선생을 이른 시기에 만나게 되면 학업에 대한 몰입도 당연히 뒤따르는 반면, 그렇지 못한 선생은 학과나 심지어 학교의 명성을 실추시킬 수도 있다. 멘토의 역할은 삶을 바꾸어 줄 수 있을 만큼 중요하다. 사람들 간의 이러한 관계는 학생들의 경험에서 보다 구체적인 영향을 미치게 된다. 즉, 어떤 과목을 수강할지, 어떤 전공을 선택할지, 운동부에 가입할지, 비교과 활동을 수행할지 등에 영향을 주고, 역량 개발, 윤리적인 성장, 다양한 프로그램으로부터 배우는 것에도 영향을 준다. 사람들 간의 관계는 학습 동기에 영향을 준다는 점에서 중요하다. 그래서 좋은 대학들은 이러한 관계를 촉진하려고 하는 것이다. 이러한 관계가 학습 동기와 직접적인 연관성이 있기 때문이다.

3. **학생들은 접근하기 쉬운 길을 선택하고 이를 따라가는 경향이 두드러진다** 어떤 길은 상대적으로 찾기가 수월하며 따라가기가 쉬울 수도 있다. 자신의 아버지가 가입했던 프래터너티, 적극적으로 학생들을 모집하는 스포츠 팀, 시간표 짜기에 편하고 정원이 차지 않는 과목들이 있는 '인기 있는' 전공들이 그 예가 될 수 있을 것이다. 복도가 길고 방문이 열려 있는 기숙사에서는 친구관계를 맺기 좋고, 학교 식당에서 열리는 동아리 활동 설명회는 비교과 활동의 참여를 수월하게 만들어 줄 수 있다.

4. **중요한 결정들이 예상치 않게 우연히 내려지는 경우도 있다** '중요한 것'처럼 보이는 순간들, 이를테면 전공 선택, 학생클럽 가입, 룸메이트나 지도교수 선택 등은 사소한 것들(수업 일정, 접근 용

이성, 우연한 일 등)에 영향을 받아 정해지기도 한다. 때로는 학생들이 내린 중요한 결정이 이미 앞서 내린 사소하고 '지엽적인' 결정 때문에 내려지기도 한다. 학생들이 나중에 자신의 선택을 아무리 합리화하더라도 이런 일들은 종종 일어난다.

5. **대학은 스스로 나서서 어떤 길에는 학생들이 보다 쉽게 접근할 수 있도록 해 준다** 이렇게 해서 사람들이 모여 조직을 만들고 영향을 줄 수 있는 기회가 대학에 의해 구조화된다. 대학 내 어떤 단체들은 더욱 부각되기도 하고, 어떤 수업은 수강신청을 하기가 더 용이하고, 보다 쉽게 만날 수 있는 교수도 있고, 보다 편한 시간과 장소에서 열리는 모임이 있기도 하는 것처럼 말이다. 이런 식으로 대학은 학내 활동과 사람에 따라 혜택을 암묵적으로 차등해서 제공하고 있다.

6. **자원이 제한되어 있기 때문에 어쩔 수 없이, 사람들 간의 만남(engagement)을 위한 가장 좋은 기회도 제한적일 수밖에 없다** 입문과목을 잘 가르칠 수 있거나, 훌륭한 멘토가 될 수 있는 교수가 많지 않고, 좋은 시간대에 개설할 수 있는 수업도 제한되어 있다. 소수의 교수가 학생들에게 엄청난 영향을 주는 한편, 학생은 만족할 만한 대학생활을 하는 데 단지 한두 명의 좋은 교수와 두세 명의 친구만 있으면 충분하다. 교수 한 명이 기회만 된다면 재직기간 중에 적게는 수천에서 많게는 수만 명의 학생들에게 도움을 줄 수도 있다. 이러한 영향력 있는 교수가 극소수에 불과하지만, 적절히만 활용할 수 있다면 소수의 인원으로 충분한 효과를 달성할 수 있다는 사실은 대학의 리더들에게는 희소식이 될 것이다.

7. 상대적으로 규모가 큰 학생단체(30~100명 정도-역주)나 대학 자
   체에 대한 소속감이 생기면 학생들은 새로운 기회를 탐색하려는
   동기를 갖게 되고, 책임감도 커지고, 더 나아가 정체성을 찾는 데
   도움이 될 것이다. 하지만 이렇게 어딘가에 속해서 소속감을 얻게
   되더라도 늘 긍정적인 결과를 기대할 수는 없다.

8. 경로 의존성(path dependencies)은 순식간에 고착화되는 경향이
   있기 때문에 이른 시기에 나타나는 기회와 그 시기에 내린 결정은
   매우 중요하다. 대학에 입학하자마자 학생들은 수많은 기회에 노
   출되는데, 졸업 전까지 그렇게 많은 기회는 다시 오지 않는다. 이
   때 이루어지는 경험의 좋고 나쁨이 향후에 엄청난 영향을 미치게
   된다. 이러한 빠른 시기의 경험들로 인해서 기회의 문이 열리거나
   닫힐 수 있다. 아이러니하게도 학생들은 좋은 결정을 내리기에 충
   분한 정보도 없고, 이러한 결정을 내리는 데 필요한 지혜를 갖추
   기도 전에 이러한 중요한 경험을 하게 된다. 그래서 학생들이 하
   는 대부분의 선택은 실질적으로 그들이 쉽게 접할 수 있는 정보나
   상황에 의존하게 된다.

9. **대학은 학생들에게 수많은 혜택을 제공할 수 있다** 대학은 학생들
   에게 전공 지식이나 전문 기술 이상으로 더 많은 것을 줄 수 있는
   데, 지금 이러한 많은 것을 제공하지 못할 위험에 처해 있다. 사실,
   전공 지식이나 기술에 대한 지나친 강조 때문에, 학생이 대학으로
   부터 더 많은 것을 얻지 못할 수도 있다. 지식이나 기술도 중요하
   지만 대학 졸업 후에는 얻기가 더 어려운 사람들과의 관계, 태도,

마음의 습관과 행동규범, 대학 공동체의 일원이 되는 것 역시 중요하다. 뿐만 아니라 가시적으로 잘 드러나지는 않지만, 교수들과 졸업생들이 모두 인정하는 대학교육의 중요한 성과 중 하나는 학습을 지속하고자 하는 동기다. 즉, 평생학습에 대한 동기다.

10. **마지막으로 교육 프로그램, 실천 방안, 교수법들이 이를 수행하는 사람들을 고려하지 않는 경우에는 별다른 효과를 야기하지 못한다** 이보다는 누가 누구를 언제 만나느냐가 중요하다. 교육 프로그램이 성공하려면 적절한 사람들이 서로 만날 수 있는 기회가 있어야 한다. 적절한 사람들이 참여하면 다양한 교육과정이 제 기능을 다 할 수 있지만, 그렇지 못한다면 어떠한 교육과정도 소용이 없다.

해야 할 일

그렇다면 대학의 리더들(총장, 학장, 학과장 등)처럼 학생에게 도움을 주고자 하는 사람들은 무엇을 해야 할까?

이에 대하여 우리는 몇 가지 제안을 하려 하는데, 이 제안들은 여러 다양한 유형의 대학에서 실제로 활용될 수 있을 만큼 일반적이면서도 구체적이다. 다만, 학부중심 대학에서 연구한 것을 기초로 한 우리의 제안들이 다른 유형의 대학들, 이를테면 대규모 공립대학, 사립 연구중심 대학, 종교계열 대학, 사관학교, 커뮤니티 칼리지들에도 적절히 적용될 수 있는지에 관해서는 확신이 다소 부족하다. 하지만 우리의 제안들이 모든 대학에서 적용되기에는 어려운 점이 있음을 감안하더라도, 고등교육 분야의 관련 연구를 통하여 살펴보면 일반적이라는 것을 알 수 있을 것이다. 이를테면, 어떤 대학을 들여다봐도 학생들의 주된 관심은 행정가나 교직원들과는 사뭇 다르다. 대부분의 학생은 교수들의 종신보장 제도가 어떻게 작동하는지, 왜 교수들이 가르치는 일보다 논문을 게재하는 일이 더 중요하다고 생각하는지, 고급 세미나 과목이 입문과목보다 더 재미가 있을지, 학장이 무슨 역할을 하는지에 관해서는 무지하다. 단순하게 말하자면 학생은 학생이니까 대학이나 학과가 어떻게 움직이고, 교수가 무엇을 하는지에 관해서는 모르는 것이 아마도 당연할 수도 있다. 하지만 학생들에게도 항상 중요하게 여겨지는 것들이 있는데, 그건 바로 친구를 만나고 대학생활에 '적응하는 것'이다. 특히 레지덴셜 칼리지에서는 더욱 그렇다. 학생들은 보통 기회주의적인 면을 가지고 있는데, 최소한의 노력으로 최대한의 보상(학점, 일자리, 행복 등)을 얻으려고 하고, 지엽적이거나 당장에 처한 상황에 따라 결정을 내리기도 하기 때문이다. 대학에서는 학생들이 누릴 수 있는 자원(교수, 활동 프로그램)이 항상 제한되어 있기 때문에 좋은 만남과 교류를 위한 기회가 충분하지는 않지만, 한두 마디 대화처럼 아주 짧지만 좋은 느낌의 교류만으로도 학생들이 오랫동안 공부에 대한 의욕을 갖도록 해 줄 수 있다. 이러한 좋은 만남과 교류를 잘 활용한다면, 학생들의 성장을 최대한으로 이끌어 낼 수 있다. 경로 의존성(path dependence: 어떤 특정 상황에서 앞서 내린 결정이 상황의 변화에도 불구하고 이후의 결정에 영향을 주는 현상-역주)은 교육 분야에서는 흔하게 볼 수 있는 현상이다. 이공계 분야(Science, Technology, Engineering, Math)를 선택하게 되면, 학생들은 각 단계마다 실력에 따라 철저하게 가려지기 때문에 신입생 때의 경험이 중요하다. 이렇듯 대학에서는 이른 시기의 경험이 중요한데, 필수 교양교육과정을 보다 세세하게 갖춘 대학들에서는 저학년 때의 경험이 더 큰 영향을 주게 된다. 끝으로, 각 대학들은 학생들이 서로 어울리고 소통할 수 있는 기회를 제공해 주는데 이를 통하여 학생들은 사교 활동이나 비교과 활동을 하고 학업에 흥미를 갖게 된다. 이러한 점에서 우리는 우리의 제안들이 어느 대학에나 기본적으로 적용될 수 있다고 생각한다.

무엇보다, 우리는 현실성 있는 제안을 하려고 한다. 그렇다고 해서 전통적인 교육과정을 다시 도입하라거나 교수들 전부가 새로운 교수법을 받아들이라거나 혹은 대학의 문화를 바꾸라는 제안은 하지 않을 것이다. 그리고 거창한 전략이나 대담하고 혁신적인 고등교육의 비전 같은 것을 만들라는 것도 아니다. 물론 이런 것들도 흥미롭기는 하지만 실제로 그런 전략이나 비전을 수립하는 경우는 찾기 힘들다. 이에 비하면 우리의 제안은 그저 평범한 수준이라고 볼 수 있다. 하지만 분명히 훌륭한 성과가 있을 것이다. 이렇게 생각하는 이유는 다음과 같다.

- 분명히 효과적이다　이러한 조치들은 분명히 효과가 있을 것이다. 우리가 제안한 바를 실천한다고 해서 당신에게 큰 영광이 돌아가지는 않겠지만, 학생들이 대학생활로부터 더 많은 것을 얻을 수 있도록 해 줄 것이다.
- 효과가 매우 크다　아주 작은 노력에도 불구하고 큰 효과를 볼 수 있을 것이다. 이를테면, 학과장이 수업 시간표를 짤 때 학생들이 보다 좋은 선생들을 만날 수 있도록 몇 시간 정도 노력을 기울이면

수많은 학생이 긍정적인 영향을 받을 수 있다. 이처럼 우리가 제안하는 것들은 작은 노력으로도 큰 결실을 맺을 수 있다.

- 실행을 하기 쉽다   대학의 리더 혹은 대학과 관련된 어떠한 사람일지라도 우리 제안의 일부를 받아들여 적용해 볼 수 있다. 즉, 누구나 우리의 생각을 활용해 볼 수 있다는 것이다. 이를 실천하는 데는 대학 차원의 대대적인 조치나 수많은 사람의 '더 많은 노력'이 필요하지 않다.

- 추가 자원이 필요하지도 않다   새로운 예산이나 정치적인 노력 그리고 많은 교수의 협력이 필요하지도 않을 것이다. 사람들을 새로 채용할 필요도 없다. 사람을 더 채용하면 대학을 더 좋게 만드는 데 분명히 효과가 있겠지만 말이다.[1] 우리가 말하고 싶은 것은 대학이 현재 가지고 있는 자원만으로도 충분히 가능하다는 것이다.

이러한 점들을 고려하면서, 대학의 리더들이 학생들을 도울 수 있는 방법을 다음과 같이 제시할 수 있겠다.

1. **최대한의 효과를 낼 수 있도록 최고의 교수들을 활용하라**   교수를 적절히만 활용한다면 비록 그 수가 적다 해도 엄청난 효과를 낼 수 있다. 강의를 잘하는 사람이 대형 강의를 맡아야 한다. 그렇게 해야 많은 학생이 혜택을 볼 수 있기 때문이다. 특히 입문과목에서는 교수가 새로운 지적인 지평을 열고, 학문적 권위를 보여 줄 수 있기 때문에 훌륭한 교수가 강의를 맡아야 한다. 마찬가지로, 훌륭한 멘토가 될 수 있는 교수도 가능한 한 빠른 시기에 학생들을 가능한 한 많이 만날 수 있도록 해야 한다. 이에 따라 대학의

학장과 학과장에게 이렇게 제안하고 싶다. 첫째, 수업의 혜택을 누릴 수 있는 학생들이 강의를 잘하는 교수의 수업을 최대한 많이 들을 수 있게 해야 한다. 둘째, 교수들이 각자 가지고 있는 강점을 최대한 살릴 수 있는 곳이 저마다 다르다는 점을 인정해야 한다. (대형 강의를 담당하는 교수들이 다른 학교 일에 파묻히지 않도록 보호해 주어야만 한다.) 셋째, 학생들에게 좋지 않은 영향을 줄 수 있는 교수들은 학생들과의 접촉을 최소화시켜야 한다. 넷째, 교수들 간의 형평성이라는 이유로 강의에 익숙하지 않은 교수가 입문 과목, 즉 대형 강의를 맡게 해서는 안 된다. 이렇게 되면, 수많은 학생이 해당 분야에 대하여 무관심해질 수 있다. 다섯째, 교수들 각자가 가지고 있는 강점이 다르기 때문에, 그 강점을 살릴 수 있는 분야에 노력을 기울일 수 있도록 해야 한다. 만약 어떤 교수가 대형 강의보다 소형 강의에 자신감을 보인다면 소형 강의를 맡을 수 있도록 해야 한다. 교수들에게는 이렇게 제안하고 싶다. 학생의 이름을 익히고 불러 주기 바란다. 학생들과의 만남은 아무리 사소하게 생각될지라도 그 영향이 오래갈 수 있다는 점을 명심하길 바란다.

2. **사람들이 만날 수 있는 공간을 활용하라**　오랜 기간 익숙해져 있는 물리적 공간구조와 이러한 공간들(학생 기숙사, 교수 연구실, 학과 건물)과의 배치는 사회적 관계를 어떤 유형이든지 간에 실질적으로 고정시키므로 이를 신중하게 활용해야 한다. 기숙사는 새로운 학생들이 많은 사람을 만날 수 있도록 설계되어야 한다. 사교성이 다소 부족해서 동아리나 스포츠 팀에 가입하지 못하는 학

생들에게는 길게 난 복도, 공용샤워실, 공동 휴게실, 이동이 빈번한 장소 등이 도움이 될 수 있다. 비록 신입생들이 아파트식 구조의 방이나 '독방'을 원하더라도, 이곳에 학생들을 배치해서는 안된다. 차라리 4인실에서 함께 지내도록 하는 것이 바람직할 것인데, 이를 통해 어떤 식으로든지 동료들을 알게 되기 때문이다. 만남이 빈번한 기숙사에서는 지적인 학생들을 만날 가능성도 커지고, '괴짜'들도 서로를 보다 쉽게 찾을 수 있으며, 누구에게나 사회적 관계를 넓힐 수 있는 기회를 얻게 된다. 교수 연구실 역시 캠퍼스 내에서 학생들이 주로 이동하는 동선에 배치시킨다면 학생들이 보다 쉽게 그리고 자연스럽게 방문할 수 있을 것이다. 기숙사에서 생활하고 싶어 하는 교수들에게는 기숙사 방을 제공해서 학생들을 만날 수 있도록 하면 비록 조금이라도 기숙사 분위기가 좋아질 수 있다.[2] 특히 규모가 큰 대학에서는 친구를 사귀거나 교수와의 면담 혹은 멘토를 찾으려는 노력을 하지 않는 학생들도 있겠지만, 우리 연구에서는 적어도 이러한 학생들조차도 혜택을 얻는 경우가 있었다. 학술적인 동아리 모임이나 활동 프로그램들은 참여하고 싶은 생각이 들도록 좋은 장소에 배치해야 한다. 접근성이 좋은 위치에 있는 피트니스 센터가 번창하듯이, 학생 신문사가 좋은 곳에 위치해 있으면 학생 기자가 되려고 이곳을 들르는 학생들이 더 많아질 수 있다.

3. **수업 시간은 학습 기회를 높일 수 있도록 전략적으로 배정해야 한다** 실제로, 수많은 학사지도가 교수가 아니라 수업 시간표에 의하여 이루어진다는 사실을 유념하길 바란다. 가장 훌륭한 교과목

과 교수들을 좋은 시간대에 넣고, 다른 교과목들이 비슷한 시간대에 배정되지 않도록 하여 교과목들 간의 경쟁을 최소화시켜야 한다. 학생들이 과학 교과목을 더 많이 수강하도록 하고 싶다면, 이러한 교과목들을 좋은 시간대(좋은 교수와 더불어)에 배정하면 된다. 즉, 학생들이 가치 있는 수업들과 교수들을 보다 쉽게 찾을 수 있도록 해야 한다는 의미다. 누군가 이런 시도도 해 보면 좋을 것 같다. 학생들에게 의미 있을 것 같은데 수강 정원을 채우지 못한 과목을 하나 선택한 다음, 그 과목의 수업 시간과 장소를 바꿔 보는 것이다. 학장이나 학과장 혹은 그 과목을 개설한 교수가 그렇게 하면 어떨까? 아니면 동료 교수로서 그 교수에게 더 나은 시간대에 강의를 해 달라고 하면 어떨까? 수업 시간 배정을 이렇게 바꿔 보는 게 별로 대수롭지 않게 보이지만, 그 효과는 실로 엄청날 수 있다. 좋은 입문 교과목 하나를 알맞은 시간대에 개설한다면, 실제로 수 백 명의 학생들의 학업생활에 변화를 줄 수 있다. 공부할 의욕이 넘치는 학생들이 좋은 수업을 들을 수 있도록 해야 한다. 배우고 싶어 하는 학생들이 원하는 수업을 들을 수 있도록 충분하게 많은 수업을 개설해야 한다. 수업 시간을 배정하는 일은 많은 노력이 필요하지 않은 것이지만, 그 효과는 실로 엄청나다. 마지막으로, 학생들이 주의를 집중하고 있을 때, 이 중요한 기회를 잡을 수 있도록 해야 한다. 졸업식이나 캠퍼스 주요 행사, 위기 상황, 각종 사건들이 생긴 경우 등이 바로 그때이므로 그 순간들을 무심코 흘러보내지 말고 '가르칠 수 있는 순간들'로 삼아야 한다.

4. 학습 의욕이 높은 학생들끼리 만날 수 있도록 해야 한다   기숙사 배치나 방 배정이 그 출발점이다. 대학 차원에서 서로 다른 학생들이 만날 수 있도록 하는 방법은 많다. 운동단체나 그리스 문자 단체가 좋은 예다. 음악이나 디베이트, 출판, 글쓰기 센터와 주제별 하우징 등 다소 지적인 활동을 지원해 볼 수도 있다. 학습의욕이 높은 학생들이 모일 수 있도록 지적 열기로 뜨거운 '핫센터(hot center)' 같은 장소를 만들어 볼 수도 있겠다.

열심히 하는 학생들이 서로 만날 수 있는 기회는 수없이 많다. 신입생 중 똑똑한 학생 몇 명을 식사에 초대해서 서로 만나게 할 수도 있다. 만약 대학이 신입생을 위한 '필독 독서' 프로그램을 시행하고 있다면, 가장 유능한 교수의 도움을 받아 학생들이 이 프로그램에 몰입할 수 있게 만들 필요가 있다. 마찬가지로 현장학습도 학생들에게 좋은 경험이 될 수 있다. 이를 통해 학생들은 기억에 남고, 재미있으며, 친구도 사귀고 동시에 교육적인 의미도 가질 수 있을 것이다. 아널즈 칼리지(성적이 우수한 장학생들이 소속한 대학 내 칼리지의 하나이지만 일반적인 칼리지와 달리 별도의 학사단위는 아님. 예를 들어, 경영학을 전공하는 학생은 경영대학에 속해 있으면서 아널즈 칼리지에도 소속할 수 있음. 미국의 경우 우수 학생을 유치하기 위해서 주립대학을 중심으로 많은 대학들이 아널즈 칼리지를 운영하고 있음-역주)를 통해서도 유능한 학생들을 선별하여 이들에게 필요한 각종 지원을 해 줄 수 있다. 하지만 보다 폭넓게 대학 커뮤니티에 도움을 주기 위해서는 고등학교 때의 성취도만을 기준으로 하지 말고 대학에 입학한 후에 아널즈 기준을 충족하는 학생들에게도 이 프로그램에 속할 수 있는 기회를 열어 놓아야 한다.

　여기에서 제안한 것들은 모두 5장에서 기술한 '콜린스(Collins) 역동성'과 연관된다. 즉, 비슷한 생각을 가지고 있는 사람들이 함께 지속적으로 어울려 활동하면 이들이 공유하고 있는 가치는 더욱 강화되고, 이러한 활동을 지속하려는 마음도 더 커지게 된다는 것이다. 배움에 대한 의지가 높은 학생들을 서로 만나도록 해 주면, 이들이 모여 캠퍼스 문화를 한층 고취시키는 데 일조할 수 있을 것이다. 대학의 학사 정책은 때로 배울 의지가 있는 학생들을 모아서 이들에게 많은 혜택을 주는 데 초점을 두지 않고 그렇지 않은 학생들을 관리하는 데 집중하고 있다. 이것이 바로 대학이 범하고 있는 오류다. 의욕이 넘치는 학생들에게 혜택을 주고 관련 학사정책을 만들면, 이런 학생들의 수가 금방 눈덩이처럼 불어날 것이다.

5. **학생들의 대학생활 초기 단계에 집중하자** 빠른 시점에 이루어진 조치가 많은 영향을 미친다. 이때는 학생들이 아직 친구를 사귀거나 비교과 활동에의 참여 혹은 학업적인 관심 및 대학에 대한 태도가 확고해지기 전 단계이기 때문이다. 특히 대학에 입학하고 처음 몇 주 동안에 지적인 흥미가 생기고, 학업도 충실히 하고, 흥미로운 새로운 친구를 만날 수 있도록 해야 한다. 대학이 가장 좋은 영향을 줄 수 있는 활동과 장소에 학생들이 가장 쉽고 편리하게 접근할 수 있도록 이들을 이끌어 주어야 한다. 대학 입학 후 처음 몇 주와 몇 달을 잘 보내면, 학생들은 나중에 닥칠 많은 문제를 지혜롭게 극복해 갈 수 있다.

6. **참여의 역설적 셈법을 활용하자** 이는 좋은 교수나 교과목, 학과, 교육 프로그램의 효과를 극대화하기 위해서는 4장(참여의 역설)에서 설명했듯이, 좋은 사람들과의 만남이 가능한 많이 지속적으로 이루어질 수 있도록 해야 한다. 학생들은 대학 전체가 어떻게 돌아가는지는 알 수 없고, 단지 그들이 경험한 부분만을 알게 될 뿐이다. 그렇기 때문에 소수의 뛰어난 사람들과 프로그램들이 학부교육의 대부분을 맡아서 잘해낼 수 있다. 학생들은 모든 교수나 친구들로부터 도움을 받을 필요도 없고, 그들이 모두 유능해야 하는 것도 아니다. 이들에게 필요한 것은 한두 명의 훌륭한 교수와 두세 명의 좋은 친구다. 그게 전부다.

겉보기에 작은 행동들(예: 학생의 이름을 부르는 것)이 놀랄 정도로 큰 결과를 낳을 수 있음을 잊지 말기 바란다. 교수에게는 사소한 것(학생들을 집으로 초대한다거나, 일대일로 만나서 글쓰기 지도를 하는 등)이 실질적으로 학생들에게는 중요할 수 있다. 즉, 작은 행동이 큰 결실을 만들 수 있다. 수년 전에 병원에서 이런 일이 있었다. 환자가 수술을 기다리는 동안 발을 따뜻하게 하고 싶어 한다는 것을 알게 되자 간호사들이 그들에게 담요를 제공하기 시작했다. 일부 간호사들은 불평을 했지만, 환자들은 너무 좋아했다. 심장혈관대체수술을 받으려고 기다리며 발이 따뜻해져서 기뻐하고 있는 환자를 상상해 보라! 간호사들의 그런 작은 행동이 환자들에게 얼마나 큰 안도감을 주었는지는 환자가 아니고서는 알기 어려울 것이다. 이와 마찬가지로, 학생에게 존경받는 사람이 보여 준 작은 행동은 학생에게 큰 의미로 다가올 수 있다. 2008년 포드햄 대학교의 졸업식 만찬에서 총장인 조셉 맥셰인

신부는 가족과 식사하고 있는 학생들의 테이블을 찾아가 "식사가 괜찮나요?" "즐거운 시간은 보내고 계신가요?"와 같은 인사말을 건넸다. 당시 이곳에 있었던 학생들에 따르면, 단지 한두 마디의 인사말을 전한 것뿐이지만 그것이 상당히 인상적이었으며 정말로 기억에 남을 만한 행동이었다.

이 대학이 다른 수많은 대학과 얼마나 다른지 우리는 너무도 잘 알고 있기 때문에, 무리하게 상세한 조언을 하지는 않겠다. 하지만 실천 가능한 많은 아이디어가 필요하다면 몇 명의 학생들(배우고자 하는 의지가 있는 학생들)에게 질문을 해 보기 바란다. 아마 당신은 놀랄 것이다. 그들의 제안이 실천에 옮기기 매우 수월한 것들일 수 있기 때문이다. 어쩌면 너무 수월해서 이게 정말 중요할까 싶을 정도일 것이다. 우리 학생들과 졸업생들은 대학이 주는 상 같은 것에는 별 관심이 없었다고 했다. 이들은 또한 대학의 호화로운 시설들 때문에 실제로 당황스러워했던 적도 있었고, 총장들이 추진하였던 거창한 정책들에 대해서는 거의 몰랐다고 했다. 반면, 이들은 수강신청이 제한된 '아널즈(honors)' 수업이나 보다 엄격한 평가 시스템과 필수로 들어야 했던 일부 야간강의에 대해서는 좋은 기억을 갖고 있었다. 그리고 교수 집에 초대받은 것이 대학생활에 많은 영향을 주었다고 했다. 이러한 것들은 너무나 쉬운 일이 아닌가! 처음에 우리는 이렇게 단순한 것일 거라고는 생각하지 못했다. '따뜻한 담요들'이 차이를 만드는 것이다.

이 책을 읽는 학생이나 학부모에게도 간단하게 실천할 수 있는 실용적인 방법을 알려 주고 싶다. 가장 중요한 것은 바로 좋은 사람들과 시간을 보내라는 것이다. 학생들의 대학생활에서 가장 결정적인 역할을 하는 것은 교육 프로그램이나 전공 혹은 수업보다도 사람들인 것이다.

공부할 의욕을 높여 주는 친구, 교수 혹은 멘토가 없다면 아무리 잘 만들어진 교육 프로그램일지라도 큰 효과를 기대하기 어렵다. 그러므로 학생들이 대학생활, 나아가 졸업 후 인생에서 필요한 것을 얻기 위해서는 적어도 몇 명의 좋은 친구와 2명 정도의 훌륭한 교수를 만나야만 한다. 훌륭한 멘토, 즉 신뢰할 수 있는 사람을 찾을 수만 있다면 인생에서 큰 선물을 얻는 것과 같다.

여태껏, 우리는 학생들에게 중요한 시기인 저학년 때 학생 스스로 친구와 멘토를 만나는 방법을 만들기는 힘들다고 주장해 왔다. 이러한 만남이 이루어지기 위해서는 대학 행정가나 교수들이 이러한 환경을 먼저 구축해 주어야 한다. 학생들은 대학생활에 큰 도움이 될 사람들을 만나서 함께 시간을 보내기만 한다면, 대학생활의 성공가능성과 행복감을 획기적으로 높일 수 있다. 학생들이 대학에서 이러한 좋은 기회를 잡고 최대한 활용할 수 있는 방법이 다섯 가지 있다. 첫째, 일찍 시작하라. 둘째, 과목보다는 교수를 선택하라. 셋째, 사람들로 가득찬 장소를 선택하라. 넷째, 다른 학생들과 규칙적으로 만날 수 있는 활동에 참여하라. 다섯째 모든 것(친구, 활동, 공부)을 한 번에 하려고 하지마라.

1. **당장 사람을 만나는 일부터 시작하라** 빨리 시작하는 것이 얼마나 중요한지 우리는 이전 장에서 여러 번 언급했다. 빨리 시작하면 좋은 성과들이 나중에 더 크게 나타난다.

무엇보다 친구를 일찍 사귀면 그 효과가 가장 크게 나타나게 된다. 친구를 빨리 사귄 학생은 더 많은 친구(친구의 친구)를 만날수 있는 '느슨한 관계(weak ties)'가 많아지기 때문에 중요한 인맥을 만드는 데 유리하다. 예를 들어, 학생 한 명이 5명의 친구를 사귀었다고 하면, 각각의 친구가 또 다른 5명의 친구와 연결시켜줄 수 있다. 대학에 입학하고 처음 몇 주 동안에 5명의 친구(서로잘 모르는)를 사귀게 되면 친구나 지인의 수가 꽤 많이 늘어나게된다. 하지만 내가 만약 한 명하고만 이러한 관계를 갖게 되면, 인적 네트워크를 키울 수 있는 가능성이 엄청나게 제한될 수밖에 없다. 그래서 다양한 친구를 일찍 사귀게 되면, 인맥을 형성하는 데있어서 자연스레 한 발짝 앞서게 되는 것이다. 사실 대학을 다니는 동안 지속적으로 이러한 방식으로 인맥을 형성할 수 있다면 초기에 친구를 사귀는 것이 큰 이점이라고 볼 수는 없다. 하지만 주목할 점은 이러한 인맥 형성이 4년 동안 항상 이루어지는 것은 아니라는 것이다. (물론 전혀 불가능하다고 볼 수는 없겠지만, 그렇게 되기 위해서는 정말 많은 노력이 필요하다. 예전의 동아리 활동을 그만두고, 새로운 동아리 모임에 가입하거나, 새로운 분야를공부하게 되면 가능할 수도 있다.) 수개월이 지나고 학생들이 각자 있을 곳을 찾고 나면(혹은 못 찾기도 하고), 친구를 만드는 속도가 눈에 띄게 느려진다.[3] 즉, 친구를 찾아 '이리 뛰고 저리 뛰어다니는' 시기가 지나가게 된다. 비록 학생들의 친구관계가 이후에도 조금씩 바뀌기는 하겠지만, 처음 몇 주나 몇 개월 동안 가장 중요한 변화들이 일어나는 것은 분명하다. 이처럼 이른 시기에 친구관계를 구축해 나간다면, 이후의 대학생활에서 엄청난 이점을 얻게 되는 것은 자명하다.

2. **과목보다는 교수를 선택하라** 누가 좋은 교수인지를 알아야 한다. 좋은 교수는 학생들에게 관심을 갖고 배움의 즐거움을 보여 줄 수 있으며, 에너지와 영감을 불어넣어 줄 수 있는 사람이다. 좋은 교수는 수업하는 분야를 넘어서 다양한 학문 분야의 지적 호기심을 자극해 줄 수 있는 사람이다. 이러한 교수들과 교류하면, 학업 혹은 개인적인 일에서 지혜로운 결정을 내리는 데 도움이 될 수 있다.

3. **장소를 선택하라** 대학의 물리적 공간, 즉 건물이나 기숙사의 배치, 공용 공간의 존재 여부, 기숙사 방들의 특징, 교수 연구실이나 기타 지원시설들의 위치가 어떻게 배치되었느냐에 따라 학생들의 교육 성과가 크게 달라진다. 학생들이 사회적 관계로부터 혜택을 얻으려면 우선 그러한 관계를 만들고 이를 유지할 수 있어야 한다. 이 두 가지 모두가 학생들이 동료들이나 멘토들과 서로 교류하기에 물리적으로 얼마나 편리한가에 달려 있다. 그렇기 때문에 사람을 쉽게 만나고 계속해서 볼 수 있는 그런 장소를 찾아야 한다. 기숙사에서 독방을 얻어 혼자 지내는 것보다는 룸메이트가 있는 편이 낫고, 약 40명에서 80명 정도의 학생을 항상 볼 수 있을 만한 크기의 기숙사가 좋다. 캠퍼스 밖에서 혼자 자취를 하거나, 캠퍼스에서 떨어져 있어 다른 학생들을 만나기 힘든 곳에서 사는 것보다는 항상 사람들이 북적이는 곳에서 생활하는 것이 좋다.

4. **자주 만날 수 있는 활동에 참여하라** 비교과 활동을 하면 다른 학

생들뿐만 아니라 지도를 해 주는 사람들 역시 만나게 된다. 공통된 관심(공연, 게임, 정치적 이슈, 신문 등)을 갖고 있는 학생들이 주기적으로 만나서 이러한 활동에 참여하게 되면, 이를 통하여 유대감과 팀워크, 그리고 궁극적으로 친구관계를 형성할 수 있다. 특히 열정을 공유하게 되면, 사람을 만나고 서로를 알아가는 일이 훨씬 수월해진다. 그렇게 되면 친구관계나 커뮤니티는 자연스럽게 따라오게 되어 있다. 열정적인 교수가 하는 수업 역시 같은 이유에서 중요하다. 이러한 수업을 통하여 학생과 교수가 함께 같은 공간에서 만나서 특정 주제에 관하여 논의하기 때문이다. 이러한 수업은 교수와 학생뿐만 아니라 학생들끼리도 지속적으로 교류할 수 있는 더할 나위 없이 좋은 환경을 제공한다.

5. **사교생활과 학업 면에서 다양한 가능성을 열어 두라** 이 책에서 우리는 성공적인 대학생활을 위해서는 좋은 친구를 사귀는 것이 정말 중요하다고 계속 강조해 왔다. 하지만 이러한 관계가 너무나 밀접하고, 타인과의 관계 형성에 지장을 초래할 만큼 배타적인 성격을 가지고 있으면, 오히려 대학생활을 하는 데 치명적인 단점으로 작용할 수도 있다. 프래터니티에 속한 학생들은 그곳에서 먹고, 자고, 운동도 함께하면서 아주 밀접한 친구관계를 형성하지만, 우리는 그들이 다양한 사람과 시간을 보내는 학생들보다 대학생활의 만족도나 행복도가 떨어진다는 사실을 발견할 수 있었다(적어도 이 대학에서는). 같은 이유로 대학생활에서의 연애 역시 그 자체만으로는 가치 있고 매력적인 것임에는 분명하지만, 사회적 관계를 형성시키는 데 있어서는 어느 정도의 제약요인이 될 수

있다. 따라서 대학생활을 다양하게 해 보는 게 좋다. 친구가 하는 것만 따라 할 것이 아니라, 다른 것들도 시도해 보고 가끔은 친구들이 가지 않는 곳에 가 보는 것도 필요하다. 대학생활을 만족스럽게 하는 데 좋은 친구들 몇 명만 있으면 충분하기는 하지만, 소수라도 좀 더 다양한 유형의 친구들을 사귄 학생들이 더욱 성장할 기회가 있다. 비슷한 맥락에서 너무 빨리 전공이나 관심 분야를 결정하게 되면 다른 기회를 가질 수가 없다. 하나의 바구니에 모든 달걀을 담으면 안 된다는 점을 명심하기 바란다.

전반적으로 우리가 학생들에게 줄 수 있는 최고의 조언은 이것이다. 우선 다른 사람을 만날 수 있는 장소와 상황을 가능한 한 빠른 시일 내에 대학에서 찾으라. 그리고 교수든 학생이든 상관없이, 나중에 새로운 사람들을 만날 수 있는 기회를 스스로 닫아 버리면 안 된다. 대학에서의 성공과 행복은 누구와 함께 시간을 보내느냐에 달려 있다는 점을 명심하기 바란다.

대학생활이 무언가 잘 풀리지 않을 때는 대학에서 누구와 함께 주로 시간을 보내고 있는지 생각해 보기 바란다.

성공가능성이 낮은 방법들

대학교육을 획기적으로 개선할 수 있는 최고의 방법은 좋은 학생과 교수가 함께 지내도록 하는 것이다. 잘 알려져 있는 다른 방법들도 효과가 있기는 하지만, 이 방법들은 실질적인 성공 가능성 측면에서 미흡하다. 그 이유를 두 가지 사례를 들어 설명하면 이렇다.

1. **전략적 계획수립** 전략적 계획수립[4]은 대학을 운영하는 사람들, 즉 이사회로부터 오랫동안 신뢰를 받아 오고 있고, 대학평가인증 기관들 역시 필수요건으로 요구하고 있다. 대학은 항상 계획을 세운다. 전략이나 사명, 태스크포스 등과 더불어 계획수립이라는 용어는 제2차 세계대전 당시 적국을 공격하기 위해서 태평양으로 몰려드는 전함들을 연상케 한다. 실제로 계획수립이란 수많은 위원회 회의와 온라인과 오프라인을 통한 토론과정과, 이 결과로 만들어진 엄청난 양의 보고서들을 통틀어서 의미하는 표현이다. 하지만 결국에 이렇게 수립된 계획들은 새로운 것이 없는 식상한 것들이기 때문에 책장에서 먼지만 쌓이게 되는 경우가 비일비재하다. 몇 해가 지나고 나면 대학에 새로운 행정부가 들어오고(혹은 평가인증을 갱신해야 할 때가 오고), 또 한바탕 새로운 계획수립 과정이 시작된다. 댄 챔블리스는 대학평가인증 위원회에서 여섯 해를 근무했을 당시, 이러한 전략적 계획 보고서들을 수백 권 읽었지만, 그중 상당수가 대학에 전혀 도움이 되지 않았던 것들이었다. 그렇다고 해서 전부가 쓸모없었던 것은 아니다. 정말 대학이 필요로 하는 계획들도 몇몇 있었다. 하지만 전체적으로 보았을 때, 이들 중 상당 부분은 엄청난 시간 낭비로 보였다.

   이러한 낭비는 사람의 행동을 눈에 보이지 않게 통제하려는 것에서부터 시작된다. 대부분의 계획에는 이러한 생각이 근간을 이루고 있는 것 같다. 즉, 조직의 '목표'는 공개적으로 공표되어야 하며, 그 목표를 향해 조직이 움직여야 하고, 이에 따라 조직 구성원들이 무조건적으로 주어진 과제를 성심껏 수행해야 한다는 생각 말이다. 합리주의자들은 자신들의 이상 세계에 이러한 계획들을 그리고 있다. 명확한 목적, 목적을 달성할 수 있는 구체적인 방법, 합리적인 분업 등과 같은 것들 말이다. 어느 한 사람 빠지지 않고 모두가 자신이 해야 할 일을 한다면 엄청난 일이 벌어질 수 있다.

하지만 자신이 해야 할 일들을 모두가 성실히 수행한다고 볼 수는 없다(대학에서도 마찬가지다). 바로 여기에 문제가 있다. 전략적 계획수립도 흔히 이러한 사실을 외면하는 경우가 많다. 새로운 과학관을 짓는 프로젝트를 수행하려는 경우에는 계획이 필요하고 또 그것이 도움이 될 수 있지만, 건물은 사람이 아니기 때문에 가능한 것이다. 철제 기둥은 지루함을 느끼거나 도망을 가거나 하지 못하고, 자신만의 어젠다를 가질 수도 없으며, 회의에 불참한다는 결정을 내릴 수도 없을 것이다. 그렇지만 사람은 충분히 그렇게 할 수 있다. 잘 알고 있듯이, 사람들은 하라는 대로만 하지는 않는다. 그렇기 때문에 전략적 계획을 수립하려면 실제 수많은 관리감독과 수정작업과 실행과정이 필요한데, 이런 일련의 과정이 참여하는 사람들 모두에게 큰 부담이 된다. 모든 사람이 윗사람에게 보고할 보고서를 계속해서 써야만 한다. 그 계획에 있는 내용은 혼자서 수행할 수 있는 일이 아니기 때문이다.

이러한 이유에서 대부분의 전략적 계획은 한마디로 비현실적이다. 잘 규격화된 제품을 만들려고 할 때는 좋을지 모르지만, 나름의 목적과 동기를 갖고 있는 살아 있는 인간을 다루기에는 적절치 않다. 물론, 일의 우선순위를 정하려고 하는 총장에게는 도움이 될 수도 있을 것이다. 하지만 이를테면 '전략적 계획수립 과정'을 통해서 인사 문제를 해결할 수 있겠다는 생각은 접어야 한다.

그렇다면 왜 이러한 전략적 계획수립이 그토록 인기가 있는 것일까? 어떤 이들은 전략적 계획을 수립하는 그 자체가 굉장히 어렵기 때문이라고 말한다. 이를테면, 큰 과제들은 단기적인 결과가 아닌 장기적인 목표로 평가되기 때문에 과제들이 성공했을 경우 이를 통하여 얻는 감동이 더욱 크다는 것이다. 대학의 리더들은 이러한 큰 목표들을 좋아한다. 총장이나 학장에게는 사람들의 눈길을 끌 수 있는 프로그램이 중요하다. '21세기로 우리를 이끌어 준다(bring us into the twenty-first century)'는 희망을 주는 프로그램이나 '창의성을 위한 모금(The campaign for creativity)'이나 '모든 기대를 넘어(exceeding all expectations)' '가치 있는 운명(a destiny worth defending)' 등과 같은 기부금 모금 캠페인들 말이다. 이러한 프로그램들은 동문들이나 이사회에 하는 연설, 대학 관련 잡지, 신문기사에 사용하기에 훌륭한 재료가 된다. 뉴욕타임즈 기사로 교양교육과정 배분이수제를 폐지한다는 '과감한 개혁'이나, 중요한 필수과정을 재도입한다거나, 엄청나게 큰 바이오엔지니어링 콤플렉스를 새로 짓는다는 것만 한 게 또 어디 있겠는가! 흥분되는 내용이다. 1999년에 있었던 일인데, 일류 학부중심 대학의 총장 한 분이 우리에게 이런 말을 했다. 그 대학에서 당시 떠들썩하게 새로운 교육과정을 도입하고, 최첨단 건물을 새로 짓고, 기록적인 모금 캠페인을 통해 새로운 사업을 시작했지만, 실제로 그중 어떤 것도 그 대학의 교육을 개선하는 데는 도움이 되지 못했다는 것이다. "그럼 그런 것들을 왜 했나요?"라고 묻자 그가 대답했다. "간단하죠. 이제 곧 2000년인데 이사회가 새천년 (millennial)을 기릴 만한 큼지막한 걸 원했기 때문이죠."

이러한 프로젝트를 이제는 하지 말자고 하는 얘기가 아니다. 결국, 총장이나 학장도 먹고 살아야 하고 이사들이나 대학 행정가들 역시 동기부여가 되어야만 한다. 하지만 우리는 진정한 교육이 실제로 보다 간단한 방법을 통해서 이루어질 수 있다고 생각한다. 그건 바로 대학에서 둘 혹은 그 이상의 사람들이 모여 함께 지낼 수 있도록 하는 것이다.

2. **교수법 혁신** 전략적 계획이 교육 개선을 위한 대학 차원의 접근 방법이라면, '교수법 혁신'은 교실에 적용할 수 있는 미시적인 접근 방법이다. 교수법 혁신에는 새로운 교수법과 '학생들의 학습법에 대한 새로운 지식', 신경과학에서 얻은 교훈, '학습 테크놀로지'의 확장, '스마트 교실'의 활용, 적극적 학습/협동학습/실습교육과 '우수 실천 방안'들이 모두 포함된다. 전략적 계획수립과 마찬가지로 교수법 혁신도 나쁠 것은 없다. 교수들에게 즐거움을 줄 수 있고, 수업을 개선할 수 있는 효과가 있기도 하고, 교수들을 동기화시키는 데 도움을 줄 수도 있다. 잘 받아들여지기만 한다면 상당한 성과가 있다는 점은 의심의 여지가 없다. 하지만 대학의 리더들은 가르치는 방법을 바꾸고 교수들의 강의 역량을 키우기가 말처럼 쉽지 않다는 것을 잘 알고 있다. 시간과 돈을 많이 들이지만 만족할 만한 성과는 잘 나타나지 않는다.

조지 큐 교수가 제안한 '교육적 효과가 높은 방법'의 목록을 생각해 보자. 이 간략하게 정리된 목록은 체계적으로 잘 연구되어 타당성이 매우 높게 평가되고 있으며 고등교육 영역에서 가장 보편적으로 활용되고 있다. 그 목록에 포함된 10가지 방법을 나열하면 다음과 같다. 신입생 세미나, 공통의 지적 경험(재학생 필독도서 프로그램 등을 말함-역주), 학습 공동체, 글쓰기 심화 과목, 협력학습과 팀 프로젝트, 학부생 연구 참여, 다양성/글로벌 학습, 봉사학습/지역사회 기반 학습, 인턴십, 캡스톤 과목과 프로젝트의 10가지가 포함되어 있다.[5] (하지만 이 가운데 다수는 학생과 교수가 학업을 통해 보다 가까이 함께할 수 있도록 하고 있는데, 이것이 바로 우리가 가장 기본적이라고 보는 것이다.) 다른 것들이 동일하다(ceteris paribus)는 가정하에 이러한 활동에 참여한 학생들이 분명히 혜택을 얻을 수 있다는 연구들이 발표되고 있다. 하지만 현실 세계에서는 다른 모든 조건이 동일시하기 어렵다. 이를테면, 이러한 방법들 중 다수는 비용이 많이 든다. 신입생 세미나, 글쓰기 심화과정, 학부생 연구참여 프로그램, 인턴십 프로그램, 시니어 프로젝트 등은 일부 엘리트 대학들에서 실시하고는 있지만 예산이 많이 필요하다. 이런 것들이 좋은 아이디어임에는 틀림없지만 대부분의 경우 비용이 만만치 않기 때문에 널리 받아들여지지는 못하고 있다. ('공통의 지적 경험'이나 '학습 공동체'는 예외로 볼 수 있다. 장기적으로는 추가 예산이 많이 필요하지 않다.)

교수들 개개인에게 도움을 주면 어떨까? 교수법과 그 방법을 사용하는 교수자를 따로 분리해서 생각할 수는 없다. 그렇기 때문에 가장 좋은 방법은 교수들이 새로운 방법을 활용하도록 재교육하는 것이다. 안타깝게도 이것은 어렵다. 타고난 성품은 말할 것도 없고, 다 큰 사람의 몸에 밴 습관을 바꾸기는 너무 어렵다. 훌륭한 대학에서 정년을 보장받는 데 성공한 사람의 경우에는 더더욱 힘들다.[6] 대학이 좋을수록 교수의 일하는 방식을 바꾸기는 더욱더 어렵다. 그들이 지금까지 해 온 방식이 성공적이었기 때문에 더욱 그렇다. 이들은 이미 채용과 승진을 통하여 보상을 받아 왔다. 하버드 대학교에서 20년 동안 총장을 지낸 데렉 복(Derek C. Bok)은 자신이 쓴 책인 『성과를 잘 못 내는 대학들(Our Underachieving Colleges)』에서 이렇게 불만을 토로했다. 교수들은 자신들의 강의에 대하여 생각하거나, 자신의 수업을 재평가하거나, 교수학습에 관한 최신 동향에 대해 공부하는 일에는 거의 시간을 투자하지 않는다는 것이다. 그가 맞는지도 모르겠지만, 만약 그가 자신의 대학도 이러한 비판에 포함된 거라면 그는 자기모순적인 말을 한 셈이 된다. 즉, 마음만 먹으면 세상 누구든 채용할 수 있는 하버드 대학교가 복 총장이 생각하기에 그 일을 잘 못하는 사람들을 채용했다는 말이 되기 때문이다. 그렇기 때문에 그들에게 지금까지 성공적이었던 전략을 다시 생각해 보라는 것이 오히려 이상하게 느껴진다.

종합하면, 프로그램이나 사람의 품성을 급격하게 바꾸기는 어렵기 때문에 우리가 제안한 것처럼 우회하는 방법을 선택하는 것이 상대적으로 더 쉽다. 이를테면, 만약 당신이 학문을 게을리하고, 불평 많고, 젊은 사람을 싫어하고, 혹은 독신주의를 고집하는 나이 든 교수를 알고 있다면, 그를 교수법 워크숍에 참석하도록 하고, 수업에서 협력학습을 좀 더 시도해 보라고 권유해 보고는 어떠한 변화가 있는지 지켜볼 수도 있을 것이다. 아니면 우리가 제안한 것처럼 피해를 최소화할 수 있을 것이다. 그의 수업 시간을 매우 이른 오전 시간(아침 8시)에 배정하고 아무도 나타나지 않기를 바라는 것이다.

평가

미국 정부(연방 및 주정부)와 평가인증 기구들이 각각 법이나 인증 요건으로 매우 적극적으로 평가를 강제하고 있기 때문에, 미국 대학들은 거의 모두 어떤 방식으로든지 학생들의 학습 성과를 평가하고 있다. 멜론 재단에서 지원한 평가 프로젝트의 일환으로 해밀턴 대학에서 수행한 우리 연구도 학부중심 대학들에 필요한 평가 전략을 수립하기 위하여 수행된 것이다. 이를 위하여, 지난 11년 동안 우리는 다양한 연구방법과 잘 알려진 조사 도구[예: 전국대학생참여조사(National Survey of Student Engagement)]들을 활용해 왔다. 그리고 비록 이 대학에서 사용하지는 않았으나 다른 조사 도구[대학생 학습평가(Collegiate Learning Assessment)]들도 검토해 보았다. 뿐만 아니라 미국 여러 곳에서 개최된 20여 개의 평가 관련 콘퍼런스에도 참여했다. 그 결과, 우리는 평가에 대해 무척 많은 것을 배우게 되었다.

솔직히 말하면, 우리는 지난 십여 년 동안 이 일을 수행하면서 평가 전반에 대한 회의적인 생각을 갖게 되었다. 양심 있는 교수들(우수한 대학에 있는 사람들을 포함해서)은 대학에서 지금까지 해 오고 있는 평가를 비웃어 왔다. 평가 때문에 교수나 대학 행정가들의 일이 엄청나게 많이 늘었고, 이렇게 정성을 다한 평가가 효과적이라는 증거는 거의 찾아볼 수 없다는 사실을 우리는 너무도 잘 알고 있었기 때문이다.

강도 높은 평가와 교육 개선 간에 직접적인 연관성은 크지 않아 보인다. 자신에게 이렇게 질문해 보자.

1. (의무화된) 평가 프로그램 덕분에 이전보다 잘 교육받은 졸업생이 대학에서 배출되고 있는가?
2. 평가 프로그램을 적극적으로 운영하고 있는 대학들이 그렇지 않은 대학들에 비하여 학생들을 더 잘 교육시키고 있는가?
3. 지난 20년 동안 '평가 운동'이 점점 더 확대되고 강력해진 현재 시점에 미국 고등교육은 이전보다 더 나아졌는가?

우리가 같은 질문을 전국에 흩어져 있는 동료 교수들에게 던졌을 때, 그들은 약간 당황한 듯 미소 지으며 이렇게 대답했다. (1) 아마도, (2) 아니요 (3) 아니요.

그럼에도 불구하고 평가 없는 고등교육을 생각하기 어려우며, 적어도 이론상으로는 이러한 평가가 최소한의 도움은 줄 수 있을 것이다. 여기에서 우리는 학생들에게 실질적으로 도움이 될 수 있을 만한 대학 차원의 평가 방안들을 몇 가지 제안하고자 한다.

첫째, 개별 학생을 분석 단위로 한다. 이것은 중요하다. '분석 단위'는 사회과학에서 쓰는 전문용어로서 연구하는 대상을 의미한다. 개별 학생을 분석 단위로 하라는 말은 평가를 할 때 과목이나 교수, 개별 프로그램이나 학과를 독립적으로 평가하지 말라는 의미다. 이런 것들은 측정이나 연구의 궁극적인 분석 대상이 될 수 없다. 이들을 분석 단위로 설정하면, 상황을 잘못 이해하도록 결과가 조작될 수 있다. 이를테면, 다소 뒤처지는 학생들은 제외시키는 방식을 쓸 수 있다. 안타깝게도, 이러한 분석 단위들은 교육자들이 늘 접하는 것들이기 때문에 편리하기는 하지만, 그것들을 평가한다고 해서 알고 싶은 것을 알지는 못한다. 이를테면, 많은 교수를 개별적으로 모두 평가하면 좋기는 하겠지만, 설령 그렇게 한다고 해도 그걸 통해 학생들이 대학으로부터 얻는 것을 전체적으로 파악하지는 못한다. 마찬가지로, 대부분의 학과가 훌륭하지만, 많은 학생이 여전히 제대로 된 교육을 받지 못하면서 졸업하는 경우도 배제할 수 없다(일부 경쟁력이 약한 학과에 학생들이 몰려 있는 경우에 특히 그럴 수 있다).

또한 학생들이 대학에서 어떠한 경험을 하는지를 이해해야만 한다. 모든 것을 그들의 관점에서 보도록 해야 한다는 의미다. 학생들의 말에 귀를 기울이면 미처 생각하지 못했던 이야기에 놀랄 것이다. 당신에게는 사소하게 보이는 것일 수도 있지만, 학생들의 입장에서는 큰 문제가 될 수도 있다. 이를테면, 등록할 때 줄을 길게 늘어선다거나, 기숙사에 난방이 잘 되지 않는다거나, 기말 보고서의 제출 기한을 갑자기 바꾸는 일 등은 학생들에게는 골치 아픈 문젯거리가 될 수 있는 것이다. 반면, 사소한 것들도 학생들에게는 큰 동기를 부여해 줄 수 있다. 수업 시간에 학생의 이름을 기억해서 부른다거나, 학생을 교수 집에 초대하는 것은 사소한 것일 수도 있겠지만 학생들에게 미치는 영향은 매우 클 수 있다. 재학생들이나 졸업생들에게 좋든 나쁘든 대학생활에서 무엇이 중요했느냐고 물어보는 것만으로도 효과적인 방법을 찾는 데 도움이 될 수 있다. 무엇이 중요한지 미리 넘겨짚지 말기 바란다.

둘째, 바람직한 교육 성과의 범위에 어떠한 제한도 두지 말아야 한다. 대학은 좋든 그렇지 않든 다양한 성과를 낸다. 학생들에 기초한 평가는 결과와는 상관없이 모든 과정에서 세심한 주의가 필요하다. 생각하지도 않았던 부분에서 효과가 나타났다고 해서 잘못된 것이 아니므로 처음부터 계획한 '목표'들만 고집할 필요는 없다. 오히려 전혀 계획하지도 예상치도 않은 곳에서 가장 값진 결과가 나타날 수도 있기 때문이다. 예를 들면, 어떤 대학도 공공연하게 자기 대학이 '데이트하고 짝을 찾기에 세상에서 가장 좋은 곳'이라고 선전하지는 않겠지만, 이는 사실일 수도 있고, 학생들에게 그것이 엄청나게 중요할 수 있다.[7] 대학을 통하여 얻을 수 있는 것은 기술이나 지식, 일자리, 사람들과의 관계, 행복, 가치 등에 머물지 않는다. 좋은 교육 성과들은 졸업 후에도 지속된다는 점을 기억하기 바란다. 이러한 이유에서 평가가 졸업 시점에 있는 학생들의 역량을 보여 주는 것에 그쳐서는 안 된다. 이는 위험할 정도로 근시안적인 것이다.

마지막으로, 평가는 간단히 하도록 한다. 평가는 많을수록 좋다고 생각하는 사람들을 쉽게 찾아볼 수 있다. 평가 전문가라는 사람들도 "모든 학생, 모든 과목, 모든 학과를 대상으로 매년 해야 한다."라고 주문을 한다. 이런 '종합적인' 접근을 평가인증 기관들이 요구하는 경우도 흔히 볼 수 있다. 하지만 이것은 시간과 노력의 낭비이자, 평가를 부담스럽게 만들 뿐이고 뿌리가 자라는지 보려고 꽃을 뽑는 터무니없는 행동이다. 이러한 것은 치명적으로 해로운 활동이다.

이상적으로는 최대한의 정보를 얻을 수 있는 최소한의 평가를 목표로 해야 한다. 교육 서비스 업체들은 120개 문항의 조사지(그럴듯해 보이고 비싼)를 팔려고 안달이다. 하지만 잘 선별한 10개나 20개 정도의 문항만으로도 설문지를 잘만 만들면 더 많은 학생이 설문조사에 응하고 그들로부터 신중한 답변도 더 많이 이끌어 낼 수 있다. 평가 관련 일 때문에 교수가 해야 하는 일에 방해가 되지 않도록 해야 하고, 이러한 평가를 위해 '대학 문화를 통째로 바꾸려고' 해서는 안 된다. 파산 직전에 있는 대학이 아니라면 말이다.

이제 간단하면서도 효과가 큰 방법을 하나 소개하려고 한다. 우리는 이 방법이 학부교육을 가장 잘 평가할 수 있다고 생각한다. 우선, 연구를 과학적으로 하기 위하여 대학에 입학한 지 10년이 된 300~600명 정도의 사람들을 대상으로 무선표집을 실시한다.[8] 그들 중에는 졸업한 지 6년이 지난 사람도 있고, 학업을 중단한 지 9년이 되었거나 여전히 대학에 다니면서 졸업에 안간힘을 쓰고 있는 학생도 있을 수 있다. 이들은 모두 정도의 차이는 있겠지만, 청소년기를 지나 세상을 꽤 경험한 성인들이기 때문에, 대학의 어떤 부분이 좋고 어떤 부분은 그렇지 않은지에 대하여 어느 정도 파악할 수 있을 것이다. 그들을 불러서 이렇게 물어보라(교수와 직원 역시 위원회를 구성해서 앞과 동일한 방식으로 진행할 수 있다. 각각의 인원이 학생들 3, 4명 정도만 맡으면 된다). 우리 대학에 대하여 전반적으로 어떻게 생각하는가? 가장 좋았던 점은 무엇인가? 가장 개선이 필요한 점은 무엇인가? 어떻게 하면 지금보다 더 잘할 수 있을까?

장기적으로 볼 때, 무엇이 가장 중요한지에 대하여 이야기를 들을 수 있을 것이다. 졸업생들에게만 묻지 않도록 해야 한다. 그건 눈속임이다. 그렇게 하면 대학에서 가장 큰 실패의 경험을 맛보고 있는 학생들의 의견을 포함하고 있지 못하기 때문이다(사회과학자들은 이러한 경우를 '종속변인에 기초한 표집' 오류라고 한다). 만약 그들이 삶을 살면서 중요하다고 생각한 역량들이 있었다면 그게 무엇인지 알려 줄 것이다. 이 방법이 주로 고려할 것들에는 진로 성과, 개인적 행복, 필요한 역량, 재정적 부담, 교수의 역할, 비교과 활동의 역할, 교내식당과 기숙사의 중요성 등이 포함된다. 이 방법은 당신에게 학생들의 삶에 있어서 진정으로 도움이 되었던 것들을 알려줄 것이다. 그들이 사소한 불만거리들을 잊어버리기에 충분한 시간이 흘렀기 때문에 정확하게 표현해 줄 것이다.

궁극적으로, 바로 이러한 것들이 당신이 신경을 써야 할 부분인 것이다.

마치며

최근 들어 미국 고등교육은 다방면에서 어려운 문제들과 씨름하고 있다. 주정부의 지원이 줄어들고 있고, 조금이라도 더 좋은 일자리를 얻기 위해서 대학을 찾는 학생이 늘고 있으며, 이로 인해 대학교육의 비용이 점차 증가하고 있는 실정이다. 특히 우수한 대학의 경우에는 교육비 상승 증가폭이 더욱 크다. 대학교육 비용의 증가, 고등교육 기회 확대에 대한 압력 증가, 학사학위 가치의 하락(적어도 대졸자의 신규취업 측면에서)과 대학교육이 더 이상 성공에 필요한 역량을 개발해 주지 못한다는 생각 등 이런 모든 것으로 인하여 다양한 비평가들이 고등교육의 문제를 해결하기 위한 방안들을 모색하고 있다.

우리는 고등교육 '위기'에 대한 정책 차원의 해답을 찾거나, '평가와 책무성' 운동과 같은 지금까지 제시되었던 다양한 해법에 대해 조목조목 반박하려고 이 책을 집필한 것은 아니다. 하지만 최근에 인기를 얻고 있는 해법들 가운데 하나인 온라인 교육은 다른 해법들이 안고 있는 문제를 여실히 잘 나타내어 준다. 온라인 교육은 가장 중요한 학생의 동기를 간과하고 있는 것이다.

최근에 일부 학자는 온라인 교육, 특히 '무크'가 고등교육의 문제를 어느 정도 해결할 수 있다고 주장하고 있다. 그들은 이러한 온라인 과목의 개설을 통해 대학교육의 비용을 낮추고, 수백만의 학생들에게 교육 기회를 제공하고, 일부 교수(특히 고액연봉을 받는 교수들)에 대한 대학의 의존도를 낮출 수 있다는 것이다. 이들은 이렇게 묻고 있다. 전국에서 가장 우수한 강사들 몇 명을 대학들이 찾아내서 이들을 카메라 앞에 세워 가장 좋은 강의를 촬영한다면, 대학은 물론이고 전 세계 어디에서나 저렴하게 이용할 수 있지 않을까? 이렇게 한다면 효과가 더 있지 않을까? 이런 방법으로 하면 수많은 학생에게 저렴한 가격으로 양질의 교육을 제공할 수 있지 않을까? 이에 대한 답은 '그렇다'다. 하지만 이러한 온라인 강의는 공부하려는 의지는 매우 높은데 장소나 환경적 제약 때문에, 물리적으로 다른 학생들과 교수들을 만나기 어려운 학생들에게만 효과가 있을 것이다. 고등교육을 받을 수 없는 것과 비교한다면 온라인 학습을 통해 많은 것을 배울 수 있다. 하지만 실제로 프린스턴이나 스탠퍼드, MIT, 혹은 다른 대학의 좋은 세미나 강좌를 듣는 것과 비교한다면 그 차이를 분명하게 알 수 있을 것이다. 아무리 좋은 정보를 얻는다 하더라도 그것은 교육에는 미치지 못하기 때문이다. 다시 말하자면, 대부분의 미국 대학생에게 양질의 교육 콘텐츠는 주된 문제가 아니라는 것이다.

사실, '대규모 기회 제공'식의 접근 방법은 이전에도 시도되었던 방법이다. 지난 약 6백 년 동안 해 왔던 방식이고, 이 중 일부는 훌륭한 성과도 있었다. 수천 년 동안 세상에서 가장 훌륭한 사상가들은 자신의 생각을 잘 정리해서 글로 표현해 왔다. 그 후, 1400년대 중반 인쇄술의 발전으로 이들의 사상이나 생각, 강의록, 연구 등이 인쇄된 책의 형태로 대량으로 생산되어 원하는 사람은 누구나 저렴한 가격에 살 수 있게 되었다. 실제로 19세기에 이르러서는 인간이 가지고 있던 거의 대부분의 지식에 서구 문명인들이 쉽게 접근할 수 있게 되었고, 이는 대중교육의 혁명을 일으키는 계기가 되었다. 책이 바로 그 당시의 온라인 교육이었던 것이다.

　그리고 20세기 중반에 이르자 상당수의 미국 중산층 가정이 자신들의 자녀를 교육하는 데 필요한 최신의 '정보 기술'을 갖게 되었는데, 이것은 다름이 아니라 여러 권으로 이루어진 대백과사전이었다. 브리태니커(Britannica)가 그중 하나였다.

　그러나 이렇게 훌륭한 책들을 수년 동안이나 책장에 꽂아 둔 채 한 번도 보지 않는 경우가 너무나 빈번했다. 바로 이것이 문제인 것이다. 단지 정보를 쉽게 접할 수 있도록 한다고 해서 학생들이 저절로 교육되는 것은 아니다. 요즘은 18살만 되면 온라인 서점을 통해서 10불 이하의 가격으로 상태가 좋은 중고 수학 교재를 구입해서 독학으로 뉴턴이 개발한 이론을 스스로 익힐 수도 있다. 하지만 그 나이에 그렇게 할 수 있는 사람은 거의 없다고 봐야 한다. 마찬가지로 온라인 비디오 강의들, 심지어는 훌륭한 강의조차도 학생들이 보는 경우가 드물고, 혹은 봤다고 하더라도 공부하는 경우는 드물다. 그 이유는 미국 고등교육의 근본적인 문제는 콘텐츠의 존재 여부가 아니라 공부할 의지가 있느냐이기 때문이다. 오늘날에는 누구나 정보를 쉽게 접할 수 있고, 이러한 정보가 많은 사람에게 혜택을 준다는 것은 의심할 여지가 없다. 또한 적어도 대부분의 미국 고등교육에서 책이나 교수, 좋은 온라인 과목이 부족하지 않다는 점 역시 분명하다. 하지만 무엇보다 학생이 배우고 싶어 하지 않는다면, 다른 것들은 아무 소용이 없다. 심지어 엘리트 대학에서조차 공부에 대한 학생들의 열정은 천차만별이며 하루하루가 다르기도 하는데, 우리 생각에 그 이유는 학생들이 어떤 사람들과 시간을 보내느냐에 따라 배우고자 하는 열정이 달라지기 때문이다.

우리가 주목해야 할 점은 이 책에서 주장한 바대로, 사람들과의 좋은 만남은 비록 사소한 것일지라도 적정한 시기에 제대로만 이루어진다면 학생들의 학습 의욕을 눈에 띄게 높일 수 있다는 사실이다. 대학 입학 후 처음 몇 주 동안에 도움을 줄 수 있는 기숙사 지도교수, 열정적으로 입문과목을 가르치는 교수, 학생과 일대일로 보고서를 검토해 주는 글쓰기 강사, 마음이 맞는 사람들과의 현장학습 등 별로 새로울 것 없어 보이는 이러한 경험을 학생이 할 수 있고, 또한 학생이 충분한 의지를 갖고 있다면 그런 학생의 대학생활은 매우 만족스럽고 교육적인 측면에서도 유익할 것이다. 서론에서 언급하였듯이, 비법은 바로 적절한 사람들이 알맞은 시기에 서로 만나서, 서로가 꼭 해야 하는 일을 하도록 도움을 주고 열정을 불어넣는 것이다. 대학의 리더들이 어떤 위치에 있든지 간에 가장 빠르고 확실하게 영향을 줄 수 있는 방법이 바로 이것이다. 그리고 무엇보다도 그 방법은 지속 가능하다는 것이다. 다시 말해, 서로 비슷한 생각을 가진 사람들이 만나게 되면, 그들은 더 많은 사람과 그들의 생각을 나누고 공유하고 싶어 한다. 사람들을 만나게 하려면 처음에는 어느 정도의 노력이 필요하지만, 일단 만남이 성사되고 나면 이 과정 속에서 그들 스스로가 지속적인 에너지를 만들어 낸다.

하지만 대학을 이끄는 사람들이 피할 수 없는 짐이 하나 있다. 우리가 제안한 방식으로 대학교육을 향상시켜 보려는 사람은 누구든지 '적절한 사람'이 누군가를 판단해야 할 책임이 있다. 어떤 교수가, 어떤 학생들을 대상으로, 어느 시기가, 가장 좋을까? 어떤 학생들을 선발하고 어떤 학생들은 선발하지 말아야 하는가? 도움을 가장 많이 필요로 하는 학생들은 누구일까? 어떤 조직과 활동들을 중심으로 대학 문화를 만들까? 이러한 질문들은 가치와 관련된 물음이고, 보다 깊숙하게는 이러한 판단을 해야 하는 리더로서 무엇을 성취하고자 하는지에 관한 도덕적 물음이기도 하다. 이러한 판단을 피할 방도는 없다. 재정적이거나 기술적인 해결책도 이러한 판단보다 우선시될 수 없다. 돈이나 테크놀로지 그리고 시설로 무엇을 할 것인지에 대한 판단은 가치의 문제다. 즉, 인간을 어떻게 생각하느냐의 문제다. 결국 이것은 사람에 관한 것이다.

좋은 대학은 항상 그래왔듯이 가장 밑바탕에 인간미가 흐른다. 다소 피상적으로 들릴 수도 있겠지만, 소크라테스와 그의 제자들에게 피트니스 센터 같은 시설은 없었다. 그 시절에는 캠퍼스나 기숙사, 스마트 칠판을 갖춘 '스마트한' 교실, 클릭커나 문서를 비춰 주는 장치, 비디오 시설과 같은 첨단 기술도 없었다. 우리가 아는 한 전략적 계획 같은 것도 없었다. 심지어 그들에겐 책조차도 없었다. 인쇄된 것이든, 전자 문서든, 온라인이든 간에 말이다.

단지 그들에게 있었던 것은 배움에 대한 의욕이 넘치는 동료들뿐

이었다. 대학이 훌륭한 성과를 내는 교육기관이 되기 위해 필요한 것
도 바로 그것이다.

미주

제1장 해법을 찾아서

1. 최근에 교수자의 관점이 아니라 학생의 관점에서 그들의 경험을 바탕으로 해서 교육에 도움이 되는 방법을 찾으려는 학자들이 점점 늘어나고 있다. 우리도 이러한 학자들의 관점을 채택하였다. 참고할 만한 문헌들은 다음과 같다.

- Anthony Lising Antonio, "The Influence of Friendship Groups on Intellectual Self-Confidence and Educational Aspirations in College," *Journal of Higher Education* 75, no. 4 (2004): 446-471.
- Alexander W. Astin, *What Matters in College: Four Critical Years Revisited* (San Francisco: Jossey-Bass, 1993).
- Kenneth A. Feldman and Theodore M. Newcomb, *The Impact of College on Students* (San Francisco: Jossey-Bass, 1969).
- George D. Kuh, "The Other Curriculum: Out-of-Class Experiences Associated with Student Learning and Personal Development," *Journal of Higher Education* 66, no. 2 (1995): 123-155.
- Richard J. Light, *Getting the Most out of College* (Cambridge: Harvard

University Press, 2001).

- Ernest T. Pascarella and Patrick T. Terenzini, *How College Affects Students: A Third Decade of Research* (San Francisco: Jossey-Bass, 1991).
- Paul D. Umbach and Matthew R. Wawrznski, "Faculty Do Matter: The Role of College Faculty in Student Learning and Engagement," *Research in Higher Education* 46, no. 2 (2005): 153-185.

2. 대학에서 인간관계의 중요성에 주목한 저자들은 많지만 이를 직접적으로 연구한 경우는 매우 드물다. "기존의 연구 대부분은 동료 학생 문화가 대학생에게 미치는 영향에 관한 것이며, 동료 학생들이 학생들의 학습과 발달에 영향을 주는 과정은 아직 고등교육 연구자와 대학 행정가들에게 익숙하지 않은 분야다."

- Kristen A. Renn and Karen D. Arnold, "Reconceptualizing Research on College Student Peer Culture," *Journal of Higher Education* 74, no. 3 (2003): 261-291.
- Ana M. Martinez Aleman, "Understanding and Investigating Female Friendship's Educative Value," *Journal of Higher Education* 68, no. 2 (1997): 119-159.
- Astin, *What matters in College.*
- Antonio, "The Influence of Friendship Groups."
- Kuh, "The Other Curriculum."
- Michael Moffatt, *Coming of Age in New Jersey* (New Brunswick, NJ: Rutgers University Press, 1989).
- Cathy Small, *My Freshman Year* (Ithaca: Cornell University Press, 2005).
- Scott L. Thomas, "Ties That Bind: A Social Network Approach to Understanding Student Integration and Persistence," *Journal of Higher Education* 71, no 5 (2000): 591-615.
- Vicent Tinto, *Leaving College: Rethinking the Causes and Cures of*

Students Attrition (Chicago: University of Chicago Press, 1987).

3. Tinto, *Leaving College*, 136.

4. Ken Bain, *What the Best College Teachers Do* (Cambridge: Havard University Press, 2004).

5. Astin, *What Matters in College*; Pascarella and Terenzini, *How College Affects Students*; Tinto, *Leaving College*; Tricia A. Seifert, Kathleen M. Goodman, Nathan Lindsay, James D. Jorgensen, Gregory C. Wolniak, Ernest T. Pascarella, and Charcles Blaich, "The Effects of Liberal Arts Experiences on Liberal Arts Outcomes," *Research in Higher Education* 49, no. 2 (2008): 107–125; Umbach and Wawrznski, "Faculty Do Matther."

6. Cristin Bates, Lee Cuba, Nancy Jennings, Heather Lindkrist, and Suzanne Lovett, "How Did It Go? Students' Perceptions of Success in the First Year of College" (paper presented at the meetings of the American Educational Research Association, April 16, 2009).

7. Alan Reifman, Grace M. Barnes, Barbara A. Dintcheff, Michael P. Farrell, and Lois Uhteg, "Parental and Peer Influences on the Onset of Heavier Drinking among Adolescents," *Journal of Studies on Alcohol 59*, no. 3 (1998): 311–317.

8. Richard Arum and Josipa Roksa, *Academically Adrift: Limited Learning on College Campuses* (Chicago: University of Chicago Press, 2011).

9. Richard Arum, Michelle Budig, and Josipa Roksa, "The Romance of

College Attendance: Higher Education Stratification and Mate Selection," *Research in Social Stratification and Mobility* 26, no. 2 (2008): 107–122. 향후 출간 예정인 Richard Arum과 Karly Sarita Ford의 연구도 참고.

10. Mitchell Stevens, *Creating a Class* (Cambridge: Havard University Press, 2007)는 대학 입학 과정에 대해 자세히 기술하고 있다).

11. Arum and Roksa, *Academically Adrift*.

12. 연구 결과의 일반화를 다소 희생하더라도 보다 심도 있고 풍부한 데이터를 얻기 위하여 노력하였다. 그 결과, 약 10년의 기간에 학생들의 삶과 이야기가 들어 있는 수백 시간 분량의 녹음테이프와 수천 페이지에 달하는 녹취록을 얻을 수 있었다. 연구를 일반화시키기 위해서는 최대한 많은 표본을 수집하여 광범위하게 연구하는 것이 보편적이다. 이렇게 되면 깊은 연구는 사실상 불가능한 경우가 많다. 물론, 우리가 이러한 연구 방법을 비판한다는 것은 아니다. 하지만 사회적 과정을 비롯하여, 특정 변수들이 서로에게 영향을 미치는 메커니즘을 밝히는 방법에 있어서는 연구자들이 직접 관찰하고, 질문하고, 면담을 하는 것과 같은 사례 연구가 더 효과적이다. 사회과학 방법론자들에게는 연구 문제에 논리적인 답을 제시할 수 있는 각종 데이터와 이를 산출할 수 있는 연구 방법이 모두 필요하다고 보고 있기 때문이다. 그리고 우리 역시도 이러한 의견에 동의한다. 이 연구를 진행한 대학교는 다른 대학교와는 다른 부분이 많다. 독자들의 대학 또한 이럴 가능성이 있다고 생각한다. 대학의 리더들은 우리의 제안을 어떻게 효과적으로 그들의 대학에 적용할 것인지 생각해 가면서 이 책을 읽기 바란다. 우리가 이 책에서 적용한 사례 연구 방법에 대한 더 자세한 부분은 다음 문헌들을 참고하기 바란다.

- Charles C. Ragin and Howard S. Becker, *What is a Case? Exploring the Foundations of Social Inquiry* (Cambridge: Harvard University Press, 1992).
- Mario Luis Small, "How Many Cases Do I Need?" *Ethnography* 10,

no. 1 (2009): 5-38.
- Robert Yin, *Case Study Research* (Thousand Oaks, CA: Sage, 2002).

13. 특히 여기에 기술한 많은 핵심 절차는 사회 전반에 걸쳐 사용되고 있다. 유유상종이란 자신과 유사한 사람들과 지내려고 하는 것을 뜻한다. 그 결과 근접성의 결과로 곁에 있는 사람들과 상호작용하며 친구가 된다. 이 두 가지 예는 대학생활뿐만 아니라 사회생활에도 중요하게 작용한 다. 이러한 유유상종과 근접성에 대한 연구는 다음을 참고하기 바란다.
- (유유상종) Miller McPherson, Lynn Smith-Loving, and James M. Cook, "Bird of a Feather: Homophily in Social Networks," *Annual Review of Sociology* 27 (2001): 415-444.
- (근접성) Lazarsfeld and Robert K. Merton, "Friendship as Social Process: A Substantive and Methodological Analysis," in *Freedom and Control in Modern Society*, ed. Morroe Berger, Theodore Abel, and Charles Page (New York: Van Nostrand, 1954), 18-66.

14. Kuh, "The Other Curriculum."

15. 본 프로젝트는 연구 대상인 학생들의 비밀을 존중하기 위해서 연방정부 의 지침에 따라, 대학의 연구소 편집 위원회로부터 승인을 얻었다. 이에 따라 대학교 학과와 입학처 또한 본 지침서를 따르도록 하였다.

16. 추가적인 세부사항은 방법론에 관한 부록 참고.

17. Mary Grigsby, *College Life through the Eyes of Students* (Albany: State University of New York Press, 2009); Moffatt, *Coming of Age in New Jersey*; Small, *My Freshman Year*.

18. Arum and Roksa, *Academically Adrift*; Derek Bok, *Our underachieving Colleges* (Cambridge: Harvard University Press,

2005); Barrett Seaman, *Binge: Campus life in an Age of Disconnection and Excess* (Hoboken, NJ: John wiley & Sons, 2005).

제2장 들어가기

1. 발달심리학자 제프리 아넷(Jeffrey J. Arnett)은 이러한 삶의 시기를 'emerging adulthood', 즉 성인이 되기 위한 과도기적 시기라고 지칭하면서 "십 대 후반에서 이십 대까지의 기간"으로 정의하고 있다. 이 시기에는 "삶의 방향성이 다양하고, 미래에 대해서 확실하게 결정된 것이 없으며, 인생에 있어 가장 독립적으로 미래의 가능성을 찾는다."
   • Jeffery J. Arnett, "Emerging Adulthood: A Theory of Development from the Late Teens through the Twenties," *American Psychologist* 55, no.6 (1997): 469–480; Arnett, *Emerging Adulthood: The winding Road from Late Teens through the Twenties* (New York: Oxford University Press, 2004).

2. 학생들의 학업 중단 혹은 학업지속에 관한 수많은 문헌들이 이러한 효과를 정확하게 보여 주고 있다. 사회적 통합이 어떻게 학생들의 졸업에 영향을 주는지는 다음을 참고하기 바란다.
   • John P. Bean, "Dropouts and Turnover: A Synthesis and Test of a Causal Model of Student Attrition," *Research in Higher Education* 12, no. 2 (1980): 155–187.
   • Bean, "Interaction Effects Based on Class Level in an Explanatory Model of College Student Dropout Syndrome," *American Educational Research Journal* 22, no. 1 (1985): 35–64.
   • John M. Braxton, A. S. Sullivan, and R. M. Johnson, "Appraising Tinto's Theory of College Student Departure," in *Higher Education: Handbook of Theory and Research*, ed. John C. Smart (New York: Agathon, 1997): vol. 12, 107–164.

- Ernest T. Pascarella and Patrick T. Terenzini, "Interaction Effects in Spady and Tinto's Conceptual Models of College Attrition," *Sociology of Education* 52, no. 4 (1979): 197–210.
- Pascarella and Terenzini, *How College Affects Students.*
- Vincent Tinto, "Dropout from Higher Education: A Theoretical Synthesis of Recent Research," *Journal of Higher Education* 45, no. 1 (1975): 89–125.
- Tinto, *Leaving College.*
- 동료 학생들과의 교류가 오히려 너무 적거나 많으면 졸업에 부정적인 영향을 미친다는 것을 밝힌 연구 자료로는 Normal D. Aitken, "College Student Performance, Satisfaction, and Retention: Specification and Estimation of a Structural Model," *Journal of Higher Education* 53, no.1 (1982): 32–50 참고.
- 또한 Ernest Pascarella와 그의 동료들은 4년제 대학생활에서는 학문적 통합성도 중요하지만, 이보다 사회적 통합성이 학업 지속(retention)에 더욱 중요한 역할을 한다는 것을 발견하였다.
  Ernest T. Pascarella and David W. Chapman, "A Multiinsitutional, Path Analytic Validation of Tinto's Model of College Withdrawal," *American Educational Research Journal* 20, no.1 (1983): 87–102.
  Ernest T. Pascarella, Paul B. Duby, and Barbara K. Iverson, "A Test and Reconceptualization of·Theoretical Model of College Withdrawal in a Commuter Institution Setting," *Sociology of Education* 56, no.2 (1983): 88–100.

3. Wabash National Study of Liberal Arts Education에서 향후 출간 예정인 Charles F. Blaich와 Kathleen S. Wise의 연구 참고.

4. 이 책에서 언급하고 있는 학생들의 이름은 모두 가명을 사용하였다.

5. Moffatt, *Coming of Age in New Jersey*, 29.

6. 학생들이 친구들과 보내는 시간과 학문적 성공 사이의 연관성에 대한 연구에 따르면 친구들과 보내는 시간이 많을수록 혜택(주로 대학 만족과 관련)을 얻지만, 어떤 시점까지만 그렇고 그것을 넘어가면 학생들의 성적이 떨어지기 시작한다. 학생들이 학업과 친구교제 사이에서 균형을 잡지 못할 때의 영향에 대해 살펴본 연구들도 있다.

- 에이트켄(Aitken, 1982)은 다음과 같이 언급하고 있다. "친구관계의 발전이 학생들의 학교 경험의 만족에 있어서 필수적이다. 반면, 사회적 관계에 더 많은 시간을 사용할수록 학업에 활용할 수 있는 시간이 더 적어지며, 이것은 학생들의 성적과 학업 만족도를 모두 감소시키는 경향이 있다."

- Aitken, "College Student Performance." Arthur J. O'Shea, "Peer Relationships and Male Academic Achievement: A Review and Suggested Clarification," *Personnel and Guidance Journal* 47 (1969): 417-423도 참고.

- 이와 유사하게, 학교에서 일어나는 모든 또래 교류 활동이 학생들이 학교생활에서의 성공에 기여하는 것은 아니다. 예를 들어, 또래와 음주를 하거나 TV를 보는 것과 같은 활동은 학업적 성공과 관련이 없다. Astin, *What Matters in College*; Kuh, "The Other Curriculum."

- 더 나아가서 이성관계는 학생들의 학업적 성공과 그 관계 밖에서의 사회적 삶과 부정적으로 연관되어 있다고 한다.(특히 여학생들의 경우). Shannon K. Gilmartin, "The Centrality and Costs of Heterosexual Romantic Love among First-Year College Women," *Journal of Higher Education* 76, no. 6 (2005): 609-633. Dorothy C. Holland and Margaret A. Eisenhart, *Educated in Romance: Women, Achievement, and College Culture* (Chicago: University of Chicago Press, 1990).

- 이러한 학업과 놀이(교류 활동)의 미묘한 균형은 Susan Blum in *My Word! Plagiarism and College Culture* (Ithaca: Cornell University Press, 2009)에서 연구되었다.

7. Elizabeth A. Armstrong and Laura T. Hamilton, *Paying for the Party: How College Maintains Inequality* (Cambridge: Harvard University Press, 2013).

8. 사회적 관계의 형성은 결국 각 주체들이 상호작용을 하고 있는지의 여부에 달려 있다. 즉, 낯선 사람과 교류할 수 있는 기회가 얼마나 있는지에 달려 있는 것이다.
   • Mario Luis Small, *Unanticipated Gains: Origins of Network Inequality in Everyday Life* (New York: Oxford University Press, 2009).

9. 이러한 프로그램은 미국 전체 대학에 보편화되고 있다.
   • *Small, My Freshman Year.*
   • 우리 프로그램에는 의도적으로 보편적으로 쓰이는 가명을 사용했다.

10. 대학 오리엔테이션에 참여하는 것은 대학 시절 사회적 통합에 중요한 영향을 미치며, 특히 1학년 학생들의 학업 지속에 중요한 영향을 미친다.
    • Ernest T. Pascarella, Patrick T. Terenzini, and Lee M. Wolfe, "Orientation to College and Freshman Year Persistence/Withdrawal Decisions," *Journal of Higher Education* 57, no. 2 (1986): 155–175.

11. 친구를 사귀는 데 기숙사가 중요한 역할을 한다는 점은 다른 연구자들도 인정하고 있다.
    • Mary Grigsby, *College Life through the Eyes of Students* (Albany: State University of New York Press, 2009).
    • Moffatt, *Coming of Age in New Jersey.*
    • Pascarella and Terenzini, *How College Affects Students.*
    • 우리가 연구한 대학에서는 처음부터 학생들이 의무적으로 기숙사에서 생활해야 하며, 기숙사비는 동일했다. 단지, 4학년생 일부만 기숙사 밖에서 생활하는 것이 허용되어 있는데, 일부 학생들만 캠퍼스 밖

에서 생활하고 있다. 결과적으로, 신입생 기숙사에서는 다양한 배경의 신입생들과 함께 생활하게 된다. 하지만 그리비스(Grgisby)가 지적하고 있듯이, 앞의 대학들과는 다르게 기숙사 비용이 옵션에 따라 다르고, 학생들이 학교 밖에서 생활할 수 있도록 해 주는 학교에서는 학생의 경제적 배경이 어디서 누구와 사는지에 영향을 줄 것이며, 결국에는 경제적 배경에 따라서 학생들이 서로 무리 짓는 결과로 이어질 수 있다.

12. Leon Festinger, Stanley Schachter, and Kurt W. Back, "The Spatial Ecology of Group Formation," in *Social Pressure in Information Groups*, ed. Leon Festinger, Stanley Schachter, and Kurt W. Back (Oxford: Harper, 1950), 33-59.

13. 모펫은 신입생들은 입학 후 처음 몇 달 동안은 생활여건이 좋지 않아서 서로 간에 유대관계를 형성하기 쉬웠다고 보았다. 그 모습은 마치 군대 훈련소에서처럼 함께 고통을 받으며 유대감이 커지는 것과 유사하다고 묘사하고 있다. 요즘에는 오리엔테이션 동안 길게 줄을 서고, 여러 가지 절차상의 어려움을 함께 겪으면서 신입생끼리 유대감이 형성되는 것 같았다. 예전에는 선배가 신입생들을 못살게 굴었는데 요즘은 의도치 않게 관료주의가 이를 대체했다고 할 수 있겠다.(Moffatt, *Coming of Age in New Jersey*, 12)

14. 이 관점은 시어도어 뉴컴(Theodore Newcomb)이 이미 수년 전에 언급했다. 그는 대학생 수가 증가하면서 '근접성(propinquity)', 즉 각 사람이 물리적으로 얼마나 서로 가까운 위치에 있는지가 중요해졌다고 했다. 뉴컴은 '생활, 식사, 학업, 동아리 활동 등과 같이 학생이 집단적으로 모이는 곳에서' 만남이 이루어진다고 했다.
   • Theodore Newcomb, "The General Nature of Peer Group Influence," in *College Peer Groups*, ed. Theodore M. Newcomb and E. K. Wilson (Chicago: Aldine-National Opinion Research Center,

1966), 8.

- 페스팅거(Festinger), 샤흐터(Schachter)와 백(Back) 또한 최근 이러한 의견을 제기하였고, 마리오 스몰(Mario. L. Small) 역시 이와 관련한 연구를 진행하였다.

Festinger, Stanley Schachter, and Kurt W. Back, "The Spatial Ecology of Group Formation."

Mario L. Small, *Unanticipated Gains.*

15. 대학 스포츠 팀이 캠퍼스에 미치는 사회적 · 제도적 영향력에 관한 연구로는 Stevens, *Creating a Class*를 참고하기 바란다.

- 대학 스포츠 팀의 역할에 관한 역사적 논의는 다음을 참고하면 된다.

Helen L. Horowitz, *Campus Life: Undergraduate Cultures from the End of the Eighteenth Century to the Present* (Chicago: University of Chicago Press, 1987).

James L. Schulman and William G. Bowen, *The Game of Life: College Sports and Educational Values* (Princeton: Princeton University Press, 2001).

William G. Bowen and Sarah A. Levin, *Reclaiming the Game: College Sports and Educational Values* (Princeton: Princeton University Press, 2003).

16. 캐시 스몰(Cathy Small)과 메리 그리스비(Mary Grigsby)는 수업을 같이 듣는 학생들끼리는 친구가 되기 어렵다는 것을 밝혀냈다.

- Cathy Small, *My Freshman Year.*
- Mary Grigsby, *College Life.*

17. 다른 연구자들 역시 우리가 발견했던 사회적 관계 형성의 주요 요소들을 다양한 환경에서 발견하였다. 그중 일부는 이러한 관계를 발전시키는 데 있어 근접성(propinquity)과 가까움(proximity)의 중요성을 강조하고 있다.

- Leon Festinger, Stanley Schachter, and Kurt W. Back, "The spatial Ecology of Group Formation."
- Maureen T. Hallinan, "Structural Effects on Children's Friendships and Cliques," *Social Psychology Quarterly* 42, no. 1 (1979): 43-54.
- Lazarsfeld and Merton, "Friendship as Social Process."
- Newcomb, "The General Nature of Peer Group Influence."
- Ray Oldenburg, *The Great Good Place: Cafes, Coffee Shops, Community Centers, Beauty Parlors, General Stores, Bars, Hangouts and How They Got You through the Day* (New York: Paragon House, 1989).
- Mario L. Small, *Unanticipated Gains*.
- 관계를 발전시키는 데 있어 교류의 빈도와 반복의 중요성을 주장하는 저자들은 다음과 같다.

  Randall Collins, *Interaction Ritual Chains* (Princeton: Princeton University Press, 2004).

  George C. Homans, *The Human Groups* (New York: Harcourt, Brace, 1950).
- 연구자들은 또한 일반적으로 사회적 관계는 다른 활동의 부가적인 결과로 우연히 발전된다고 하였다.

  Newcomb, "The General Nature of Peer Group Influences."

  Small, *Unanticipated Gains*.
- 스콧 펠드(Scott Feld)는 상호교류가 가능한 활동을 통해 그 안에서 서로 협력하는 과정에서 사회적 관계가 형성된다고 보았다.

  Scott L. Feld, "The Focused Organization of Social Ties," *American Journal of Sociology* 86, no. 5 (1981): 1015-1035.

  Feld, "The Structural Determinants of Similarity among Associates," *American Sociological Review* 47, no. 6 (1982): 797-801.
- Feld, "The Structured Use of Personal Associates," *Social Forces* 62, no. 3 (1984): 640-652.

18. 일부 저자는 대학 캠퍼스에서 발생하는 폭행 등 범죄의 영향력에 관하여 연구하였다.

- Elizabeth A. Armstrong, Laura Hamilton, and Brian Sweeney, "Sexual Assault on Campuses: A Multilevel, Integrative Approach to Party Rape," *Social Problems* 53, no. 4 (2006): 483-499.
- Bonnie S. Fischer, John J. Sloan, Francis Cullen, and Lu Chunmeng, "Crime in the Ivory Tower: The Level and Sources of Student Victimization," *Criminology* 36 (2000): 671-710.
- Martin Schwartz and Walter Dekeseredy, *Sexual Assault on College Campus: The Role of Male Peer Support* (Thousand Oaks, CA: Sage, 1997).
- John J. Sloan and Bonnie S. Fischer, *The Dark Side of Ivory Tower: Campus Crime as a Social Problem* (New York: Cambridge University Press, 2011).

19. 헬렌 호로위츠(Helen L. Horowitz)는 대학에 입학 후 초반에는 "대학생활을 위해 수업과 책은 어쩔 수 없이 지불해야 하는 비용"이라고 적고 있다. 물론, 많은 학생의 경우 이는 지금도 여전히 적용된다.

- Horowitz, *Campus Life*, 12.

20. 학생들은 입학 전에 갖고 있던 대학에 대한 생각과 학업에 대한 태도에 따라 학업적인 통합 정도가 결정된다.

- John P. Bean, "Nine Themes of College Student Retention," in *College Student Retention: Formula for Student Success*, ed. Alan Seidman (Westport: Praeger Publishers, 2005), 215-244.
- Tinto, *Leaving College*.
- 우리는 해밀턴 대학이 자신이 가장 원했던 대학이 아닌 학생들은 다른 학생들에 비해서 대학생활에 대한 만족도가 훨씬 낮았다는 사실을 알아냈다.

21. 일부 저자는 학생들이 좋은 점수를 받기 위하여 교수들의 관점에 맞춰 과제를 하는 것을 비판하며, 이러한 것은 조작이며 학업과 배움을 회피하는 것일 수 있다는 점을 지적하고 있다. 이러한 행동에 대한 토론으로는 다음을 참고하면 된다.

- Arum and Roksa, *Academically Adrift*.
- Blum, *My Word!*
- Mullen, *Degrees of inequality* (Baltimore: John Hopkins University Press, 2010).
- Small, *My Freshman Year*.
- 우리는 일부 학생이 많은 학업량을 회피하기 위하여 이러한 행동을 한다는 것을 알고 있다. 그러나 이로부터 얻을 수 있는 이익도 있다는 것을 발견했다.
- 학생들은 보다 다양한 독자를 고려한 글쓰기를 배우고, 교수들의 요구사항을 충족시키기 위해 자신의 에세이를 수정하고 편집할 수 있는 역량을 키울 수 있다. 이는 의심할 여지없이 그들의 향후 미래 직장생활에서 유용하게 활용될 수 있을 것이다.

22. 고등교육 분야의 연구자들은 속담처럼 용의 꼬리보다는 뱀의 머리가 되는 것이 나은지 아니면 용의 꼬리가 되는 것이 나은지에 관하여 논의해 왔다.

- Antonio, "The Influence of Friendship Groups."
- James A. Davis, "The Campus as a Frog Pond: An Application of the Theory Relative Deprivation to Career Decisions of College Men," *American Journal of Sociology* 72, no. 1 (1996): 17-31.
- Thomas J. Espenshade, Lauren E. Hale, and Chang Y. Chung, "The Frog Pond Revisited: High School Academic Context, Class Rank, and Elite College Admission," *Sociology of Education* 78, no. 4 (2005): 269-293.
- Donald L. Thistlewaite and Norman Wheeler, "Effects of Teacher and Peer Subcultures on Student Aspirations," *Journal of Educational*

Psychology 57, no. 1 (1966): 35-47.

23. 상대적으로 준비가 미흡한 학생들은 초반에 학업에 어려움을 겪을 수
있다. 하지만 경쟁률이 높고 학업적 기대와 어려움이 최상위권에 머물
러 있는 명문대에 입학하는 것만으로도 상당한 혜택이 있다. 사회과학
자들은 명문대를 다니는 학생들이 다양한 배경요인을 통제한 상태에서
다른 학생들에 비하여 졸업률이 더 높다는 사실을 지속적으로 확인해
주고 있다. 상대적으로 준비가 미흡한 학생들은 다른 학생들에 비하여
낮은 성적을 받을 수도 있으나, 졸업할 수 있는 가능성은 훨씬 더 높다.

- William G. Bowen and Derek Bok, *The Shape of the River: Long-Term Consequences of Considering Race in College and University Admissions* (Princeton: Princeton University Press, 1998).
- Thomas Kane, "Racial and Ethnic Preferences in College Admission," in *The Black-White Test Score Gap*, ed. C. Jencks and M. Phillips (Washington, D.C.: Brookings Insitution, 1998), 431-456.

24. 대학 캠퍼스에서의 이성관계에 관한 연구는 다음을 참고하면 된다.

- Kathleen A. Bogle, *Hooking Up: Sex, and Dating, and Relationships on Campus* (New York: New York University Press, 2008).
- Laura Hamilton and Elizabeth A. Armstrong, "Gendered Sexuality in Young Adulthood: Double Binds and Flawed Options," *Gender & Society* 23, no. 5 (2009): 589-616.
- Glimartin, "The Centrality and Costs."
- Holland and Eisenhart, *Educated in Romance.*

25. • Claudia Buchmann and Thomas DiPrete, "The Growing Female Advantage in College Completion: The Role of Family Background and Academic Achievement," *American Sociological Review* 71 (2006): 515-541.

- Grigsby, *College Life*.
- Laura W. Perna and Marvin A. Titus, "The Relationship Between Parental Involvement as Social Capital and College Enrollment: An Examination of Racial/Ethnic Group Differences," *Journal of Higher Education* 76, no. 5 (2005): 485–518.

26. • Alberto F. Cabrera, Amaury Nora, Patrick T. Terenzini, Ernest T. Pascarella, and Linda S. Hagedorn, "Campus Racial Climate and the Adjustments of Students to College: A Comparison between White Students and African American Students," *Journal of Higher Education* 70, no. 2 (1999): 134–160.
- Scott V. Solberg, Keum-Hyeong Choi, Samira Ritsma, and Ann Jolly, "Asian-American College Students: It is Time to Reach Out," *Journal of College Student Development* 35 (1994): 294–301.

27. 소수인종 학생의 '사회적 불일치(social mismatch)' 이론에 따르면, 백인 학생들이 흑인 학생들보다 엘리트 환경에 더 노출되어 있으며, 이로 인해 흑인 학생들은 상대적으로 이러한 엘리트 대학(명문대)의 사회문화적 환경을 잘 모르거나, 안다고 하더라도 그들을 지원할 제도적인 부분들이 미흡하다고 한다.

- Mario L. Small and Christopher Winship, "Black Students' Graduation from Elite Colleges: Institutional Characteristics and Between-Institution Differences," *Social Science Research* 36, no. 3 (2007): 1257–1275.
- Camille Z. Charles, Mary J. Fischer, Margarita A. Mooney, and Douglas S. Massey, *Taming the River: Negotiating the Academic, Financial, and Social Currents in Selective Colleges and Universities* (Princeton: Princeton University Press, 2009).
- Douglas S. Massey, Camille Z. Charles, Garvey F. Lundy, and Mary J. Fischer, *The Source of the River: The Social Origins of Freshmen at*

America's Selective Colleges and Universities (Princeton: Princeton University Press, 2003).

28. Armstrong and Hamilton, *Paying for the Party*.
   - 최근 고등교육 기관에서의 학생들의 만족도에 관한 연구는 계층 간의 차이에 초점을 맞추고 있다.
   - Elizabeth Aries, *Race and Class Matters at an Elite College* (Philadelphia: Temple University Press, 2008).
   - Charles, Fischer, Mooney, and Massey, *Taming the River*.
   - Sara Goldrick-Rab, "Following Their Every Move: An Investigation of Social-Class Differences in College Pathways," *Sociology of Education* 79, no. 1 (2006): 61-79.

     Grigsby, *College Life*.
   - Massey, Charles, Lundy, and Fischer, *The Source of the River*.
   - Mullen, *Degrees of Inequality*.
   - Stevens, *Creating a Class*.

29. 브루스 세이서도트(Bruce Sacerdote)는 다트머스 대학에서 무작위로 배정된 룸메이트는 서로의 대학 성적에 영향을 준다는 것을 밝혔다.
   - Bruce Sacerdote, "Peer Effects with Random Assignment: Results for Dartmouth Roommates," *Quarterly Journal of Economics* 116, no. 2 (2001): 681-704.

30. Moffatt, *Coming of Age in New Jersey*, 28.
   - 사회과학자들은 교실 밖에서의 학생들의 경험에 대한 연구를 거듭 촉구해 왔다.

     Kenneth A. Feldman and Theodore M. Newcomb, *The Impact of College on Students* (San Francisco: Jossey-Bass, 1969).

     Kuh, "The Other Curriculum."

     Pascarella and Terenzini, *How College Affects Students*.

- 하지만 일부 학생의 학교생활에 대한 민속학적 연구(ethnography)를 제외하고, 교외 활동과 사회적 환경에서의 학생들의 배움을 중점적으로 다룬 사회학적 연구는 매우 드물다.

제3장 선택하기

1. 학생들이 단순히 근시안적인 시각으로 수강신청을 한다는 것은 이미 일반적으로 잘 알려져 있으나, 이로 인해서 이들이 선택하는 전공과 미래의 직업에 미치는 영향에 대해서는 크게 다루어지지 않았다. 학생들의 "결정은 개인적인 선호도에 따라 내려지지만, 그들이 이러한 선택을 내리는 근원을 살펴보면 생각보다 단순하며 근시안적이다. 이를테면, 학업량이 많은 수업을 피하고, 보다 쉬운 수업을 선택함으로써 보다 대학생활에서 여유를 가지겠다는 이유가 대부분이다"(Arum and Roksa, *Academically Adrift*, 76). "수강신청 기간이 다가오면, 특정 과목의 교수와 그 과목이 얼마나 힘든지에 관한 정보 교환이 학생들 간에 활발하게 이루어진다. 이때 학생들 간에 서로 추천하는 수업의 주된 내용 중 하나는 '쉬운(학점을 딸 수 있는)' 수업인가에 대한 것이다."(Small, *My Freshman Year*, 114). Blum, *My Word*!도 참고.

2. 학문 분야에서 학생이 스스로 평가한 능력과 이러한 능력이 성별과 어떤 관계가 있는지에 관한 연구는 다음을 참고하기 바란다.
   - Shelley J. Correll, "Gender and the Career Choice Process: The Role of Biased Self-Assessments," *American Journal of Sociology* 106, no. 6 (2001): 1691-1730.
   - Correll, "Constraints into Preferences: Gender, Status, and Emerging Career Aspirations," *American Sociological Review* 69, no. 1 (2004): 93-113.

3. 이 책에서는 'STEM(Science, Technology, Engineering, and Mathematics)'

이라는 약어를 사용하지 않았다. 이는 이 대학에는 STEM의 모든 학문영역이 있지는 않기 때문이다. 이 대학에서는 공학계열 강의가 부족하고 공학 전공이 없으며 컴퓨터공학 이외에는 과학기술 전공이 없다. 또한 다른 대학과는 달리 이 대학은 심리학이 과학분야에 포함되어 있다. 따라서 이 책에서는 STEM 대신에 단순히 '과학' 그리고 수학으로 나누어 언급하고 있다. 그럼에도 불구하고, 과학과 수학에 대한 우리의 연구 결과 대부분은 미국의 STEM 분야와 직접적으로 연관되어 있다.

4. 우리는 고등교육 연구에서 과학 분야 내에서의 성별 구분(gender segregation)에 대한 증거를 많이 발견하였다.

- Maria Charles and Karen Bradley, "Equal But Separate? A Cross-National Study of Sex Segregation in Higher Education," *American Sociological Review* 67 (2002): 573-599.
- Maria Charles and Karen Bradley, "Indulging Our Gendered Selves? Sex Segregation by Field of Study in 44 Countries," *American Journal of Sociology* 114 (2009): 924-976.
- Jerry A. Jacobs, "The Sex Segregation of Fields of Study: Trends during the College Years," *Journal of Higher Education* 67 (1986): 134-154.
- Jacobs, "Gender and Academic Specialties: Trends among Recipients of College Degrees in the 1980s," *Sociology of Education* 68 (1995): 81-89.
- Jacobs, "Gender Inequality in Higher Education," *Annual Review of Sociology* 22 (1986): 153-185.
- Karen Bradley, "The Incorporation of Women into Higher Education: Paradoxical Outcomes?" *Sociology of Education* 80 (2000): 1-18.
- 미국의 전체적인 경향과는 다르게 이 대학에서는 여학생들이 과학을 전공할 가능성이 남학생과 같았지만, 비과학 전공의 경우 남학생에 비하여 여학생이 과학 분야의 교양선택 수업을 수강하는 경우가 현저히 적었다. 연구 분야마다 성별 구분에 대한 연구는 학생의 전공에 거의

초점을 두고 있다. 과학 전공이 아닌 남녀 학생이 교양선택 과목으로 과학 수업을 수강하는지에 대한 차이는 거의 주목받지 못했다.

5. Pascarella and Terenzini, *How College Affects Students*에는 높은 수준의 학생-교수의 상호작용과 긍정적인 교육성과의 연관성을 보여 주는 문헌들을 잘 정리하였다.

6. 대학 교수법과 관련해서 다음을 참고하기 바란다.
Ken Bain, *What the Best College Teachers Do* (Cambridge: Harvard University Press, 2004) 참고.

7. 학업 지속과 관련해서 첫 번째 분기/학기 경험의 중요성은 다양한 문헌을 통해 강조되고 있다. 또한 학생들은 물리적으로는 수업에 출석하고 있지만, 마음은 떠나 있을 수 있다는 점을 추가적으로 언급하고 싶다.
• Astin, *What Matters in College*.
• Tinto, *Leaving College*.

8. Katherine Kroleski, "The creation of Meaningful Relationships between Students and Professors" (Senior thesis, Hamilton College, 2009).

9. 2장에서 언급된 친구를 만드는 과정에 적용되는 논리는 멘토를 찾는 것에도 동일하게 적용된다. 즉, 관계를 발전시키기 위해서는 먼저 만남이 선행되어야 한다.
• Hallinan, "Structural Effects on Children's Friendships and Cliques."
• Lazarsfeld and Merton, "Friendship as Social Process."
• Newcomb, "The General Nature of Peer Group Influence."
• Oldenburg, *The Great Good Place*.
• Small, *Unanticipated Gains*.
• 뿐만 아니라(실험, 수업 토론, 연구실 방문 시간, 협동 연구와 같은) 활동의 강도와 (매주의 수업, 연구실 방문 시간을 통한) 교류의 반복은

멘토링 관계의 발전에 영향을 미친다.

Collins, *Interaction Ritual Chains.*

• Feld, "The Focused Organization of Social Ties."

10. 학생들의 전공 선택에 대한 대부분의 문헌은 학생들의 배경(예: 성별 또는 사회계층)과 그들의 전공 사이의 상관관계에 중점을 두고 있다. 우리는 이러한 접근 방법 대신에 다른 방법을 선택하였다. 즉, 우리는 '누가' 전공을 선택했느냐보다 '어떻게' 전공을 선택했느냐에 초점을 맞추었다. *Degrees of Inequality*에서 Mullen은 이 주제에 대한 유사한 접근 방법을 사용하였다.

11. 일반적으로 전공 선택은 대학 졸업 후의 직업과 소득 수준에 영향을 주는 것으로 알려져 있으나 영향을 주는 크기는 대학의 유형에 따라 다르게 나타나고 있다.

• Mark C. Berger, "Predicted Future Earnings and Choice of College Major," *Industrial and Labor Relations Review* 41, no 3. (1988): 418-429.

• Donna Bobbit-Zeher, "The Gender Income Gap and the Role of Education," *Sociology of Education* 80 (2007): 1-22.

• Anthony P. Carnevale, Jeff Srtohl, and Michelle Melton, *What's It Worth? The Economic Value of College Majors* (Washington, D.C.: Georgetown University Center on Education and the Workforce, 2011).

• John Robst, "Education and Job Match: The Relatedness of College Major and Work," *Economics of Education Review* 26 (2007): 397-407.

• Josipa Roksa, "Double Disadvantage or Blessing in Disguise? Understanding the Relationship between College Major and Employment Sector," *Sociology of Education* 78 (2005): 207-232.

• Russell W. Rumberger and Scott L. Thomas, "The Economic Returns to College Major, Quality, and Performance: A Multilevel Analysis of Recent Graduates," *Economics of Education Review* 12, no. 1 (1993): 1-19.

• Scott L. Thomas and Liang Zhang, "Post-Baccalaureate Wage Growth Within 4 Years of Graduation: The Effects of College Quality and College Major," *Research in Higher Education* 46, no. 4 (2005): 437-459.

12. 본질적으로 전공은 수강한 수업을 모아 놓은 것임에도 불구하고, 전공 선택에 관한 문헌들은 과목 선택이 전공 선택에 주는 영향에 대해서는 간과해 왔다.

• Christopher G. Takacs and Daniel F. Chambliss, "Local Decision Making in College Students' Selection of Major" (paper presented at the American Sociological Association Annual Meeting, Denver, Colorado, August 20, 2012).

13. 이 대학의 1/4에 가까운 남학생들은 전문직에 종사할 수 있는 전공인 경제학, 행정학, 생물학과 같은 분야를 전공하려고 입학하기 전부터 다짐하고 있다.

• Peter Arcidiacono, V. Joseph Horz, and Songman Kang, "Modeling College Major Choices Using Elicited Measures of Expectations and Counterfactuals," *Journal of Econometrics* 116, no. 1: 3-16(2012).

• Richard K. Celuba and Jerry Lopes, "Determinations of Student Choice of Undergraduate Major Field," *American Educational Research Journal* 19, no. 2 (1982): 202-312.

• Henry Sauerman, "Vocational Choice: A Decision Making Perspective," *Journal of Vocational Behavior* 66 (2005): 273-303.

• Michael B. Tannen, "The Investment Motive for Attending College," *Industrial and Labor Relations Review* 31, no. 4 (1978): 489-497.

• 나머지 남학생 및 대부분의 여학생 그리고 그 외의 학생들은 대부분

투자자 모형에 전혀 맞지 않았으며, 이 책에서 기술한 것처럼 우발적이고 국한적인 의사결정 경로를 따랐다. 다른 곳에서도 이와 유사한 성별에 따른 패턴이 파악된다면 성별의 차이에 따라 전공 선택이 어떻게 차이가 나는지를 설명하는 데 도움이 될 것이다.

Maria Charles and Karen Bradley, "Equal But Separate? A Cross-National Study of Sex Segregation in Higher Education," *American Sociological Review* 67 (2002): 573-599.

Jerry A. Jacobs, "The Sex Segregation of Fields of Study."

14. 다음을 참고하기 바란다.

- Herbert A. Simon, "Rational Choice and the Structure of the Environment," *Psychological Review* 63 (1956): 129-138.
- James G. March and Herbert A. Simon, *Organizations* (New York: John Wiley and Sons, 1958).

15. 다음을 참고하기 바란다.

- Howard S. Becker, "Notes on the Concept of Commitment," *American Journal of Sociology* 66 (1960): 32-44.

제4장 참여의 역설

1. 최악의 경우, 교수와 학생은 서로 간에 해야 할 과제를 많이 주지 않는, 조지 큐(George Kuh)가 언급한 '비참여 협약(disengagement compact)'의 관계를 형성할 수 있다.

- George Kuh, "What We're Learning about Student Engagement," *Change* 35, no. 2 (2003): 24-32.
- Arum and Roksa, *Academically Adrift*.

2. 이 문헌은 다음에 잘 요약되어 있다.

• Pascarella and Terenzini, *How College Affects Students*, 95-95 참고.

3. 바로 이 점이 온라인 교육과정이 매력적인 이유다.

4. 블럼(Blum)은 학생의 지성주의와 지적 교류를 위해서는 특정한 주제에 대하여 서로 간에 지식을 공유하는 것이 선행되어야 한다고 언급했다. Blum, *My Word!*를 참고하기 바란다.

5. 특히 핵심 교육과정(core curriculum)도 같은 목적으로 운영될 수 있지만 상당한 비용이 든다.

6. 다음을 참고하기 바란다.
• Hallinan, "Structural Effects on Children's Friendships and Cliques."

제5장 소속하기

1. 대학 캠퍼스의 학생 유형과 학생 문화에 대한 더 많은 문헌으로는 다음을 참고하기 바란다.
• Grigsby, *College Life*.
• Horowitz, *Campus Life*.
• Burton R. Clark and Martin Trow, "The Organizational Context," in *College Peer Groups*, ed. Theodore Newcomb and Everett K. Wilson (Chicago: Aldine, 1966), 17-70.

2. Astin, *What Matters in College*; Mary J. Fischer, "Settling into Campus Life: Differences by Race/Ethnicity in College Involvement and Outcomes," *Journal of Higher Education* 78, no. 2 (2007): 125-160; Tinto, *Leaving College*.

3. Blum, *My Words!*; Horowitz, *Campus Life*; Moffatt, *Coming of Age in New Jersey*.

4. Horowitz, *Campus Life*; John R. Thelin, *A History of American Higher Education* (Baltimore: Johns Hopkins University Press, 2004).

5. 이 책의 6장과 Pascarella and Terenzini, *How College Affects Students*를 참고하기 바란다.

6. Emile Durkheim, *The Elementary Forms of Religious Life*, trans. Karen E. Fields (New York: The Free Press, 1995 [1912]).

7. Collins, *Interaction Ritual Chains*.
   • 또한 이것이 지성주의에 미치는 영향에 대한 논의로 다음을 참고하기 바란다.
   Collins, *The Sociology of Philosophies: A Global Theory of Intellectual Change* (Cambridge: Belknap, 1998).

8. 집중 focus의 중요성에 관해서는 다음을 참고하기 바란다.
   • Scott Feld, *The Focused Organization of Social Ties*.
   • Feld, *The Structural Determinants of Similarity among Associates*.
   • Feld, *The Structured Use of Personal Associates*.

9. • Umbach and Wawrznski, "Faculty Do Matter."

10. Newcomb, "The General Nature of Peer Group Influence," 7.

11. Ibid. 8; 저자에 의해서 추가적으로 강조됨.

12. 수전 블럼(Susan Blum)이 언급한 것처럼, 대학 캠퍼스에서 거주하는 것

은 '다른 사람들과 함께 생활하는 것이 규범'인 '협력적 윤리(collaboration ethic)'를 도모한다.
- Blum, *My Word!*, 68.
- Small, *My Freshman Year*, 57을 참고하기 바란다.

13. Amy J. Binder and Kate Wood, *Becoming Right: How Campuses Shape Young Conservatives* (Princeton: Princeton University Press, 2013).

14. 대학 '버블(bubble)'에 대한 훌륭한 설명으로는 Blum, *My Word!*를 참고하기 바란다.
- 이러한 버블 효과가 학생들의 정치적 관점과 표현에 어떻게 영향을 미치는지에 관한 연구로는 Binder and Wood, *Becoming Right* 참고.

15. Armstrong and Hamilton, *Partying and Privilege*.

16. 사회학자 어빙 고프먼(Erving Goffman)은 감옥, 정신병원, 보딩스쿨과 같은 기관에서 '재소자들'의 삶 전반이 통제되고 제한되는 '통합적 기관(total institutions)'에 대하여 기술했다.
- 하지만 고프먼은 이러한 환경이 대개 강압적이고 비자발적이라고 하였다.
- 반면, 레지덴셜 칼리지는 일종의 자발적인 통합적 기관이다.
- Erving Goffman, *Asylums: Essays on the Social Situation of Mental Patients and Other Inmates* (New York: Anchor Books, 1961).
- 블럼도 레지덴셜 칼리지를 통합적 기관으로 묘사하고 있다.
  Blum, *My Word!*, 105-107.

17. 학생들의 친구관계를 보여 주는 인적 네트워크는 상당히 개별화되어 있는데, 캐시 스몰(Cathy Small)은 이러한 네트워크를 '자기중심적(ego-centric)'인 형태라고 이름 붙였다.

- 대학에서는 "다른 학생의 인적 네트워크와 중첩될 수는 있지만, 한 학생의 네트워크는 근본적으로 개별적인 네트워크다." 학생마다 각기 다른 다양한 조직과 수업이 있기 때문이다.
  Small, *My Freshman Year*, 56.

18. Mark Granovetter, "The Strength of Weak Ties," *American Journal of Sociology* 78 (1973): 1360-1380; Mark Granovetter, *Getting a Job: A Study of Contacts and Careers* (Cambridge: Harvard University Press, 1974).

19. 조직들이 어떻게 네트워크를 중개하는지에 대한 논의는 Mario Small, *Unanticipated Gains*를 참고하기 바란다.

20. 데이터를 기반으로 이 그림을 생성하기 위하여 다음과 같은 기술적인 방법을 활용하였다.
  - [그림 5-1]에서 각각의 활동(노드)의 경우, 한 명 이상의 학생이 두 활동 모두에 참여한다면 연관성이 있다고 간주한다. 활동에 참여하는 학생들이 중첩되는 정도에 따라 연관성에 가중치가 부여되었다. 예를 들어, 5명의 학생이 축구 동아리와 대학 라디오 동아리 둘 다에서 활동한다면 이 두 동아리의 연관성에는 5의 가중치가 매겨진다. 그리고 그림에는 5의 가중치에 상응하는 두꺼운 선으로 시각화한다. 우리는 패널 면담을 통해 학생들의 교외 활동, 운동, 전공, 사교 클럽 동아리 활동 관련 자료를 수집하고, 이러한 자료들을 통합하여 단일화된 데이터베이스를 구축하였다. 이 데이터베이스를 통하여 네트워크 분석 소프트웨어용 '엣지리스트(edgelist)'(즉, 과외 활동 사이의 연관성을 반영하는 매트릭스)를 생성하였다. 이후, 어떤 그룹이 네트워크 연관 패턴과 가장 잘 맞는지 수학적으로 파악하는 군집분석을 수행하였다. 우리는 여러 가지 군집분석을 시행하였는데, 일관성 있게 상호 연관성을 가지는 하나의 주요한 군집과 몇 개의 주적변인 군집이 나왔다. 수천 페이지에 달하는 녹취록과 같은 데이터를 이용하여 상호 연관성

을 보다 잘 파악하기 위해 우리는 다른 방법보다는 이렇게 시각화된 그림을 만든 것이다. 즉, 그림 자체로는 분석이 아니고 그림을 해석해야만 진정한 분석이 이루어진다. 따라서 이 그림을 올바르게 해석하는 방법을 설명하겠다. 한 군집 내에서 연관성이 있는 노드들의 위치나 혹은 연관성이 있는 주변 군집 간의 위치는 임의적이다. 그러나 이보다 중요한 것은 어떠한 활동이 서로 함께 군집을 형성하고, 또 어떤 활동이 그룹을 이루고 있지 않는지 파악하는 것이 중요하다. 예를 들어, 오른쪽 하단의 주변부 군집에 있는 팀(crew)이 수영 동아리(swimming)보다 중앙에서 멀리 위치해 있는 것은 중요하지 않다. 특정 군집 안의 활동의 위치는 임의적이다. 중요한 것은 팀과 공공정책(public policy) 동아리가 모두 한 군집에 있다는 점, 이 군집이 핵심 군집이 아니라는 점, 이 군집 자체에 활동(노드)이 그다지 많지 않다는 점이다. 녹취록을 읽으면서 우리가 가장 중요하다고 생각했던 점은 이 그림이 캠퍼스의 '문화적 중심지'와는 떨어졌으며 주변적인 활동이 있을 것이라는 생각을 검증해 주었다는 것이다. 또한 주변적인 활동과 문화 중심적인 활동을 분별하고 그 이유에 대해 보다 더 잘 파악할 수 있도록 하였다.

• 이 두 데이터 세트는 Unicet[S. P. Borgatti, M. G. Everett, and L. C. Freeman, *UCINET For Windows: Software For Social Network Analysis* (Lexington, KY: Analytic Technologies, 2002)]을 사용하여 분석되었고, NetDraw[S.P. Borgatti, *NewDraw: Graph Visualization of Software* (Lexington, KY: Analytic Technologies, 2002)]를 사용하여 시각화되었다.

• 네트워크 분석에서의 중심적인 구조와 주변적인 구조에 대한 더 많은 정보를 원한다면 다음을 참고하기 바란다. Stephen P. Borgatti and Martin G. Everett, "Models of Core/Periphery Structures" (*Social Networks* 23 (1999): 375–395) 참고.

21. 다음을 참고하기 바란다.

Armstrong, Hamilton, and Sweeny, "Sexual Assault on Campus."

22. 어빙 고프먼(Erving Goffman)은 이러한 맥락에서 팀메이트(teammate)라는 표현을 사용했을 것이다.

23. 비록 사회적 오디세이에 대한 닐 스멜서(Neil J. Smelser)의 저서에 파티에 대한 언급은 없지만, 여기에서 논의한 내용 중 일부는 그의 설명에 부합된다.
    • Neil J. Smelser, *The Odyssey Experience: Physical, Social, Psychological, and Spiritual Journeys* (Berkeley, CA: University of California Press, 2009).

24. 데이비드 그래지언(David Grazian)이 저술한 (대학의 유흥 문화에 관한) 문화기술지에서 '사전 게임(pregame)' 장면을 상세하게 기술하고 있다.
    • David Grazian, *On the Make* (Chicago: University of Chicago Press, 2008).

25. Ibid.

26. 일부 학생에게는 술 마시고 취하는 것이 파티나 사회 활동의 궁극적인 목표다.
    • Seaman, *Binge*.

27. 춤 의식과 에로티시즘에 대한 설명으로 다음을 참고하기 바란다.
Collins, *Interaction Ritual Chains*.

28. Georg Simmel, "The Sociology of Sociability," trans. Everett C. Hughes, *American Journal of Sociology* 55, no. 3 (1949): 254-261.

29. 또 다른 역동성을 반영하듯이, 많은 소수집단의 학생들과 외국인 학생들은 또래의 백인 학생들이 느끼는 것만큼 대학 공동체의 일부라고 느

끼지 않는다고 했다.

- Charles, Fischer, Mooney, and Massey, *Taming the River*.
- Massey, Charles, Lundy, and Fischer, *The Source of the River*.
- Small and Winship, "Black Students' Graduation from Elite College."

30. 대학에서의 이성관계의 비용에 대한 연구로는 다음을 참고하기 바란다.
- Bogle, *Hooking Up*.
- Gilmartin, "The Centrality and Costs of Heterosexual Romantic Love."
- Holland and Eisenhart, *Educated in Romance*.
- Laura Hamilton and Elizabeth A. Armstrong, "Gendered Sexuality in Young Adulthood: Double Binds and Flawed Options," *Gender & Society* 2 (2009): 589–616.

31. Horowitz, *Campus Life*.

32. Benedict Anderson, *Imagined Communities: Reflections on the Origin and Spread of Nationalism* (London: Verso, 1983).

33. Armstrong and Hamilton, *Paying for the Party*.

제6장 학습하기

1. 사회학자들은 고등교육이 기관 수준에서 산업으로서 사회계층을 재생산[피에르 부르디외(Pierre Bourdieu)의 주장대로]하는 곳인지, 네트워크를 형성하고 자기개발과 인적자본을 형성하는 곳인지, 파워 엘리트를 위한 인큐베이터인지, 계층에 따라 사람들을 나누는 여과기인지, 지식을 정당화하는 사원 같은 곳인지, 다양한 유형의 기관이 모이는 허브인지, 아니면 이 가운데 일부 혹은 전부를 위한 곳인지에 대해서 40년 동안 토론을 이어 오고 있다.

- Pierre Bourdieu, "Cultural Reproduction and Social Reproduction," in *Knowledge, Education and Cultural Change: Papers in the Sociology of Education,* ed. Richard K. Brown (London: Tavistock, 1973), 56-68.
- Pierre Bourdieu and J. P. Passeron, *Reproduction in Education, Society and Culture,* 2nd ed. (Beverly Hills: Sage Publications, 1990).
- Mitchell L. Stevens, Elizabeth A. Armstrong, and Richard Arum, "Sieve, Incubator, Temple, Hub: Empirical Advances in the Sociology of Higher Education," *Annual Review of Sociology* 34 (2008): 127-151.

2. 암스트롱(Armstrong)과 해밀턴(Hamilton)은 공부 대비 소로러티 활동에 투입되는 시간 등과 같은 중요한 경우들에 있어서 그것들은 서로 배타적일 수 있다고 보았다.
   - Armstrong and Hamilton, *Partying and Privilege.*

3. Astin, *What Matters in College*; Tinto, *Leaving College.*

4. Arum and Roksa, *Academically Adrift*; Pascarella and Terenzini, *How College Affects Students.*

5. K. Anders Ericsson, Ralf Th. Krampe, and Clemens Tesch-Romer, "The Role of Deliberate Practice in the Acquisition of Expert Performance," *Psychological Review* 100, no. 3 (1993): 363-406.

6. Daniel F. Chambliss, "The Mundanity of Excellence: An Ethnographic Report on Stratification and Olympic Swimmers," *Sociological Theory* 7, no. 1 (1989): 70-86.

7. Wabash National Study of Liberal Arts Education에서 향후 출간 예정인 Charles F. Blaich와 Kathleen S. Wise의 연구를 참고하기 바란다.

8. Robert K. Merton, "The Matthew Effect in Science: The Reward and Communication Systems of Science Are Considered," *Science* 159 (1968): 55–63.

9. Arum and Roksa, *Academically Adrift*, 36.

10. 조지 파카스(George Farkas, *Academically Adrift: Limited Learning on College Campuses,* Richard Arum and Josipa Roksa, *American Journal of Sociology* 117, no. 3 (2011): 1000–1002 리뷰 참고.

11. Arum and Roksa, *Academically Adrift*, 56.

12. Wabash National Study of Liberal Arts Education에서 향후 출간 예정인 Charles F. Blaich와 Kathleen S. Wise의 연구를 참고하기 바란다.
    • 가치에 대한 논의와 관련해서 다음을 참고하기 바란다. Pascarella and Terenzini, *How College Affects Students* 참고.

13. 심리학은 논란의 여지가 있지만 적어도 학생들은 사회과학 분야로 간주하고 있다.

14. 다음을 참고하기 바란다. Shelley J. Correll, "Gender and the Career Choice Process"; Correll, "Constraints into Preferences."

15. 앤 멀린(Ann L. Mullen)은 학생들이 전공에 대한 서열 평가가 중요하다는 것과 이러한 평가가 여학생보다는 남학생에게 더 중요하다는 것을 밝혔다.
    • Ann L. Mullen, *Degrees of Inequality*.

16. 우리는 일반적으로 학업에 대해 더 유연한 사고를 가지고 있는 여학생이 전반적으로 대학생활에 만족하고 있다는 것을 언급하고자 한다.

17. 연구자들은 각 학과에서 학생들에게 지원을 제공하는 것이 중요하며, 이는 여학생들이 과학을 피하는 경향을 설명하는 데 도움이 될 수 있다.
   • James C. Hearn and Susan Olzak, "The Role of College Major Departments in the Reproduction of Sexual Inequality," *Sociology of Education* 54 (1981): 195-205.

18. James Downey, *The Study Abroad Program at Hamilton College: A Report for the Mellon Assessment Project*, 2004.

19. Smelser, *The Odyssey Experience*.

20. Downey, *The Study Abroad Program at Hamilton College*.

제7장 끝마치기

1. Pascarella and Terenzini, *How College Affects Students*, 211.
2. 다음을 참고하기 바란다. John Mirowsky and Catherine E. Ross, *Education, Social Status, and Health* (New York: Aldine de Gruyter, 2003).

3. Pascarella and Terenzini, *How College Affects Students*, 2005, 263을 참고하기 바란다.

4. 연구 문헌에 따르면, 동료 학생의 영향은 학생들이 어떻게 관계를 맺고 있느냐에 따라 긍정적이거나 부정적일 수 있다. 학업적으로 성공한 친구들을 둔 학생들은 자신들이 그들처럼 학업에 있어서 뛰어나지 못할 때 상대적인 박탈감을 느낀다. 반면에, 긍정적이고 야심 찬 학생들을 친구로 둔 학생들은 오히려 동기가 부여되고, 그로 인해 많은 도움을 얻을 수 있다. 특히 또래 친구의 영향력은 그 '또래 친구'를 어떻게 정의하느냐

에 따라 달라질 수 있다.
- Antonio, "The Influence of Friendship Groups."
- Thomas, "Ties That Bind."

5. 미첼 스티븐스(Mitchell Stevens)는 어떻게 이것이 비슷한 기관에서도 발생할 수 있는지 설명하고 있다.
- Mitchell Stevens, *Creating Class.*

6. Blum, *My Word!*

7. Arum, Budig, and Roksa, "The Romance of College Attendance."

8. Bowen and Bok, *The Shape of the River*; Pascarella and Terenzini, *How College Affects Students.*

제8장 우리가 얻은 교훈

1. Daniel F. Chambliss, "Hiring Departmental Faculty," *American Sociological Association*을 참고하기 바란다.

2. 댄 챔블리스(Dan Chambliss)의 의붓딸이 포드햄 대학 기숙사에 처음 들어갔을 때, 그 기숙사에 살고 있는 한 성직자가 그녀와 그녀의 룸메이트 3명을 맞이했다고 한다. 얼마 시나지 않아 아기를 안고 있는 한 젊은 남성 역시 그들을 환영했다고 했다. 그는 "제 아내는 교수이고, 우리는 아래층에 살아요."라고 말하였다. 그가 방을 떠난 후 여학생들은 서로 멋쩍은 웃음을 지었다. 우리가 들은 바로는 기숙사 생활은 다소 조용했다고 한다.

3. Small, *My Freshman Year.*

---

4. 또한 학문적인 교육과정 혁신도 시도할 수 있다.

5. George D. Kuh, *High Impact Educational Practices* (Washington, D.C.: Association of American Colleges and Universities, 2008).

6. 교사들은 더 이상 역량을 키울 수 없다고 말하는 것은 아니다. 그들은 얼마든지 자신들의 역량을 키울 수 있다.
   • Daniel F. Chambliss, "Doing What Works: On The Mundanity of Excellence in Teaching," in *The Social Worlds of Higher Education*, ed. Bernice A. Pescosolido and Ronald Amizade (Thousand Oaks, CA: Sage, 1999), 419-434.

7. Arum, Budig, and Roksa, "The Romance of College Attendance."

8. 표본이 많을 필요는 없다. 본 연구를 위해 100명에 달하는 학생의 표본조사를 하기는 하였지만, 사실 이 대학의 특성상 샘플 수가 더 적었어도 연구를 수행하는 것에는 충분했을 것이다.
   • 포화 표집(saturation sampling)에 대한 더 많은 정보는 다음을 참고하기 바란다. Small, *How Many Cases Do I Need?*

부록

부록에서는 본문 및 주석에는 언급하지 않은 연구방법에 대하여 구체적으로 기술하였다.

이 연구는 1999년에 시작되었다. 처음부터 우리는 포괄적이고 다양한 연구 방법을 활용한 종단적인 학생학습성과(student-learning outcomes)에 대한 연구를 수행하고자 하였다. 따라서 해밀턴 대학의 Mellon Assessment Project를 통한 자기보고식의 주관적 및 객관적, 양적 및 질적 접근을 적용하였다. 행정적인 안전 장치 및 동의 절차 등의 검증을 거쳐 생명윤리위원회(Institution Review Board: IRB) 승인을 모두 획득한 후, 학생들의 에세이 과제, 수업 발표를 촬영한 비디오 영상, 특정 주제를 논의한 포커스 그룹, 미국 표준점수 대비 해밀턴 대학 GRE 점수, 전체 학생 성적에 대한 양적 분석, 표준화된 설문조사, 과학적으로 선정된 학생들의 대학생활 및 졸업 후 커리어에 대한 수차례의 면담을 진행하는 등 가능한 모든 방법을 활용하였다.

혼합연구 다중기법(multimethod) 방법론적 접근에는 다음과 같은 다양한 장점이 있다. 첫째, 학생들이 자체적으로 보고한 내용을 객관적으로 검증할 수 있었다. 예를 들어, 학생들은 자신들의 작문 능력과 대중 연설의 향상된 정도를 과대평가하거나, 어떤 수업을 수강했는지, 교수의 이름이 무엇인지, 어떤 성적을 받았는지 등을 정확하게 기억하지 못할 수도 있을 것이다. 성적표, 작문 샘플, 발표 영상 기록 등과 같이 객관적으로 검증할 수 있는 자료를 통하여 학생들의 자기보고식 정보를 넘어선 학생의 성장과 발달을 객관적으로 가늠할 수 있었다.

둘째, 우리는 다양한 연구 방법을 활용하여 다양한 질문을 하였고, 이에 해당하는 답을 얻을 수 있었다. 예를 들어, 심층면담을 통하여 학생들의 대학생활에서 가장 중요했던 순간과 그 맥락을 쉽게 파악할 수 있었고, 학생들은 각각의 사건들에 대하여 상세히 설명해 줄 수 있었다. 반면, 다양한 배경을 가진 학생의 비율은 설문조사를 사용하여 간단하게 파악할 수 있었다.

셋째, 이 방법은 우리의 연구대상이었던 학생들이 실제로 전 학생을 정확하게 대표하였는지 여부를 알 수 있도록 하였다. 학생 전체를 대상으로 실시했던 설문조사 데이터는 우리가 면담한 학생들이 말했던 것이 면담 대상이 아닌 다른 학생들에게도 유효한지를 입증해 주었다.

마지막으로, 동일한 학생을 식별하는 데 다양한 데이터 세트를 활용함으로써, 각 학생의 삶에 대하여 더 온전한 그림을 얻을 수 있었다. 연구를 마칠 무렵, 우리 연구대상 패널에 속한 몇몇의 학생으로부터 8년간의 심층면담 자료 6개와 수강과목과 성적 등이 모두 포함된 성적표, 5년에 걸쳐 작성된 작문 샘플 5개, 광범위한 주제를 다룬 설문조사 응답결과를 수집할 수 있었다. 하나의 데이터 소스만으로는 이렇게 완전한 그림을 제공하지 못했을 것이다.

특히 본 프로젝트는 종단적 연구 방법을 활용하였다. 이 연구의 표본 학생 각각에 대한 데이터를 대학 재학 4년 동안 매년 수집하였을 뿐만 아니라 일부 자료는 대학 입학 전과 졸업 후를 다루기도 하였다. 우리는 이와 같은 종단적 자료를 활용하면서 학생들의 삶이 시간이 흐르면서 어떻게 변화했는지 파악하고 때로는 그 변화에 대한 이유를 발견할 수 있었다. 즉, 학생들의 대학 시절의 한 측면만을 촬영하는 스냅사진과는 달리, 그들의 일대기를 전부 보여 주는 동영상과 같은 자료들을 통하여, 어떤 순간에 어떤 이유로 결정적인 사건들이 일어났는지 그렇지 않았는지를 파악할 수 있었다.

나머지 부분에서는 이 연구에서 우리가 적용한 자료수집 방법과 분석 기법에 대하여 상세히 기술하고자 한다. 글쓰기와 말하기 학습은 6장('학습하기')에서 이미 설명하였다.

패널 면담

면담 연구는 2001년도 대학에 입학한 100명(당시 기준 수치)의 학생 패널을 대상으로 장기간에 걸쳐 테이프에 녹음된 심층면담을 종단적으로 분석하였다. 해당 학생들은 대학 입학자 명단에서 무작위로 추출하였다. 학생들(패널리스트)은 면담 진행자로부터 연락을 받은 후 참여를 권유받았는데 5명을 제외하고 모두 동의해 주었다. 무작위 추출을 통해서 학생 전체를 폭넓게 대표해 줄 만한 학생 패널을 표집하였고, 표본의 대표성을 확인하기 위해서 모든 재학생을 대상으로 한 설문조사에 있는 개인 배경 자료를 토대로 검증하였다.

면담은 훈련된 학생들뿐만 아니라 전문가들이 진행자로서 수행했으며, 면담 지침서를 일관되게 적용했는지 여부를 확인하기 위하여 신규 면담 진행자의 녹취록에 대한 검토가 이루어졌다.

면담 지침서는 20~30문항의 열린 질문과 기본적인 인구통계학적 문항으로 구성되어 있다. 이 면담 지침서는 전공신청, 해외연수, 졸업 등 매년 일어났던 중요한 사건과 더불어 학생들의 다양한 경험을 탐색하기 위하여 매년 수정하였다. 반면, 수강한 수업 등과 같은 문항은 매년 반복적으로 사용하였다. 개방형 면담이었기 때문에 학생들이 정해진 질문을 벗어나 대화의 주제를 이끌어 갈 수 있도록 하였고, 종종 면담 지침서에는 명시적으로 기술되지 않은 주제들에 관하여 흥미로운 토론이 이루어졌다. 각 면담 진행자들은 다음 질문으로 넘어가기 전에 각 질문에 대한 만족스러운 답을 얻었는지 확인하도록 훈련받았다.

면담의 질과 면담 지침서의 활용도는 일부 상이했지만, 대부분의 면담은 만족스러운 결과를 가져왔고, 연구에 있어서도 유용하게 활용할 수 있었다.

패널에 속한 학생들은 대학 재학 기간 동안에는 매년 우리와 연락을 주고받았으며, 졸업 이후에는 2년에 한 번씩 연락을 하였다. 각각의 면담은 평균 45분 정도 지속되었으며 소형 휴대용 녹음기로 녹음되었다. 가능한 경우 면담은 교내의 조용한 장소에서 학생들과의 직접적인 만남을 통해 이루어졌다. 단, 여름방학 기간 동안과 졸업 후에는 전화상으로 면담을 진행하였다. 또한 패널리스트들은 매년 수업을 위해 작성한 작문 샘플을 한 부씩 제출하도록 하였다.

면담을 시작하기 전에 면담에 응한 모든 학생은 테이프 녹음과 면담 내용에 대한 사용을 허용하는 동의서에 서명하였으며, 각각의 패널리스트에 대한 필명을 부여받았다.

졸업 후, 다양해진 삶과 직업에 대한 고려로 면담을 상당 폭 수정하였다(일부 학생은 좋은 직장에 취직을 하고 독립적으로 살고 있었으나, 다른 학생들은 취업을 하지 못한 채 부모와 함께 생활하고 있기도 하였다).

대부분의 면담은 처음부터 끝까지 모두 녹음되었으나, 간혹 여러 가지 이유로 녹음이 중단되는 경우도 있었다. 학생들이 녹음되고 있는 상태에서 말하는 것을 불편하게 느낀다든지, 녹음테이프가 오작동하는 경우 혹은 주변 소음과 같은 이유 때문에 녹음이 중단되기도 하였다. 또한 예상하지 못했던 일들로 인하여 녹음이 중단된 때도 있었다. 면담 진행자들은 녹음으로 기록될 수 없었던 부분(비언어적 행동, 녹음이 중지되었던 이유, 답변을 하는 일반적 '어조' 등)은 수기로 기록하도록 훈련받았다. 각각의 면담 후, 면담 진행자들은 테이프와 함께 한 장 분량의 면담 요약본을 제출하였다. 그리고 프로젝트 행정직원인 마샤 윌킨슨(Marcia Wilkinson)은 모든 면담을 녹취하였다.

이러한 종류의 패널 연구를 감안한다면, 응답률은 상당히 높은 편이다. 처음에 선정되었던 100명의 학생 중 연구가 시작된 후 9년 동안 84명의 학생들이 남아 있었다. 나머지 학생은 연구에 참여하는 것을 거절했거나 대학을 그만두었던 경우였다. 일반적으로 매년 60명에서 70명 정도의 학생들과 면담을 수행하였고, 표본 중 1/4에 달하는 학생들은 자신이 해당되던 연도에 참여를 하였다. 최종적으로 394개의 면담을 수집할 수 있었으며, 총 1만 장 이상의 면담 녹취록이 작성되었다.

기록된 면담은 다양한 전통적인 방법을 활용하여 분석되었다. 단순히 각각의 면담을 처음부터 끝까지 읽는 것 이외에도, 필사본은 '각 질문에 해당하는 응답'을 모두 모아 차례대로 정리하였다. 연구 마지막에는 자료수집이 거의 완성될 무렵, 약 100명 정도의 패널리스트 한 명 한 명에 대하여 각 학생의 모든 면담 내용과 더불어 성적표 등과 같은 추가 정보를 한 권의 책으로 엮었다. 이를 통하여, 우리는 각 학생에 대한 온전한 그림을 더욱 효과적으로 그릴 수 있게 되었다. 이러한 종단적인 자료는 각 학생들의 대학 시절 동안 있었던 중요한 순간들과 이러한 순간들이 나온 맥락을 파악하는 데 유용하게 활용할 수 있었다. 마지막으로 질적 데이터 분석 소프트웨어는 주요 용어 및 다양한 질문에 대한 답변으로 학생들이 제기한 특정 이슈를 검색하고, 면담 가이드에 명시되지 않은 이슈에 대한 학생들의 관점을 보다 잘 파악할 수 있도록 하였다.

성적표 분석

학생의 성적, 교수, 전공, 부전공, 지도교수 및 수강과목이 담긴 성적표는 기밀로 관리되었다. 대학 교무처와의 협의 및 IRB의 기밀보장

절차 정책에 따라 학생들의 성적표는 다음과 같은 세 가지로 활용할 수 있었다. 먼저, 시카고 대학 사회학 대학원생인 브라이언 코디와 비잔 워너(Bijan Warner)는 학생들이 전공을 선택하게 된 경로를 추적하는 분석을 실행하였다. 그들은 입학한 첫해에 학생들이 특정한 전공 분야 관련 수업을 등록했던 사항에 근거하여, 그 전공을 선택하게 되는 가능성을 파악할 수 있었다. 이 연구는 전공을 선택하는 경로에 대한 우리의 논의에 직접적으로 기여하였다. 둘째, 성적표는 참고 자료로서 앞서 언급한 학생들의 이야기를 종단적으로 '읽는 것'에 활용할 수 있었다. 또한 이러한 성적표는 때때로 학생들이 말한 본인의 성적 이력을 입증하기 위해 활용되기도 하였다. 마지막으로, 성적표를 통하여 특정 분야를 전공하고 있는 학생들의 특징을 파악할 수 있었고 더불어 학생들이 시간표를 얼마나 폭넓게 구성하고 있는지, 학교생활에서 '성적'을 얼마나 중요하게 생각하는지에 관하여 파악할 수 있었다. 이는 간단하면서도 아주 유용한 방법들이었다.

HEDS

우리 연구가 진행되고 있는 동안, HEDS(Higher Education Data Sharing Consortium Survey)의 회원으로서 이 대학은 모든 4학년생에게 매년 설문조사를 실시하였다. 이 설문조사는 학생들의 배경, 대학 내에서의 경험, 대학 만족도, 학습 결과, 대학 내 활동, 미래의 계획 등을 포함한 다양한 주제를 다루어 왔다. 우리는 2,251개의 응답을 포함하여 2000년부터 2006년 사이에 이루어진 설문조사를 통합 자료

본으로 엮었다. 졸업식에 참여하기 위해서 이 설문조사를 완료하는 것은 사실상 필수적이었기 때문에, 거의 매해 설문지 응답률은 100%에 가까웠다. 어떤 해에는 다른 전달 방법이 사용되어 응답률이 급격히 저하되기도 하였다. 추이 데이터(cross-section, over time)를 갖추고 있음으로써 우리는 교육과정 변화에 대한 영향을 관찰할 수 있었다. 응답률이 100%에 육박한 해의 데이터를 통해서 그렇지 않았던 해의 선택 편의를 확인할 수 있었다. 수천 명에 달하는 응답자가 수많은 질문에 대한 답변을 제공하였는데, 이를 통합한 설문조사 데이터베이스를 통하여 우리는 다양한 학문 분야에 학생들 자신이 느낀 향상 정도를 보고한 자료들과 전공 선택의 변화 과정, 그리고 3장에서 기술된 것처럼 교수 집으로 초대받는 것에 대한 영향력과 같은 질문에 대한 변수를 통계적으로 통제하며 다각적인 회귀분석을 수행할 수 있었다.

네트워크 분석

학생들과 면담을 진행하면서 이들의 교외 활동, 운동, 전공, 그리고 사교클럽에 참여했던 것에 대한 자료들을 수집하였고, 그 자료들을 학생 '활동'이라는 단일 데이터로 통합시켰다. 이러한 데이터로부터, 학생 '활동' 간의 연관성을 포함하는 '엣지리스트(edgelists)'라는 네트워크가 만들어졌다. 이것들이 5장에서 제시한 도표가 만들어진 기본적인 토대가 된 것이다. 5장의 도표에서 만약 한 학생이 여러 개의 활동(교점)을 하고 있다면, 이러한 활동들 사이에서 어떠한 연관성이 있다고 간주한다. 예를 들어, 만약 행크가 프랑스어 동아리와 라크로스 동아리 둘 다에 참여한다면, 이 활동들 사이에 연관이 있는 것이다. 우리는 학생들이 참여한 활동들이 얼마나 겹치는지에 따라 이러한 연관성의 중요도를 다르게 파악하였다. 예를 들어, 만약 축구 동아리에 참여했던 5명의 학생들이 라디오 채널에서 일했다면, 축구 활동은 라디오 활동과 함께 5의 가중치를 갖게 되고 더 굵은 선으로 나타낸다.

이러한 데이터는 UCINET을 사용하여 분석되었고, NetDraw를 사용하여 시각화하였다. 군집분석은 어떤 활동들이 서로 더 가깝게 연계되어 있는지를 살펴보기 위하여 사용되었다. 특히 이러한 군집분석은 네트워크 연관의 패턴과 이러한 연관성들의 중요성에 따라서 어떤 교점(nodes)들이 '가장 잘 맞는지'를 수학적으로 파악하기 위하여 사용되기도 하였다. 분석이 완료되었을 때, 네트워크 도표에 여섯 개의 군집으로 시각화할 수 있었다.

찾아보기

〈인명〉

Durkheim, E. 150

Eismeier, T. 197

Feynman, R. 142
Frank 46, 58, 167, 185, 204

George 45, 52, 106, 211, 238
Granovetter, M. 169
Grigsby, M. 37

Hamilton, L. T. 71
Hannah 15, 83, 93, 105, 221
Harry 44, 127, 132, 218
Herb 52, 104, 181

Jack 89, 207, 209, 210
Jade 163
Jae, Y. 106
James 43, 52, 83, 88, 199, 253
Jane 60, 97, 171, 206
Jared 164
Jay 56, 87, 98, 159, 204, 246, 247, 261
Jean-Claude 212
Jenn 164, 236
Jenny 203, 207
Jim 53, 161, 257
Joe 39, 147
John 15, 43, 50, 106, 166, 168, 170, 257, 265, 269
Johnson, N. 195
Jonathan 209, 219
Judy 60, 259, 262, 271, 276, 277

Katherine 212
Kathleen 251
Katie 48, 67, 100, 221
Keith 245, 263, 265
Kim 49, 99, 262
Kristy 69
Kroleski, K. 108

Laura 56, 262
Laura, H. 189
Light, R. J. 13
Liz 86, 166
Luke 155
Lydia 42

Madeline 54, 250
Marcy 97
Mark 53, 87, 98, 152
Martin 93, 107, 160
Mary 57, 99, 113
Maudie 79, 257, 270
Moffatt, M. 37, 45
Murphy 94, 107, 132, 162, 217

Owen, A. 135

〈 내용 〉

✦ 저자 소개 ✦

Daniel F. Chambliss

해밀턴대학교 사회학과 교수

Christopher G. Takacs

시카고대학교 사회학과 박사과정

✦ 역자 소개 ✦

이병식(Rhee, Byung Shik)

University of Michigan 고등교육 경영학 박사
미국 풀브라이트(Fulbright) 장학생
삼성전자 리더십개발센터 과장
한국교육개발원 연구위원
UCLA 고등교육연구소 방문교수
연세대학교 학부대학 교학부학장 역임
현 연세대학교 교육학과 교수
　　글로벌 고등교육연구센터 소장

박상욱(Park, Sang Wook)

연세대학교 교육학 박사
부산광역시 글로벌빌리지 운영위원
교육행정학회 정책연구위원
지방교육경영학회 기획 · 홍보위원장
한국통일전략학회 통일교육분과위원장
한국민족사상학회 민족교육분과위원장
민주평화통일자문회의 자문위원 역임
현 동의대학교 동의지천교양대학 교직학부 교수
　　동의대학교 대학입학전형 선행학습 영향평가 운영위원

레지덴셜 칼리지에서 길을 찾다

How College Works

2017년 7월 25일 1판 1쇄 발행
2019년 2월 19일 1판 2쇄 발행

지은이 • Daniel F. Chambliss · Christopher G. Takacs

옮긴이 • 이병식 · 박상욱

펴낸이 • 김 진 환

펴낸곳 • ㈜ **학지사**

04031 서울특별시 마포구 양화로 15길 20 마인드월드빌딩 5층

대표전화 • 02) 330-5114   팩스 • 02) 324-2345

등록번호 • 제313-2006-000265호

홈페이지 • http://www.hakjisa.co.kr
페이스북 • https://www.facebook.com/hakjisabook

ISBN 978-89-997-0941-8 93370

정가 17,000원

이 도서의 국립중앙도서관 출판시도서목록(CIP)은 서지정보유통지원시스템
홈페이지(http://seoji.nl.go.kr)와 국가자료공동목록시스템(http://www.nl.go.kr/kolisnet)
에서 이용하실 수 있습니다.
(CIP제어번호: CIP2017017730)

교육문화출판미디어그룹 **학지사**

학술논문서비스 **뉴논문** www.newnonmun.com
심리검사연구소 **인싸이트** www.inpsyt.co.kr
원격교육연수원 **카운피아** www.counpia.com
간호보건의학출판 **학지사메디컬** www.hakjisamd.co.kr